Schlaflose Nächte mit ALFRED HITCHCOCK

Kriminalgeschichten

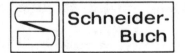
Schneider-Buch

SchneiderBücher von Alfred Hitchcock:

Heiße Kriminalgeschichten – eiskalt serviert
Sammelband DM 16,80

Heiße Kriminalgeschichten Band 1
Taschenbuch Nr. 303 DM 4,80

Dieser Band umfaßt Kriminalgeschichten aus den amerikanischen
Originalausgaben
"Coffin Break" und "Boys and Ghouls Together"
© 1974 H. S. D. Publications Inc.
erschienen bei Dell Publishing Co., Inc., New York
Übersetzung: Reinhard Heinz
Schutzumschlag: Herbert Horn
Redaktion: Michael Czernich
Bestellnummer: 8183
Deutsche Ausgabe: © 1981 Franz Schneider Verlag GmbH & Co. KG
München – Wien
ISBN 3 505 08183 3
Weitere spannende Bücher von Alfred Hitchcock sind in Vorbereitung

Liebe Krimi-Fans!

Nach dem großen Erfolg des Hitchcock-Sammelbandes „Heiße Kriminalgeschichten – eiskalt serviert" folgt hier nun ein weiterer dicker Krimi-Schmöker für alle Hitchcock-Fans!

Wer schaurig-schöne Überraschungen und spannende Gruselszenen liebt, kommt bei diesem Buch ganz auf seine Kosten. Denn alle Kriminalstories dieses Sammelbandes wurden mit dem Prädikat „von Alfred Hitchcock empfohlen" ausgezeichnet.

Inhalt

Vielleicht Mord? 11
von Lawrence Treat

Das Killerpferd 31
von Robert C. Ackworth

Rauhe See 48
von Henry Slesar

Die Hupe der Gerechtigkeit 72
von Ed Lacy

Der Stich 77
von Arthur Porges

Ein Geschäft auf Gegenseitigkeit 87
von Fletcher Flora

Der ethische Mord 123
von Frank Sisk

Der dicke Jow und der Spuk von Robert Alan Blair	**143**
Eine Frau muß praktisch denken von Richard Deming	**161**
Unterm Birnbaum traf ich sie... von Helen Nielsen	**188**
Fünf Mille von C. B. Gilford	**219**
Die Seelenqualen des Ruby Martinson von Henry Slesar	**261**
Der Nachtzug von John Lutz	**283**
Interessenkonflikte von James Holding	**292**
Der Mann am Haken von Dick Ellis	**338**
Ein Zimmer mit Ausblick von Hal Dresner	**354**
Die unheilvolle letzte Nacht von Jonathan Craig	**371**

Vielleicht Mord?

An jenem Morgen erschien Streifenpolizist Magruder etwa gegen neun Uhr zum Dienst. Er stapfte mit schweren Schritten die Eingangstreppe hinauf und begrüßte Charlie an der Pforte mit einem freundlichen Nicken.

„Guten Morgen, Mac", sagte Charlie. „Der Inspektor will Sie sprechen."

Magruder nickte und ging weiter. „Ja, ja, ist schon recht."

„Mac!" Charlies scharfe, laute Stimme rüttelte Magruder wach. „Es ist etwas Wichtiges. Es eilt."

Magruder runzelte die Stirn, hob seine breiten Schultern und wandte sich nach links. Die Tür zum Büro des Inspektors war angelehnt, und Magruder ging, ohne anzuklopfen, hinein.

Der Inspektor, ein nervöser, sehniger Kerl, hing schwitzend am Telefon und mußte sich offensichtlich etwas sagen lassen, gegen das keine Einwände vorzubringen waren. Als das Gespräch beendet war, schleuderte er den Hörer auf die Gabel und versetzte dem metallenen Papierkorb einen heftigen Fußtritt, so daß er quer durch den Raum über den Fußboden rutschte, donnernd gegen die Wand krachte und umkippte. Der

Anblick der verstreuten Zigarettenkippen, zerrissenen Umschläge und zerknüllten Polizeiformulare schien den Inspektor ein wenig zu beruhigen.

„Dicke Luft", knurrte er. „Sehen Sie selbst!" Er schob Magruder den Bericht zu. Er stammte von dem Gerichtsmediziner und bezog sich auf Marian Reed.

„Ich dachte, dieser Fall sei abgeschlossen", meinte Magruder. „Was ist denn los? Reicht denn ein Geständnis nicht?"

„Nein. Er stritt heute morgen alles ab. Sagte, Sie hätten ihn geschlagen und gezwungen, das zu unterschreiben. Der Beweis sei sein blaues Auge."

„Sie wissen doch, woher das stammt", erwiderte Magruder. „Er widersetzte sich seiner Verhaftung, und wir mußten ihn überwältigen. Sid weiß es..."

„Das ist weniger schlimm", sagte der Inspektor. „Das kann ich dem Staatsanwalt erklären. Aber der Bericht vom Gerichtsmediziner! Ihr Körper weist keinerlei ernsthafte Verletzungen auf. Sie starb an Kohlenmonoxydvergiftung. Sie stürzte, rollte unters Bett und bekam Krämpfe. Dabei hat sie sich den Kopf angestoßen. Aber lesen Sie selbst."

Magruder überflog den Bericht. „Mehrere leichte Blutergüsse über den ganzen Körper verteilt – Gewebe typisch hellrot – Carboxyhämoglobin 40%, Van-Slyke-Test – folglich: Kohlenmonoxydvergiftung, vermutlich hervorgerufen durch einen defekten Kühlschrank."

„Wegen dieser Blutergüsse...", sagte Magruder. „Es steht hier, einige stammen aus der Zeit bis zu zwölf Stunden vor Eintritt des Todes."

„Ja, aber daran ist sie nicht gestorben, also hilft uns das auch nicht viel weiter."

„Hm."

„Wir sitzen in der Patsche", fuhr der Inspektor erbost fort. „Wir verhaften ihren Mann, quetschen aus ihm ein Geständnis heraus, und dann ergibt sich plötzlich, daß die Frau an einer Gasvergiftung starb. Der Chef tobt. Wenn die Presse *davon* Wind bekommt..."

Magruder wechselte kleinlaut das Thema. „Ist Sid schon da?"

„Er ist oben. Ich übergebe Ihnen die ganze Angelegenheit, werden Sie damit fertig."

„Danke", meinte Magruder trocken. „Ich und Sid, ja?"

„Ich werde euch nach besten Kräften unterstützen", sagte der Inspektor. „Aber wir müssen uns schnell etwas einfallen lassen. Wegen eines defekten Gaskühlschranks können wir nicht einen Mann unter Mordanklage stellen lassen."

Magruder strich gedankenverloren über seine rechte Gesichtshälfte und spürte dabei ein Barthaar, das den Rasierer überlebt hatte. „Reed hielt sich im gleichen Raum wie seine Frau auf. Wieso hat es ihn nicht erwischt? Das hätte uns die Sache erleichtert."

„Der Gerichtsmediziner vertritt die Auffassung, daß

die Gaskonzentration im Zimmer verschieden hoch war. Zugluft wahrscheinlich. Reed, so glaubt er, sei nur bewußtlos geworden, denn er zeigt die typischen Symptome einer Vergiftung: allgemeine Verwirrung und Gedächtnisverlust. Er ist gerade zur Beobachtung im Krankenhaus und kann einen dauernden Gehirnschaden behalten."

„Wurde der Kühlschrank schon repariert?"

„Nein, niemand hat die Wohnung betreten. Wir haben vor der Tür einen Mann abgestellt."

„Ich schnappe mir Sid, und wir werden uns das Ganze an Ort und Stelle anschauen. Vielleicht..." Magruder überlegte, aber es fiel ihm nichts ein.

„Vielleicht was?" wollte der Inspektor wissen.

„Ach nichts, außer, daß er sie vielleicht doch schlug, und das mit vollster Absicht. Also, etwas stinkt an der Sache." Er gähnte. „Schade, daß wir es keinem anhängen können", fügte er beiläufig hinzu.

Der Inspektor knurrte verärgert. Magruder hatte ein wahres Wort gesprochen. Wenn sie aus der Sache einen Mord machen und einen geeigneten Täter finden könnten, dann wären sie aus dem Schneider.

Aber natürlich würden sie das nicht tun. Sie waren ehrliche Polizisten, anständige Kerle. Sie erzwangen keine unfreiwilligen Geständnisse und fabrizierten kein Beweismaterial, aber beiden schoß zur selben Zeit der gleiche Gedanke durch den Kopf.

Sie blickten ernst drein. „Also raus mit der Sprache",

sagte der Inspektor. „Jawohl, Chef!" erwiderte Magruder, drehte sich um, ging hinaus und schloß die Tür hinter sich.

Sein nächster Besuch galt Sid Kohacky im ersten Stock.

„Wir haben ein kleines Problem im Fall Reed", sagte Magruder. „Ich erzähle Ihnen alles unterwegs. Wir fahren gleich hinüber."

Magruder saß hinter dem Steuer, weil er gern Auto fuhr. Sid neben ihm rutschte unruhig auf dem Sitz hin und her. Er war im Gegensatz zu Magruder gespannt, was sich als nächstes tun würde.

Magruder war ein altgedienter Polizist in den Fünfzigern, von kräftiger Statur, behäbig, grauhaarig, etwas träge vielleicht. Und Sid war ein hochgewachsener, flinker, lebhafter Bursche, der nach seiner Ausbildung erst kurz im Polizeidienst war. Er hatte den Ehrgeiz, viel und schnell zu lernen – und lernen sollte er alles von Magruder.

„Irgendwo haben wir einen Fehler gemacht", stellte Magruder selbstkritisch fest.

„Aber nicht nur wir, sondern alle anderen auch", entgegnete Sid. „Was denken Sie, werden Sie herausfinden?"

„Vermutlich nichts, aber wir müssen es wenigstens versuchen. Überlegen Sie mal, Sid, haben wir irgend etwas übersehen?"

★

Es war gestern passiert. Am Vormittag hatten sie sich um einen Juwelendiebstahl gekümmert. Nach der Vernehmung des Juweliers waren sie im Auto noch einmal die Liste mit den gestohlenen Schmuckstücken und ihre eigenen Aufzeichnungen durchgegangen. Dann erhielten sie den Anruf: Eine Frau war tot in ihrer Wohnung gefunden worden. Adresse: Apartment 4 E, 1829 North Whitman. Ein uniformierter Beamter war bereits dort. Also fuhren sie los.

In dem fünfstöckigen Backsteinhaus in North Whitman gab es keinen Aufzug, und Magruder stapfte schwerfällig die vielen Stufen hinauf, während Sid leichtfüßig hinter ihm herlief.

Wachtmeister Joe Chambers wartete vor der Tür von 4 E. Neben ihm standen ein junger, dürrer, dunkelhaariger Bursche und ein kleiner, dicker, älterer Mann mit Mütze. Joe stellte die beiden vor.

„Sie fanden die Leiche. George Elwin, der Hausmeister", sagte er und zeigte auf das Dickerchen. „Und Bellini vom Kundendienst der Kühlschrankfirma. Er wollte etwas reparieren, und Elwin schloß ihm auf. Sie sagen, sie hätten nichts angerührt außer einer Decke. Da sie fast darüber gestolpert wären, zogen sie sie weg. Und so haben sie sie zufällig gefunden, unter dem Bett. Sonst hätten sie sie wahrscheinlich gar nicht entdeckt."

Magruder musterte die beiden. Sie machten einen etwas erregten Eindruck, so, als hätten sie einen Streit gehabt.

„Wer ist sie?" fragte Magruder den Hausmeister.

„Marian Reed", antwortete das Dickerchen mit rauher Stimme. „Ihr Mann ist Fernfahrer und jetzt bestimmt in der Arbeit."

„Wo?"

„Ich habe die Adresse irgendwo unten. Wollen Sie sie?"

„Nachher", sagte Magruder. Er machte die Wohnungstür auf. „Kommen Sie, Sid", sagte er und ging hinein.

Marian Reeds Wohnung war ein großes Ein-Zimmer-Apartment mit einer abgetrennten Kochnische. Im hinteren Teil des Raumes stand ein großes Doppelbett. Das Bett war ungemacht, ein Stuhl lag umgekippt auf dem Boden, und daneben stand eine leere Whiskyflasche. Das nackte Bein, das unter dem Bett hervorschaute, zeigte die Lage der Leiche an. Die blaue Decke, mit der sie bedeckt gewesen war, lag jetzt neben dem Nachtkästchen.

Magruder rümpfte die Nase, es roch unangenehm in dem Raum. „Machen wir die Fenster auf", sagte er und bückte sich, um die Leiche zu untersuchen.

Das rosarote Nachthemd, das die tote Frau anhatte, war vorne zerrissen, so daß einige der Schrammen sichtbar waren. Die Tote mußte eine hübsche Frau gewesen sein, bevor sie vor einigen Stunden einen Schlag auf den Kopf bekommen hatte.

Magruder wandte sich von der Leiche ab. Etwa ein

Meter rechts von ihm stand der Kleiderschrank, am Griff befand sich Blut. Wahrscheinlich würden sich obendrein ein paar blonde Haare finden lassen, und der Fall wäre geklärt.

Während er auf Händen und Knien auf dem Boden kauerte, hörte er, wie draußen der Streit weiterging. Der Mann vom Kundendienst wollte Geld für die Anfahrt haben, aber der Hausmeister lehnte es ab, ihn zu bezahlen, da er nichts getan hatte. Keiner war bereit, nachzugeben, obwohl sie sich schon einige Zeit in den Haaren zu liegen schienen.

Magruder nahm sich vor, den Burschen vom Kundendienst genau unter die Lupe zu nehmen. Er fühlte sich etwas benommen. Energisch stand er auf und rieb sich die Stirn.

„Sagen Sie Joe Chambers, er soll Signal vier-acht durchgeben", trug er Sid auf. Das war das Signal, das die Fotografen und die Leute von der Spurensicherung herbeirufen würde. „Dann holen Sie die beiden Männer herein. Zuerst den Hausmeister."

„Mach ich", nickte Sid. „Glauben Sie..." Er brach mitten im Satz ab. Er hatte bereits gelernt, keine voreiligen Schlußfolgerungen zu ziehen, sondern Schritt für Schritt die Ermittlungen durchzuführen, auch wenn der Fall klar wie die Luft eines Sommertages erschien. „Mach ich", sagte er erneut und ging hinaus.

Magruder ging schwerfällig im Zimmer herum und untersuchte den Raum sehr gewissenhaft und systematisch. Sein Kopf tat weh, und er mußte sich zur Konzentration zwingen. Auf dem Tisch fand er einen zerknitterten Lieferschein der Firma „Acme-Express". Der Schein war mit den Initialen H. R. unterschrieben, also arbeitete Reed bei Acme-Express. Magruder schrieb die Adresse auf seinen Notizblock. Dann ging er in die winzige Küche.

Das Geschirr war nicht gespült. Unter den schmutzigen Gläsern bemerkte er eines, das nach verdünntem Whisky roch, als ob jemand seinen Drink nicht geleert hätte und das Eis geschmolzen wäre.

Magruders Ansicht nach schien alles zusammenzupassen. Der Fall war für ihn jetzt schon klar.

Sid kam mit dem Hausmeister herein, aber Magruder beachtete ihn zuerst gar nicht. Nervös zog und zerrte das Dickerchen an seiner Mütze, und seine dunklen Augen schielten immer wieder auf das nackte Bein unter dem Bett.

„Was war mit dem Kühlschrank?" fragte Magruder.

„Sie beschwerte sich, weil er rauchte", antwortete der Hausmeister. „Aber das weiß der Bursche draußen besser. Er ist der Fachmann. Deshalb habe ich ihn auch gerufen."

„Wann?"

„Gestern. Er kam, als ich nicht da war."

„Wo waren Sie?"

„Bei meiner Schwester. Sie wohnt auf dem Land, und ich blieb bei ihr über Nacht."

„Fahren Sie oft weg?" fragte Magruder.

„Ich fühle mich einsam", antwortete der Hausmeister. „Meine Frau hat mich vor ein paar Monaten verlassen. Ich mag nicht allein sein, also besuche ich ab und zu meine Schwester."

„Wenn der Bursche den Kühlschrank gestern reparierte, was sucht er dann heute hier?"

„Er behauptet, er wollte vorsichtshalber noch einmal nachsehen, aber da niemand öffnete, als er klingelte, wandte er sich an mich. Ich ging mit ihm nach oben und öffnete mit dem Zweitschlüssel die Wohnung." Seine Augen traten hervor. „Ich habe sofort die Polizei angerufen."

„Wie kamen die Reeds miteinander aus?"

Der Hausmeister zuckte mit den Achseln. „Weiß ich nicht. Aber komisch – als ich heute von meiner Schwester zurückkam, sah ich ihn, wie er das Haus verließ. Er ging zum Bus, als ob nichts geschehen wäre."

„Aha." Magruder rieb sich erneut die Stirn, aber davon ging die Benommenheit auch nicht weg. „Noch etwas, Sid?"

„Kohacky nickte und wandte sich an den Hausmeister. „Wie heißt Ihre Schwester?" Er notierte Namen und Adresse und machte dabei ein zufriedenes Gesicht.

Dann kam Bellini dran, der Bursche vom Kundendienst. Er hatte die koketten Augen eines Romeo und war sichtlich nervös.

„Was passierte, als Sie gestern hier waren?"

Bellini starrte auf den Teppich. „Ich brachte den Kühlschrank in Ordnung", sagte er trotzig.

„Und sie, langten Sie sie auch an?" wollte Magruder wissen. „Es ist nicht schwer, das herauszufinden. Ihr Arbeitsbericht wird es zeigen. Wie lange waren Sie hier?"

„Etwa eine Stunde", murmelte Bellini gequält.

„Eine Stunde", wiederholte Magruder nachdenklich. „Und sehen Sie am nächsten Tag immer Ihre Arbeit vom vergangenen Tag nach – ist das eine Vorschrift oder so?"

„Ich wollte sichergehen."

„Bei *ihr* sichergehen?" sagte Magruder hart. Er hoffte, den Jungen damit außer Fassung zu bringen.

Bellini blickte schließlich auf. „Lassen Sie das endlich!" sagte er ärgerlich. „Wegen Ihnen und diesem knickrigen Hausmeister verliere ich meinen ganzen Tageslohn. Hören Sie auf damit!"

„Und heute morgen?" fragte Magruder weiter. „Wo waren Sie da, bevor Sie hierher kamen?"

„Ich ging wie immer um halb acht zur Arbeit und erledigte zwei Aufträge, bevor ich hier nachsehen wollte."

Magruder wandte sich an Kohacky. „Notieren Sie das. Wir werden das nachher nachprüfen."

Sid machte sich noch Notizen über dieses Alibi, als der Inspektor eintraf. Kurz danach kamen die Laborfritzen, die Fotografen und der Gerichtsmediziner.

Magruder klärte sie über alle Erkenntnisse auf. Der Mediziner kam zu dem Schluß, daß sie vermutlich mit dem Kopf gegen den Metallrahmen des Doppelbetts gestoßen war, ob absichtlich oder versehentlich, ließ er offen. Den Eintritt des Todes schätzte er auf die frühen Morgenstunden, also zwischen Mitternacht und sechs Uhr, obwohl sich das mit Gewißheit noch nicht sagen ließ. Später tippte er auf etwa vier Uhr.

„Sieht so aus, als wäre Reed unser Mann", stellte der Inspektor fest. Es war nicht schwer zu erraten, daß Reed seine Frau geschlagen und umgebracht hatte, wahrscheinlich aus Eifersucht. „Ich lasse die Alibis vom Hausmeister und... na, wie heißt er denn gleich..."

„Bellini", ergänzte Magruder.

„...ja, Bellini, überprüfen. Sie und Kohacky fahren zu diesem Fuhrunternehmen und knöpfen sich Reed vor. Verhaften Sie ihn. Vielleicht bekommen wir ein schnelles Geständnis, denn er ahnt wahrscheinlich nicht, daß die Leiche bereits gefunden wurde."

„Ich stelle mir vor", meinte Magruder, „daß er wie gewöhnlich zur Arbeit ging, um später zurückzukommen und die Leiche zu beseitigen. Er hat schließlich einen Lastwagen für den reibungslosen Abtransport."

„Richtig", pflichtete ihm der Inspektor bei. „Vielleicht kommt er zurück. Falls ja, werden wir ihn in Empfang nehmen. Und jetzt fahren Sie."

Magruder und Sid verließen den Tatort, und zum erstenmal in seinem Leben hatte Magruder den Eindruck, daß mehr Stufen nach unten gingen als hinauf.

„Ich habe Kopfweh", sagte er und rieb sich die Stirn. Und das war der erste Hinweis darauf, daß Kohlenmonoxyd im Spiel war.

Draußen an der frischen Luft vergingen die Kopfschmerzen wieder, und als Magruder und Kohacky in den Hof von Acme-Express einfuhren, fühlte Magruder sich ausgesprochen wohl.

„Kommen Sie mit aufs Revier", sagte Magruder zu Reed, einem großen, kräftigen Kerl, nachdem sie ihn mit dem Mordverdacht konfrontiert hatten. „Wir beide haben ein Hühnchen zu rupfen."

Leider ging Reed sofort auf Magruder los, der ihm daraufhin eine verpaßte. Reed weinte ein wenig, dann erholte er sich von dem Schlag und lachte – nicht hysterisch, sondern weil er alles so komisch fand, weil er ganz wirr im Kopf war und sich gar nicht mehr auskannte.

Sie brachten ihn ins Verhörzimmer und machten sich an die Arbeit. Mittlerweile lag auch der vorläufige Bericht des Gerichtsmediziners vor: Marian Reed starb um etwa vier Uhr morgens. Vermutliche Todesursache war eine Kopfverletzung durch den Metallrahmen des Bettes, endgültige Klarheit würde jedoch erst die Autopsie bringen.

Reed bestand darauf, daß er sich an nichts erinnern konnte. Er sei im Sessel eingeschlafen, und als er am Morgen erwachte, war seine Frau nicht mehr da. Da er eine Stunde verschlafen hatte, verließ er sofort die Wohnung und ging zur Arbeit. Er hatte einen wahnsinnigen Kater und konnte sich gar nicht vorstellen, daß die eine Flasche Whisky ihn so fertiggemacht hatte.

Somit war ziemlich klar, daß er sie unter Alkoholeinfluß umgebracht hatte. Motiv: Eifersucht.

„Haben Sie sie schon früher geschlagen?" wollte Magruder wissen.

„Ich war wütend, ich brause leicht auf, und sie hatte etwas mit einem anderen. Das weiß ich." Reed machte eine gequälte Miene, seine Augen blickten ins Leere. „Gut, ich habe ihr ab und zu eine gescheuert, aber nicht fest. Nie zu fest."

Magruder wandte sich an Sid. „Der Mann kann nicht richtig denken. Tippen Sie ein Geständnis, das er dann unterschreiben kann."

Sid schrieb das Ganze so, wie es sich ihrer Ansicht nach abgespielt haben mußte, in die Maschine. Sie lasen Reed das Geständnis ein paarmal vor und ließen ihn unterschreiben. Er tat es bereitwillig.

Dann hatten Sid und Magruder Feierabend.

So hatte sich das Ganze also gestern abgespielt. Die beiden Polizisten gingen in Gedanken alles noch einmal durch, wobei sie besonders auf Details achteten.

„Hören wir uns um", sagte Magruder. „Ich würde gern herausfinden, ob einer von den Reeds das Haus verlassen hat. Könnte uns weiterbringen."

Sie klingelten an jeder Tür und erkundigten sich danach, ob jemand die beiden in letzter Zeit gesehen hatte. Das war aber nicht der Fall. Dann probierten sie ihr Glück in den Geschäften der Nachbarschaft, zogen jedoch lauter Nieten, bis sie in die Apotheke kamen.

„Sie war hier", sagte der Apotheker. „Sie war ganz durcheinander und wollte eine Salbe gegen Schwellungen."

„Wann war das?" fragte Magruder.

„Vorgestern. Am Nachmittag."

„Wie war sie gekleidet?"

„Sie hatte einen Mantel an, der bis zum Hals zugeknöpft war. Und hin und wieder stöhnte sie wie vor Schmerz."

Magruder leistete sich den Anflug eines Lächelns, als er „Danke" sagte und kehrtmachte.

Auf der Straße rieb er sich gedankenverloren sein Kinn und versuchte sich daran zu erinnern, auf welcher Seite das übriggebliebene Barthaar war. „Ich hab so ein Gefühl, als hätten wir eine Spur gefunden", meinte er.

Sid spitzte die Ohren. Er hatte von Magruders plötzlichen Eingebungen schon gehört, deshalb musterte er ihn jetzt neugierig und wartete auf mehr. Aber Magruder sagte nichts, sondern fummelte nur am Kinn herum und blickte wehmütig zum vierten Stock hinauf. Er seufzte, als er an all die Stufen dachte.

„Gehen wir eben hoch", sagte er.

Der Polizist, der vor der Wohnung Wache stand,

meldete, daß das Gas abgedreht worden sei. Die Fenster des Apartments standen weit offen. Viele Gegenstände, darunter auch Tisch und Kühlschrank, waren mit weißem Puder bestäubt; man hatte überall nach Fingerabdrücken gesucht. Das Bett war auseinandergenommen, und auf dem Teppich unter dem Bett war die Lage der Leiche mit Kreide markiert worden. Ansonsten sah die Wohnung noch wie gestern aus.

„Schöner Teppich", sagte Magruder. „Schöner dicker Teppich. Fühlen Sie mal."

Sid fuhr mit dem Schuh über das Gewebe. „Und?" fragte er.

„Und was? Es ist ein schöner Teppich", antwortete Magruder ruhig. Aber dann brach es aus ihm heraus.

„Überlegen Sie doch", polterte er los. „Reed kam heim, trank ein paar Gläser mit seiner Frau, aß sein Dinner und machte die Flasche leer. Dann schlief er ein. Und während der ganzen Zeit haben sie das Zeug eingeatmet. Sie wurden benommen und bewußtlos, und sie bekam Krämpfe, rollte unters Bett und stieß sich den Kopf an. Schließlich starb sie. Er muß sich in den Sessel dort gekämpft haben; dort war es am erträglichsten. Jedenfalls hat er es überlebt und konnte am nächsten Morgen aufstehen. Sobald er an der frischen Luft war, überwand er das Schlimmste, kann sich aber an nichts erinnern und wird das vermutlich auch nie können."

Das war eine ungewöhnlich lange Rede für Magruder, und bei einem anderen als Sid hätte er sich kürzer gefaßt. Nach all den vielen Worten wollte Magruder jetzt erst einmal allein sein. Also ging er ins Badezimmer, wo er prompt die Salbe fand, die Marian in der Apotheke gekauft hatte. Dann öffnete er ihren Kleiderschrank und sah sich alle Kleider der Reihe nach an.

Er nahm das grüne heraus und hielt es hoch. „Schauen Sie", sagte er zu Sid und zeigte auf die zerrissene Vorderseite, wo die Knöpfe fehlten. „Jemand hat ihr arg zugesetzt. Nachdem sie ihm entkommen war, ging sie in die Apotheke. Nach der Aussage des Apothekers war sie noch ganz schön durcheinander."

„Und derjenige, der sie so schlimm zurichtete, hatte Angst, sie würde reden, entweder gegenüber der Polizei oder ihrem Mann. Reed hätte seinen Nebenbuhler bestimmt zusammengeschlagen."

„Es war nicht schwer, sich noch einmal in die Wohnung zu schleichen, als sie zur Apotheke ging." Magruder legte die Stirn in Falten. „Dieser stürmische Verehrer konnte leicht beim Hinausgehen das Türschloß entriegelt haben, und der Hausmeister hat sowieso einen Zweitschlüssel."

„Trotzdem könnte es nur ein Unfall gewesen sein", meinte Sid. „Und wenn nicht, wie wollen wir dann herausbekommen, wer sich am Kühlschrank zu schaffen gemacht hatte?"

„Wenn man sein Hirn ein wenig anstrengt, dann ist das nicht schwierig", antwortete Magruder. „Gehen wir zum Hausmeister. Das ist der erste Schritt."

Der Hausmeister machte sich gerade in seiner Wohnung im Erdgeschoß etwas zu essen, als sie hereinspazierten. Er hatte schlechte Laune.

„So etwas", beschwerte er sich, „verleiht einem Haus einen schlechten Ruf. Wer will hier schon eine Wohnung mieten, wo ein Mann seine Frau umbrachte?"

„Er hat sie nicht umgebracht", stellte Magruder klar. „Sie starb an Kohlenmonoxydvergiftung. Vom Kühlschrank."

„Um so schlimmer", meinte der Hausmeister niedergeschlagen. „Ein defekter Kühlschrank – keiner wird in diese Wohnung ziehen wollen. Man wird einen weiteren Unfall befürchten."

„Es war kein Unfall", sagte Magruder. „Jemand änderte die Gaseinstellung. Jemand, der sich mit Gas-Kühlschränken auskennt."

Der Hausmeister machte große Augen und zog an seiner Mütze auf dem Kopf. „Bellini?" sagte er. „Der Kerl muß ja wahnsinnig sein."

„Wer sagt, daß es Bellini war?" fragte Magruder.

„Wer sonst?" fragte der Hausmeister.

„Sie."

Der Hausmeister gab ein kurzes, erstauntes Grunzen von sich und biß sich nervös auf die Lippen. „Ich kannte sie kaum", erklärte er. „Hab nie mit ihr gesprochen."

„Und ob", sagte Magruder. „Binden Sie uns keinen Bären auf. Ihre Frau hat Sie verlassen, und im vierten Stock wohnte eine junge, hübsche Frau. Sie waren davon überzeugt, daß Sie bei ihr landen könnten, also machten Sie sich an sie heran. Leider spielte sie aber nicht mit, und Sie standen da wie ein begossener Pudel und hatten Angst vor ihrem Mann, der Sie fertiggemacht hätte. Was taten Sie also? Sie veränderten die Gaseinstellung am Kühlschrank und fuhren über Nacht aufs Land. Es muß für Sie eine ganz schöne Überraschung gewesen sein, als Sie später Reed seelenruhig zum Bus gehen sahen."

„Sie sind verrückt", rief der Hausmeister entrüstet. „Ich war nicht einmal in dieser Wohnung!"

Magruder machte nicht gerade ein freundliches Gesicht, als seine Hand hochschnellte und dem Hausmeister die Mütze vom Kopf fegte. Die Kratzwunden über seiner Schläfe waren stark gerötet.

„Da hat sie Sie also gekratzt", sagte Magruder. „Eine Frau wie sie würde sich Ihre Annäherungsversuche nicht so einfach gefallen lassen. Das habe ich mir gleich gedacht."

„Ich stürzte beim Duschen", verteidigte der Hausmeister sich weiter, „und stieß mir den Kopf an. Und wenn jemand sich an ihr vergriffen hat, dann nur Bellini, der junge Strolch."

„Ein junger Bursche, der so gut aussieht?" sagte Magruder. „Für ihn wäre sie kein Problem gewesen. Aber für Sie?" Er knirschte mit den Zähnen und sah den dicken Hausmeister scharf an. „Welche Frau würde Sie denn schon wollen?"

„Sogar wenn Sie recht hätten", räumte der Hausmeister ein, „sogar wenn ich versucht hätte, sie rumzukriegen, so ist das weiter nicht tragisch. Daran starb sie nicht, oder? Sie starb, weil Bellini bei der Reparatur des Kühlschranks gepfuscht hat..."

„... und Sie ihn nicht bezahlen wollten. Aber das war gestern, als Sie von Ihrer Schwester zurückkamen, erinnern Sie sich? Woher wußten Sie, daß der Kühlschrank immer noch nicht in Ordnung war?"

„Etwas, das Bellini sagte. Ich weiß es nicht mehr. Ich... ich..."

„Ja, Sie, Sie", sagte Magruder. „Sie sind unser Mann, und es wird nicht schwer sein, das zu beweisen. Warum ersparen Sie sich und uns nicht die Mühe und sagen uns, was los war?"

Magruder und Sid brauchten gute zwei Stunden für das Geständnis, was nach Magruders Ansicht ein guter Durchschnitt war. Ein guter Durchschnitt für einen Routinefall wie diesen.

Das Killerpferd

Jack Eustis wollte schon immer mit Pferden arbeiten – als Cowboy, Zirkusreiter, Trainer oder Züchter, Hauptsache, es hatte etwas mit Pferden zu tun. Statt dessen war er jedoch, weil es sich so ergab, Sheriff geworden. Seinen ersten Kontakt mit Ralph Berton hatte er ausgerechnet an jenem Tag gehabt, als Ralphs Frau Anita auf dem großen Gestüt von einem Pferd getötet wurde. Es handelte sich eindeutig um einen Unfall. Anitas braune Stute scheute vor einer Schlange und schleuderte ihre Reiterin so unglücklich gegen einen Felsen, daß sie sofort tot war. Da es mehrere Augenzeugen für diesen Vorfall gegeben hatte, suchte der Sheriff das Gestüt nur auf, um sein Beileid zu übermitteln, nicht, um Fragen zu stellen.

Es war eigentümlich, daß unter solchen Umständen eine Freundschaft beginnen sollte. Aber schon bei der ersten Begegnung passierte etwas zwischen Ralph Berton, der um seine Frau trauerte, und dem Sheriff, der schon immer etwas mit Pferden zu tun haben wollte – und während des nächsten Jahres, als auf Bertons Gestüt vieles anders wurde, war Eustis ein häufiger Gast in den Zuchtställen. Sein größter Traum war Wirklichkeit geworden.

Was die Änderung betraf, so war das Gestüt mit Hunderten von Zuchtpferden bald kein Gestüt mehr. Ralph Berton wurde von Doktor Wiley gewarnt, auf sein Herz Rücksicht zu nehmen. Ihm blieb nur die Wahl, langsamer zu treten oder schnell zu sterben. Ralph entschloß sich für ersteres. Er wollte zwar nicht den Hof verkaufen, den er mit eigenen Händen aufgebaut hatte, aber er verkaufte seine Pferde und behielt nur sechs ältere Tiere: fürs Reiten, fürs Reden und fürs Zusammensein. Das Obergeschoß des großen Hauses wurde verschlossen, so daß Mrs. Howell, seine Haushälterin, nicht mehr soviel Arbeit hatte; und er ruhte erst, als sämtliche seiner Angestellten woanders gut untergekommen waren. Den alten Willis Thomas behielt er, weil dieser von Anfang an als Verwalter bei ihm gewesen war, auch wenn es jetzt nicht mehr viel zu verwalten gab. Er hatte zwei junge Burschen – Barry O'Shea und Timothy Ulden, zwei Pferdenarren –, die immer wieder aus der Stadt kamen und Ordnung hielten. Und das war alles.

Manche Leute sagten, das wäre eine Verschwendung, und daß Ralph Berton verkaufen und in eine Stadtwohnung ziehen sollte. Sheriff Eustis verstand, wieso er das nicht tat. Ein Mann wollte da leben, wo er glücklich war. Und der Doktor meinte, daß es Ralph noch leicht zwanzig Jahre machen könnte, wenn er sich nicht übernähme.

Jack Eustis machte es sich bald zur Gewohnheit, bei

jeder Gelegenheit auf dem Hof vorbeizuschauen. Er und Ralph Berton wurden echte Freunde, hauptsächlich wegen ihrer gemeinsamen Liebe zu den Pferden. Ralph liebte es, über sie zu reden und zu berichten – und der Sheriff liebte es, über sie zu reden und zuzuhören.

Mit dreißig Jahren lernte der Sheriff das Reiten. Er bestieg einen zahmen Rotfuchs und machte seine ersten Versuche.

„Aufrecht sitzen und nicht seitwärts kippen", sagte Ralph immer wieder. „Nur mit dem unteren Teil der Wirbelsäule nachgeben – entsprechend den Bewegungen des Tieres. Wenn du das kapiert hast, dann kannst du reiten."

Eustis konnte ziemlich bald reiten und unternahm mit Ralph weite Ausritte. Wenn sie eine Pause einlegten, sprach Ralph über Pferde, und Eustis lauschte. So lernte der Sheriff alles über den Umgang mit Pferden, und sogar in Training und Zucht weihte ihn der Fachmann ein.

Dann kam eines Tages Ralphs um zwanzig Jahre jüngerer Bruder heim, um für immer auf dem Hof zu bleiben. Lloyd Berton war auf dem Gestüt groß geworden, aber vor einigen Jahren hatte ihn das Fernweh gepackt, und er war zur Handelsmarine gegangen, um die Welt kennenzulernen. Einige sagten, daß Anita Lloyd Berton nicht gemocht hatte und recht froh war, als er endlich das Weite suchte. Eustis konnte das nachträglich gut verstehen.

Ralph Bertons letzte Angestellte waren offenbar gar nicht davon begeistert, Lloyd wieder um sich zu haben.

„Will die ganze Zeit bedient werden, auch wenn man alle Hände voll zu tun hat", klagte Mrs. Howell gegenüber dem Sheriff. „Man meint, er wäre ein Prinz!"

Der alte Thomas, der sonst sehr verschwiegen war, ließ sich gegenüber Eustis ebenfalls zu einer Bemerkung hinreißen. „Wird Mr. Ralphs Herz nicht guttun, sich über den Bengel ärgern zu müssen."

Lloyd Berton behandelte seinen Bruder immer zuvorkommend, aber der Sheriff hatte den unbestimmten Verdacht, daß der junge Mann etwas im Schilde führte. Seine Sorge um Ralph wirkte übertrieben. „Ich bin heimgekommen, um auf dich aufzupassen und dich zur Ruhe anzuhalten", sagte er oft. Eustis glaubte eher, daß Lloyd es auf das Gut seines Bruders abgesehen hatte. Nachdem dessen Frau Anita tot war, kam er als Haupterbe in Frage.

Lloyd ritt mehrere Male mit Ralph und dem Sheriff aus. Technisch gesehen war er ein guter Reiter, und das Pferd tat das, was er wollte. Auch wußte er über Pferde Bescheid, da er mit ihnen aufgewachsen war. Aber für Eustis war es sofort klar, daß Lloyd die Pferde nicht liebte. Er wollte sie nur beherrschen.

Eustis mißtraute Lloyd und vermied es von nun an, dem Gut häufige Besuche abzustatten. Er hoffte, Ralph würde sein Verhalten verstehen, ohne daß er mit ihm über Dinge zu reden hätte, die ihn im Grunde genommen nichts angingen.

Eines Tages dann, als er Ralph schon fast einen Monat nicht mehr gesehen hatte, kam Eustis zufällig am Hof von Morgan Raines vorbei, der einst Ralphs Konkurrent gewesen war, Als dann aber Ralphs Zuchtpferde zum Verkauf anstanden, hatte Raines den Großteil der Tiere übernommen.

Raines und Eustis unterhielten sich über Pferde, und Raines zeigte dem Sheriff sein Gestüt.

„Sie sollten das bockende Pferd gesehen haben, das ich hatte", sagte Raines. „Ein herrliches Tier, aber widerspenstig und eigensinnig, wie man es in einer Zucht nicht brauchen kann. Ralph Berton war ganz versessen darauf, obwohl ich versuchte, ihm das auszureden. Er kaufte es."

Ralph, so erfuhr Eustis weiter, hatte erst vor zwei Wochen seinen Fuchsschimmel verloren, sich dennoch auf den ersten Blick in den Hengst „Ebony" verliebt und ihn gleich mitgenommen.

Da Eustis glaubte, daß Ralph sich mit dem Kauf des wilden Pferdes ein wenig zuviel aufgeladen hätte, besuchte er ihn am nächsten Tag. Lloyd war nicht da. Ralph begrüßte den Sheriff herzlich und erwähnte mit keinem Wort die lange Zeit, die seit Eustis' letztem Besuch verstrichen war. Ralph sah anders aus als sonst, Hemd und Hose waren schmutzig und verschwitzt. Normalerweise hielt er immer sehr viel auf ein gepflegtes Äußeres. Heute war er so ungepflegt und nachlässig gekleidet, wie es bei Lloyd meistens der Fall war.

„Ich stinke etwas", kicherte Ralph, „aber das ist nur, weil ich Ebony an mich gewöhnen will. Ein Pferd geht nach seiner Nase. Kein erfahrener Pferdetrainer würde seine Kleidung und damit seinen Geruch ändern, wenn er ein neues Pferd einreitet. Denn dann müßte er wieder ganz von vorne anfangen."

Ralph führte Eustis in den einzigen noch benutzten Stall und zeigte ihm voller Stolz Ebony. Das Pferd war von bläulich-schwarzer Farbe, hatte einen kräftigen Körper, eine elegante Haltung und einen edlen Kopf. Als sie den Stall betraten, blieb Ebony verhältnismäßig ruhig und wieherte nur ein wenig, anstatt gegen die Box zu rennen, wie Eustis es erwartet hatte.

Ralph trat an das Pferd heran und streichelte über das spitz zulaufende Maul. Der Hengst wurde etwas zappelig, ließ ihn aber gewähren.

„Jedes Pferd besitzt eine gewisse Wildheit", erklärte Ralph. „Aber dieser Hengst hat eine doppelte Portion davon mitbekommen. Er ist durch mehrere Hände gegangen, und einer oder mehrere seiner Besitzer haben ihm wohl arg zugesetzt. Ein Pferd haßt Menschen, die es mißhandeln, und es kann seine Feinde meilenweit riechen. Es liegt nur an mir, dem Pferd zu beweisen, daß ich sein Freund bin..."

Plötzlich warf der Hengst den Kopf zurück, bleckte die Zähne und stellte wiehernd die Ohren auf. Als die

Stalltür von außen geöffnet wurde und Lloyd hereinkam, bäumte er sich auf und schlug mit den Hufen gegen den Verschlag.

„Du machst ihn unruhig, Lloyd", sagte Ralph. „Gehen wir hinaus."

Draußen blickte Lloyd seinen Bruder finster an und hob warnend den Finger.

„Das ist ein Killerpferd, Ralph. Niemand außer dir darf in seine Nähe kommen, sonst tobt es wie ein Wilder. Und eines Tages wird es auch dich anfallen! Die Wilden bleiben immer unberechenbar, Ralph. Schaff es weg!"

„Laß das nur meine Sorge sein, Lloyd. Ebony ist ein gutes Tier. Man muß es nur richtig behandeln."

Lloyd zuckte die Achseln und ging davon. Ralph wandte sich stirnrunzelnd an Eustis. „Ebony ist kein Killer, Jack. Er ist nur in der falschen Zeit geboren. Ebony hätte vor hundert Jahren leben sollen, als die Pferde noch wild und frei in der Prärie lebten."

„Ich weiß nicht, Ralph. Vielleicht hat Lloyd recht. Paß lieber auf."

In den nächsten zehn Tagen war Eustis so mit seinen Aufgaben als Sheriff beschäftigt, daß er keine Zeit hatte, Ralph zu besuchen. Am elften Tag setzte er sich spätnachmittags in den Wagen und fuhr zu ihm hinaus. Außer Ralph war niemand da. Lloyd sei in die Stadt gefahren, erklärte Ralph, Mrs. Howell besuche ihre Schwester, und der alte Thomas sei bei seiner kranken

Tochter. Barry O'Shea und Timothy Ulden seien auch schon heimgefahren, nachdem sie kräftig zugepackt hatten.

„Ich muß dir etwas zeigen, Jack", sagte Ralph lächelnd.

Er führte Eustis in den Stall, wo er ihm vorführte, wie er dem schwarzen Hengst Sattel und Zaumzeug anlegen konnte, ohne daß das Pferd sich wehrte. Eustis machte große Augen, als Ralph Ebony in den Hof führte und ihn in der Koppel ritt. Das Pferd hatte einen herrlichen Gang, und Ralph klopfte ihm liebevoll auf die Flanken, als er neben Eustis abgestiegen war.

„Wenn man ein Pferd richtig behandelt, und das gilt für alle Pferde, dann ist es nur eine Frage der Zeit, bis es einem gehört." Wieder lächelte er. „Warte, bis Lloyd das sieht. Es heißt nämlich, daß Ebony noch nie einen Reiter länger als eine Minute im Sattel ließ."

Als sie in den Stall zurückgingen, nickte Ebony unruhig mit dem Kopf und scharrte mit den Hufen.

„Er riecht das bevorstehende Unwetter, obwohl es noch Meilen entfernt ist", sagte Ralph. „Gewitter und Feuer, davor haben alle Pferde Angst."

Auch Eustis fürchtete etwas. Es gefiel ihm nicht, daß Ralph ganz allein auf dem Hof war. Angenommen, er hatte plötzlich einen Herzanfall?

„Willst du nicht zu uns zum Essen mitkommen?" fragte er eindringlich.

„Das ist nett, Jack, aber ich muß hierbleiben und für

Lloyd etwas kochen. Der Junge kann sich nicht einmal Eier in die Pfanne schlagen."

Nur ungern stieg der Sheriff wieder in seinen Wagen und fuhr zurück. Den ganzen Abend über hatte er ein komisches Gefühl, das in ernste Besorgnis überging, als gegen neun Uhr abends das Gewitter ausbrach. Es war ein besonders heftiges Unwetter, nur selten zuvor hatte Eustis ein schlimmeres Toben der Elemente erlebt.

Als das Gewitter allmählich nachließ, rief Lloyd Berton an und teilte dem Sheriff mit, daß Ralph tot war!

Ralph Bertons Körper war fürchterlich zugerichtet und erinnerte den Sheriff an die Leichen, die nach einem schweren Verkehrsunfall aus den Blechtrümmern geborgen wurden. Ralph bot einen schrecklichen Anblick, und genauso schrecklich waren die Minuten des Schweigens, als Doktor Wiley sich über die Leiche beugte.

„Durch Hufschläge getötet", stellte der Doktor erschüttert fest. „Aber er könnte gleichzeitig einen Herzschlag gehabt haben, doch das werden wir nie in Erfahrung bringen."

Eustis beobachtete den Hengst Ebony, dessen Hufe blutverschmiert waren. Starr und steif stand das Pferd in seiner Box, als wäre es im Stehen gestorben. Sein Anblick war so furchtbar und grausig wie die Szene, die sich Eustis geboten hatte: das Pferd winselte um den Mann, den es zu Tode getrampelt hatte, als würde es seine Tat bereuen ... als weinte es. Und es war so unglaublich friedfertig, als Eustis es in seinen Stand führte.

Der Sheriff wandte sich an Lloyd Berton. „Erzählen Sie, langsam und ausführlich."

„Ralph und ich aßen gerade Eintopf, als das Unwetter ausbrach. Wir hörten, wie die Pferde vor dem Donner scheuten und immer aufgeregter wurden. Ralph sorgte sich um sie. Er befürchtete wohl, dieses Killerpferd wäre aus seiner Box ausgebrochen, was ja der Fall war, und fiele über die anderen Pferde her. Gerade, als wir den Stall erreichten, gab es einen Stromausfall."

„Weiter", drängte der Sheriff.

„Der Lärm, der aus dem finsteren Stall drang, war entsetzlich – schlimmer als das Tosen des Unwetters. Ich wußte, daß dieses Pferd alles kurz und klein schlagen würde, und sagte Ralph, es wäre Selbstmord, jetzt in den Stall zu gehen."

„Und Sie sind nicht hineingegangen, nicht wahr?"

Lloyd kniff die Augen zusammen. „Nein, nicht sofort. Ralph schickte mich ins Haus zurück, um eine Taschenlampe zu holen. Als ich wieder in den Stall kam, war alles vorüber. Ich konnte nicht an Ralph herankommen. Als ich den Hengst mit der Taschenlampe blendete, griff er mich an. In letzter Sekunde konnte ich durch die Tür entwischen. Ich habe Sie dann sofort angerufen."

Der Sheriff blickte schweigend zu dem stillen,

regungslosen Hengst hinüber.

„Man muß dieses Mörder-Pferd erschießen", sagte Lloyd. „Und ich bin genau der richtige Mann für diese Aufgabe."

Eustis sah ihm in die Augen. „Sie werden dieses Pferd nicht erschießen, hören Sie? Das ist eine Anordnung. Falls dieses Pferd Ihr Eigentum wird, können Sie mit ihm tun, was Sie wollen. Aber vorher nicht, verstanden?"

Lloyd zögerte, dann blitzten seine Augen auf. „Wenn das Pferd mir gehört, ist es tot."

Lloyd ging einen Schritt, nur einen Schritt, auf den Stand des schwarzen Hengstes zu, und schon erwachte das Tier aus seiner Teilnahmslosigkeit. Es stellte die Ohren auf, die Augen funkelten, und schnaubend und mit aufgerissenem Maul bäumte es sich auf, so daß die Vorderhufe krachend auf dem Boden aufschlugen.

„Sehen Sie", sagte Lloyd und ging zurück, „die Bestie will auch mich umbringen."

Etwas war faul an der Sache.

Die Geschichte, die Lloyd erzählt hatte, klang überzeugend, aber sie war es nicht. Allerdings ließ sich nichts anderes beweisen, denn der einzige Zeuge war Lloyd, abgesehen von den stummen Pferden im Stall, die nicht aussagen konnten.

Es gab keinen Grund, mißtrauisch zu sein, aber der Sheriff wurde seinen Argwohn nicht los. Etwas stimmte nicht, aber er konnte nicht herausfinden, was.

Während Ralph Bertons Beerdigung am dritten Tag nach dem Unfall erfuhr der Sheriff, daß Ralph kurz nach dem Tod seiner Frau Anita ein neues Testament gemacht hatte, in dem er Lloyd als Haupterben einsetzte, doch auch Mrs. Howell und der alte Thomas waren mit einem stolzen Sümmchen bedacht worden.

Am Tag nach der Beerdigung traf Eustin zufällig Mrs. Howell und Thomas. Nachdem Lloyd den Hof übernommen hatte, waren beide von heute auf morgen gegangen, obwohl sie praktisch ihr ganzes Leben dort gedient hatten.

„Und wenn ich verhungern müßte, ich würde für ihn keinen Finger krumm machen", schimpfte Mrs. Howell. Der alte Thomas war ähnlicher Meinung, doch fügte er hinzu: „Schade, daß Ebony sich nicht ein besseres Opfer ausgesucht hat."

Einige Tage später erfuhr der Sheriff zufällig von Timothy Ulden, daß er und Barry O'Shea von Lloyd gefeuert worden waren.

„Er wird wohl allein fertig", sagte Ulden, „bis Lloyd einen Käufer für das Gut gefunden hat, der den richtigen Preis zahlt."

„Was ist mit Ebony?" fragte der Sheriff. Er wußte nicht, ob Lloyd den Hengst trotz seiner Anordnung erschossen hatte, denn diese Anordnung entbehrte ja jeder gesetzlichen Grundlage.

Timothy überlegte nicht lange. „Noch nie habe ich

erlebt, daß ein Pferd sich so verändert hat. Ich habe nicht viel von Ebony gesehen, weil Lloyd sich um sämtliche Pferde kümmerte, aber soweit ich das mitbekam, geht es Ebony sehr schlecht. Steht nur im Stall herum und stiert vor sich hin – von Trauer verzehrt..."

Eine Woche, nachdem Ralph zu Grabe getragen worden war, fiel es Eustis mitten in der Nacht wie Schuppen von den Augen. Gewiß, die Idee war mehr als verrückt, aber so konnte sich alles abgespielt haben... nein, es *mußte* so gewesen sein!

Den Rest der Nacht verbrachte Eustis schlaflos. Als es endlich hell war, fuhr er zu Charley Adamson, dem Totengräber, um ihm eine entscheidende Frage zu stellen.

„Ja, Mr. Bertons Sachen sind noch da", meinte Charley. „Ich verstehe nicht, warum Lloyd sie noch nicht abgeholt hat. Ich habe ihn schon dreimal daran erinnert. Da ist eine Uhr und ein Ring. Und dann natürlich seine blutverschmierte Kleidung, aber ich glaube nicht, daß Lloyd die haben will."

„Dafür will ich sie", sagte der Sheriff und nahm die weiße Schachtel an sich, in der die Sachen waren, die Ralph zuletzt getragen hatte.

Eustis machte sich sofort auf den Weg zum Gestüt von Morgan Raines, der gerade damit beschäftigt war, neu erworbene Zuchttiere zu begutachten. Raines' Augen wurden immer größer, als Eustis seine neuen

Ansichten über den Tod von Ralph Berton kundtat.

„Das ist sehr weit hergeholt", sagte Raines, „aber immerhin möglich."

„Wollen Sie mit mir hinüberfahren? Ich möchte Lloyd etwas fragen und brauche einen Zeugen."

Zehn Minuten später fuhren sie in den Hof ein. Alles war ruhig, wahrscheinlich lag Lloyd noch im Bett. Eustis und Raines gingen als erstes in den Stall, wo sie Ebony regungslos am Boden liegend fanden.

„Ein Pferd legt sich nur hin, wenn es schlafen will oder wenn es krank ist", sagte Raines. „Das Pferd sieht abgemagert aus, und seine Lippen sind gesprungen. Ich glaube, Lloyd will das arme Tier langsam verhungern lassen – und verdursten. Ein Pferd braucht täglich zwölf Pfund Hafer, vierzehn Pfund Heu und zweimal Wasser, oder es krepiert schnell."

Der Sheriff ballte die Fäuste. „Füttern Sie bitte das Pferd. Wasser gibt's dort drüben. Ich knöpfe mir Lloyd vor."

Auf Eustis' lautes Klopfen hin öffnete Lloyd Berton endlich. Er war wohl hastig in seine Kleider geschlüpft, denn sein Hemd stand noch offen. Ohne sich um seine Proteste zu kümmern, ging der Sheriff einfach an ihm vorbei ins Haus, eilte über die Treppe zu Ralphs Schlafzimmer, machte den Kleiderschrank auf und riß eine Reithose und ein Hemd vom Bügel. Lloyd, der ihm neugierig gefolgt war, schaute betroffen drein.

Sein Gesicht wurde kalkweiß, als der Sheriff befahl:

„Sie kommen mit mir in den Stall, Lloyd."

Dort kniete Raines neben Ebony auf der Erde und machte ein besorgtes Gesicht.

„Wollte nur etwas Wasser und Kleie. Muß viel mehr fressen, um wieder auf die Beine zu kommen."

„So, und jetzt aufgepaßt", sagte Eustis und legte die Kleidungsstücke aus Ralph Bertons Kleiderschrank vor die Nüstern des Hengstes. Sofort bewegte Ebony den Kopf und hob ihn etwas an. Er roch an der Kleidung und wieherte leise.

Eustis sah Lloyd Berton an. Jeder Blutstropfen schien aus dem Gesicht des jungen Mannes gewichen zu sein.

„Und jetzt", sagte Eustis, "wollen wir sehen, wie Ebony auf die Kleider reagiert, die Ralph anhatte, als er starb."

Der Sheriff nahm die Kleider aus Lloyds Kleiderschrank weg und legte statt dessen die Sachen hin, in denen Ralph Berton gestorben war. Das kranke Pferd reagierte sofort. Es stellte die Ohren auf, seine Augen blitzten, und es bleckte die Zähne. Sein mächtiger Leib bebte vor Anstrengung, als es sich erheben wollte, um zu kämpfen, und es schnaubte und prustete vor Zorn, als seine Schwäche es zwang, am Boden liegenzubleiben.

Eustis drehte den Kopf herum. Lloyd war zurückgewichen... zurück... zurück... zurück..., als fürchtete er, das Pferd würde ihn tatsächlich angreifen. Jetzt hatte er die Tür erreicht.

„Als Sie feststellten, daß Ralphs Herz doch noch besser war, als anfänglich vermutet, nahmen Sie die Sache selbst in die Hand." Eustis zeigte auf das Bündel blutiger Kleidungsstücke. *„Sie zogen ihm ganz einfach Ihre Kleidung an!"*

„Ich... ich verstehe nicht, was Sie meinen", stotterte der blasse junge Mann.

„Die Umstände waren ideal. Es gab keine Zeugen. Das Unwetter hatte die Pferde rasend vor Angst gemacht. Der Strom war ausgefallen, und es war stockfinster im Stall. *Und Sie wußten, daß ein Pferd nach seiner Nase geht!* Sie schlugen Ralph nieder und steckten ihn in Ihre Kleidung. Dann schleppten Sie ihn hinunter und in den Stall, wo Ebony frei herumlief. Von der Kleidung ging *Ihr* Geruch aus, und Ebony schlug in der Dunkelheit zu, weil er Sie haßte – vermutlich haben Sie ihn zuvor entsprechend behandelt. Jedenfalls war es Mord, auch wenn Sie die tödlichen Schläge nicht mit eigener Hand ausgeführt haben. Sie bedienten sich Ihres Feindes – wogegen dieses Pferd in Ralph einen Freund gefunden hatte –, um Ihren Bruder umzubringen!"

Nach einigen Sekunden des Schweigens sagte Lloyd kleinlaut: „Eine so verrückte Geschichte können Sie nicht beweisen. Wer würde so etwas glauben?"

Morgan Raines beantwortete die Frage. „Die Jury, wenn sie sieht, wie das Pferd auf die verschiedenen Kleider reagiert. Und Ebony wird gesund werden, um dies noch einmal vorzuführen. Dafür werde ich persönlich sorgen..."

Lloyd versuchte zu türmen, aber er kam nicht weit. Statt hinter ihm herzurennen, gab Sheriff Eustis nur einen Warnschuß ab. Das genügte – Lloyd Berton blieb wie angewurzelt stehen und ließ sich widerstandslos festnehmen.

Morgan Raines – ein Pferdeliebhaber, wie Ralph Berton es gewesen war – erklärte sich bereit, zu bleiben und Ebony gesund zu pflegen. Auch der Sheriff wäre gern geblieben, aber eine andere Aufgabe wartete auf ihn. Er mußte Lloyd Berton hinter Schloß und Riegel bringen.

Rauhe See

Um auf der Rue du Montparnasse aufzufallen, um die Blicke der flirtenden Pärchen, der Aperitif-Trinker und zankenden Straßenkünstler auf sich zu lenken, mußte man schon etwas Originelles im Aussehen oder Auftreten vorzuweisen haben. Owen Layton gelang dieses Kunststück mit einem englischen Tweedanzug, der schon einiges mitgemacht hatte, einem graumelierten Bart und zwei Krücken, die seinen dick verbundenen Fuß nicht mit dem Pariser Pflaster in Berührung kommen ließen. Noch auffälliger aber war sein freundliches, ja lebensfrohes Lächeln, das so gar nicht zu den Krücken, dem Verband und den damit verbundenen Unannehmlichkeiten und Schmerzen paßte. Er war an jenem Morgen der „tapfere Amerikaner", und er schien sich in seiner Rolle wohl zu fühlen.

Er setzte geschickt seine Krücken ein, als er sich an einem von Patricks Tischen im Freien niederließ. Lächelnd entschuldigte sich Owen für sein schlechtes Französisch, bestellte einen Pernod und erkundigte sich nach „meinem Bruder, Monsieur Gerald". Der Ober zuckte nur die Achseln. „Macht nichts", lächelte Owen. „Er wird sowieso gleich kommen."

Robin Gerald Layton ließ jedoch noch eine Weile auf

sich warten, den Grund für seine Verspätung brachte er gleich mit – eine schwarzhaarige, dunkeläugige junge Dame mit einem hüpfenden Pferdeschwanz und einem süßen Kußmund. Aus dem Kußmund wurde sogleich ein Schmollmund, denn als Robin seinen Bruder erblickte, schickte er sie mit einem Klaps auf den Hintern weg und nahm sogleich neben Owen Platz.

„Owen!" rief er hocherfreut und schüttelte überschwenglich mit beiden Händen den Arm seines Bruders. „Wie geht es dir? Wann bist du angekommen? Hast du lange gewartet?"

Owen lachte und schob die farbverklecksten Finger von seinem Ärmel. „Halt", kicherte er. „Du brichst mir ja den Arm!"

Erst jetzt sah Robin den lädierten Fuß. Er schnalzte bedauernd mit der Zunge und machte ein mitleidiges Gesicht, aber Owen winkte einfach ab. „Laß mich dich ansehen", sagte er. „Es ist mehr als ein Jahr her, seit wir uns zuletzt getroffen haben. Du siehst französischer denn je aus." Er legte seine Hand auf Robins Schulter und musterte das bärtige Gesicht mit den jugendlichen Zügen, die den seinen nicht unähnlich waren. Robin Gerald, das Layton hatte er unter den Tisch fallen lassen, war sechs Jahre jünger als sein Bruder, und da er schon fünf Jahre in der paradiesischen Franzosenmetropole lebte, hatte er sich gut gehalten.

„Du siehst auch anders aus", meinte Robin strahlend. „Dieser Bart! Steht dir gut. Und dabei hast du *mich* einst als stacheligen Igel verlacht, weißt du noch?"

„Tja, ich bin eben auch auf den Geschmack gekommen. Jedoch will ich meinen Bart etwas kürzen und mehr in deinem Stil tragen. Hier", sagte Owen und schob sein Glas über den Tisch. „Hier, nimm meinen Pernod. Mit meinem Fuß soll ich das nicht trinken."

„Was hast du denn?"

„Gicht", antwortete Owen kläglich. „Erinnerst du dich, ich habe dir vor ein paar Monaten davon geschrieben. Kurz bevor wir in See stachen, hatte ich einen Anfall, aber es wäre mir bestimmt bald wieder bessergegangen, wenn ich nicht so hemmungslos von der französischen Küche genascht hätte. In Zukunft werde ich mich wieder auf einfache englische Kost beschränken."

„Die Krankheit der Reichen", kicherte Robin. „Das kommt davon."

„Ja", nickte Owen nachdenklich. „Schlecht für mich, gut für dich. Vergiß nicht, woher dein Geld kommt."

Robin kam in Verlegenheit. Sein einziges Einkommen bestand aus den laufenden Traveller-Schecks, die Owens Namenszug trugen. Owen hatte ihn zum „Malen" nach Paris geschickt, was er gelegentlich auch tat, wenn er nicht dem süßen Leben huldigte. Was Owen betraf, so hielt er sich häufig im Auftrag der Wein-Import-Firma, die allerdings seiner Frau gehörte, in Paris auf.

„Und wie geht es Harriet?" fragte Robin. „Immer

noch die gleiche?"

„Ja, die bezaubernde Harriet hat sich nicht verändert. Manche Frauen ändern sich nie."

„Aber ein wenig muß sie sich dennoch geändert haben", meinte Robin. „Dieser Bart! Wenn sie dir das erlaubt hat, ist sie nicht mehr dieselbe Harriet, die ich kenne!"

Owen lächelte tiefsinnig und hob sein Glas.

„Nein", erwiderte er. „Sie ist nicht mehr dieselbe Harriet, wie du sie kennst. Und genau aus diesem Grund habe ich mir den Bart wachsen lassen und bin nach Paris gekommen."

„Aber wozu? Ich verstehe dich nicht ganz..."

„Du wirst mich gleich verstehen", antwortete Owen. „Denn du wirst mir dabei helfen."

„Wobei helfen?"

„Harriet umzubringen", sagte Owen trocken. Dann nahm er den Pernod wieder an sich und stürzte ihn hinunter. Er wischte sich genießerisch mit der Zunge über die Lippen und sog in großen Zügen die aufregende Pariser Luft ein.

Seit Owens letztem Besuch war Robin in das Hotel Raspail gezogen, von dem aus man den Boulevard du Montparnasse und den Boulevard Raspail überblicken konnte. Für Robin muß dieser Anblick sehr anregend gewesen sein, da die hübschen Pariser Mädchen scharenweise daran vorbeizogen. Und das hatte wiederum großen Einfluß auf Robins Arbeit. Die Farbtuben blieben nämlich geschlossen, die Pinsel sauber und die meisten Leinwände jungfräulich weiß.

Als Owen mit Robin das Zimmer betrat, legte er plötzlich die Krücken auf den Boden und ging ohne eine Stütze oder fremde Hilfe zum Sofa hinüber.

„Dein Fuß", sagte Robin. „Die Gicht..."

Owen lachte und machte es sich auf dem Sofa gemütlich.

„Die Gicht", sagte er lachend, „ist der Eckpfeiler meines Plans, alter Knabe. Oh, zuerst war die Krankheit natürlich echt, und ich mußte eine wahre Hölle auf Erden durchmachen, bevor ich herausfand, daß es einfach eine Sache der Diät ist. Jedoch ist meine Krankheit schon bei verschiedenen Ärzten registriert, falls später Fragen auftauchen sollten."

Robin sank in einen Sessel nieder. Seine Miene war gequält.

„So kenne ich dich gar nicht, Owen", sagte er. „Das, was du da sagst, meinst du doch nicht ernst. Die Krücken, der Bart und dieses verrückte Gerede, deine Frau umzubringen..."

„Das ist ganz und gar nicht verrückt. Ich habe einen brillanten Plan entworfen, bei dem nichts schiefgehen kann. Auch du solltest davon begeistert sein, das heißt, vorausgesetzt natürlich, du liebst das Leben, das du gegenwärtig führst."

„Es lieben? Natürlich liebe ich es, und ich bin dir auch sehr dankbar für deine Unterstützung."

„Es wäre schade, das alles zu verlieren, nicht wahr? Dein Talent in... der Kunst? Das flotte Leben?"
„Ist zwischen dir und Harriet etwas passiert?"
Owen steckte sich eine Zigarette an.
„Nichts Plötzliches", antwortete er. „Kein direkter Frontalzusammenstoß. Nein, wir lebten uns im Laufe der Jahre auseinander. Du weißt ja, daß ich viel jünger als Harriet war, als wir heirateten. Aber nach zehn Jahren ist der Unterschied plötzlich nicht mehr so groß. Harriet entdeckt gerade, daß es in der Welt jüngere Männer gibt."
Robin fluchte und ging zum Fenster.
„Setzt du mich aufs trockene? Drehst du den Hahn zu? Willst du mir das damit sagen?"
„Nichts dergleichen", antwortete Owen, „Solange ich es mir leisten kann, gebe ich dir Gelegenheit, dein ‚Talent' zu entwickeln. Die Frage ist nur, *wie lange* ich mir das noch leisten kann."
„Und deshalb willst du sie aus dem Weg schaffen?"
„Aber mit großer Umsicht, alter Junge, und ohne die damit verwickelten Risiken auf die leichte Schulter zu nehmen. Ich hätte nie mit dem Gedanken gespielt, wenn mir nicht plötzlich dieser geniale Plan eingefallen wäre. Wie du siehst, kann also sogar ein Gichtanfall seine guten Seiten haben. Ich war einen Monat lang ans Bett gefesselt, während Harriet ihren Vergnügungen außer Hause nachging. Ich hatte Zeit, viel Zeit... Ich habe nachgedacht – und kam auf eine tolle Idee!"

„Nämlich?"

„Ein einzigartiges Phänomen unserer modernen Zeit", verkündete Owen lächelnd. „Der verblüffende Gegensatz transatlantischer Reisen."

„Reisen?"

„Natürlich. Du kennst mich, Robin. Ich bin ein großer Liebhaber von Seereisen. Für mich ist eine Ozeanreise eine Wohltat, ein Allheilmittel für alle Gebrechen. Aber ein Schiff überquert den Atlantik in fünf Tagen; ein moderner Jet braucht dazu nur einige Stunden."

„Aber du haßt das Fliegen und bist noch nie in deinem Leben geflogen."

„Ja, ich verabscheue das Fliegen, daraus habe ich nie einen Hehl gemacht. Doch wenn man nur die Geschwindigkeit im Auge hat, mein lieber Bruder, dann sind Flugzeuge die absoluten Favoriten."

„Ich verstehe immer noch nicht! Was hat das alles mit Harriet zu tun?"

„Überleg doch", sagte Owen Layton. „Du und ich, mein lieber Bruder, werden uns dieses transatlantischen Gegensatzes bedienen. Wir werden beweisen, daß der Unterschied zwischen einem Schiff und einem Flugzeug eine tolle Möglichkeit bietet, einen Mord zu begehen."

Die britische *Empire* war nicht das größte Linienschiff, das in Le Havre vor Anker lag, aber am Samstag morgen war auf ihm das meiste los. Inmitten des Durcheinanders vor der Abfahrt nach New York wirkte das Vorankommen der beiden bärtigen Männer auf Deck aufreizend langsam. Der eine stöhnte mit schmerzverzerrtem Gesicht bei jeder Bewegung seiner Krücken, der andere stützte ihn mit dem Arm, während sie sich ihren Weg durch das Knäuel von Passagieren, Besuchern und Besatzungsmitgliedern bahnten.

Schließlich hatten sie die Kabine G erreicht. Owen zog seinen grünen Schottenmantel aus und ließ sich dankbar auf der Koje nieder. Erst als er Robins blasses Gesicht sah, lächelte er wieder.

„Ruhe bewahren", kicherte er. „Es wird nichts schiefgehen. Zuerst kümmern wir uns um die Pässe, dann rufen wir den Steward."

Robin schloß die Kabinentür ab und nahm dann den Paß aus seiner Manteltasche. Owen legte seinen eigenen daneben auf den Tisch und machte sich nun an die heikle Aufgabe, die beiden Lichtbilder zu vertauschen. Er löste die Bilder vorsichtig ab, versah sie mit Klebstoff aus einer winzigen Tube und klebte sie wieder ein, allerdings jeweils in den Ausweis des anderen.

„Prima", sagte er. „Jetzt wollen wir nach dem Steward läuten."

Der Mann, der wenig später an der Kabinentür klopfte, ein älterer Herr mit weißem Haar, Heinzelmännchengesicht und diskret kurzsichtigen Augen, war genau nach Owens Geschmack.

„Guten Tag, Sir. Alles in Ordnung, Mr. Layton?"

„Alles in Ordnung", antwortete Owen. „Sie sind Mr. Pawkins?"

„Ja, Sir, das bin ich."

„Kommen Sie her, Mr. Pawkins", sagte Owen und setzte sich mit Hilfe einer Krücke. „Ich fürchte, ich werde Ihnen etwas zur Last fallen auf dieser Reise..."

„O nein, Sir", sagte Pawkins und schüttelte eifrig den Kopf. „Sie fallen niemandem zur Last. Service ist eine Selbstverständlichkeit. Deshalb bin ich hier."

„Siehst du?" Owen grinste seinen Bruder an. „Aus diesem Grund ziehe ich die britischen Schiffe vor, auch wenn die englische Küche miserabel ist. Aber das Personal ist nett und zuvorkommend. Mr. Pawkins..."

„Ja, Sir?"

„Wie Sie sehen können, bin ich etwas invalide."

Der Steward schnalzte mit der Zunge. „Ach du meine Güte, Sir, Ihr Fuß!"

„Ja, mein schlimmer Fuß. Dadurch bin ich gezwungen, alle Mahlzeiten in der Kabine einzunehmen, so daß Sie also entsprechende Absprachen mit der Küche treffen müssen. Ich hoffe, das läßt sich machen?"

„Selbstverständlich, Sir."

„Auch werde ich nicht an Deck gehen können. Da mir jede Bewegung große Schmerzen verursacht, werde ich in meiner Kabine bleiben, bis wir in den Hafen eingelaufen sind."

„Ach", seufzte Pawkins, „wie schade, Sir."

„Halb so schlimm." Owen lächelte. „Ich habe zwischen hier und New York viel Arbeit zu erledigen, so daß ich mich nicht langweilen werde. Wenn Sie mir also die Mahlzeiten herunterbringen und dafür sorgen, daß ich bei meiner Arbeit nicht gestört werde, so wäre ich Ihnen sehr dankbar. In Ordnung?"

Pawkins tippte mit zwei Fingern an seine Mütze.

„In Ordnung, Sir!"

Owen lächelte und winkte dem Steward einen Abschiedsgruß zu, als dieser wortlos hinausging.

„Mann", sagte Robin. „Wir haben Glück. Einen besseren Steward könnten wir uns nicht wünschen."

„Sei dir da nicht so sicher", warnte Owen. „Er ist etwas zu freundlich. Wenn er versucht, dich in ein Gespräch zu verwickeln, dann laß dich nicht darauf ein. Laß ihn anklopfen, bevor er hereinkommt, damit du dich auf deine Schreibarbeiten stürzen kannst."

„Okay!"

„Manchmal kannst du dich auch schlafend stellen – mit dem Gesicht zur Wand, oder so. Es ist wichtig, daß er dein Gesicht nie genau zu sehen bekommt, Robin."

„Ich weiß, ich weiß", seufzte Robin gelangweilt. „Das hast du mir schon hundertmal gesagt."

„Ich kann es nicht oft genug wiederholen. Du mußt wie ein Gefangener in dieser Kabine leben, verstanden?"

„Was gar nicht schön ist."

„Natürlich nicht", sagte Owen. „Es wäre aber auch

nicht schön für dich, an einer Tankstelle arbeiten zu müssen oder auf dein flottes Leben in Paris zu verzichten, vergiß das nicht."

„Ich sagte doch, daß ich mitmache, Owen. Hör also auf, an mir herumzunörgeln."

Owen lächelte. „Nun, dann beklag dich nicht. Ich übernehme immerhin den schwierigen Teil der Arbeit, zum Beispiel auch den Flug heute abend. Ich wollte, ich hätte ihn schon hinter mir. Wie hoch fliegen diese verdammten Dinger?"

„Etwa zehntausend Meter."

„Unerhört." Er beugte sich hinab und löste den Verband um seinen Fuß. „Nun gut", sagte er. „Machen wir uns an die Arbeit. Die Besucher müssen das Schiff in zehn Minuten verlassen."

Zehn Minuten später hatte er die Krücken seinem Bruder übergeben, und der Verband zierte nun Robins rechten Fuß. Mit Robins grünem Tweedmantel bekleidet, verließ Owen Layton die Luxuskabine G. Er eilte mit schnellen Schritten über das A-Deck und verließ über den Landungssteg für Besucher die *Empire*.

Owen brachte nur einen Koffer mit zum Flughafen. Der Zollbeamte warf einen flüchtigen Blick auf das Lichtbild im Paß und reichte das Dokument dann mit einem „Danke, Mr. Gerald" zurück. Auch sein Gepäck wurde sehr zügig durchgeschleust. Allerdings bekam Owen beim Anblick des Flugzeuges auf dem Rollfeld weiche Knie, und er fühlte sich erst wieder besser, als der fliegende Vogel in New York wieder auf festem Boden stand.

Es war bereits Mitternacht, als Owen in ein Taxi stieg und sich zum Hauptbahnhof fahren ließ. Dort verstaute er seinen Koffer in einem Schließfach und fuhr mit einem anderen Taxi in die Straße, wo er und Harriet seit vier Jahren wohnten. Ihr Haus sah von außen recht unscheinbar aus, aber mit Harriets Geld war daraus ein standesgemäßes und nobles Heim gemacht worden.

Um kurz nach zwei schloß Owen die Haustür auf, durchquerte geräuschlos die geräumige Halle und ging dann ebenso leise über die Treppe in das Schlafzimmer im ersten Stock.

Harriets Bett war leer.

Das überraschte ihn nicht. Er war ja schließlich in Paris, und da hatte Harriet sich eben in das Nachtleben gestürzt – ohne ihn. Er war nicht überrascht, ärgerte sich aber trotzdem. Harriet machte es ihm leicht, sie beschwor sozusagen ihr eigenes Schicksal herauf.

Er legte sich quer über das Bett, schloß die Augen und wartete.

Eine Stunde später hörte er, wie die Haustür aufgeschlossen wurde. Er schlich auf Zehenspitzen zur Schlafzimmertür, um durch einen Spalt die Ankunft seiner Frau zu beobachten.

Sie war nicht allein. Ein Schatten folgte ihr, groß, schlank, mit breiten Schultern. Erst als sie die Tür hinter sich zugemacht hatten, konnte er hören, was gesagt wurde.

„Ach, meine Füße!" klagte Harriet lachend. „Douglas, du bist sehr stürmisch, weißt du das?"

Der stürmische Douglas hatte einen schmalen Schnauzbart und lange Koteletten. Owen schätzte, daß er Harriets außerdienstlicher Tanzlehrer war, denn sie hatte kürzlich damit begonnen, all die neumodischen Tänze zu lernen.

Der Mann ergriff mit beiden Händen ihren Arm.

„Nicht", sagte sie gleichgültig und posierte vor einem Spiegel. Der Mann vergrub sein Gesicht in ihrem Nacken. Sie kicherte. „Sagte ich dir, daß ich eine Nachricht von meinem Mann erhalten habe?" fragte sie.

Er zog sie in seine Arme.

„Gestern kam ein Telegramm", fuhr sie fort. „Er kommt am Zwölften mit der *Empire* an."

„Hoffentlich geht das Schiff unter", sagte der Mann, und Harriet lachte.

„Ja, ich gehe auch gleich unter, wenn ich nicht sofort ins Bett komme. Sei brav und geh heim."

„Ich möchte lieber nicht brav sein und statt dessen hierbleiben."

Sie wandte ihre Schritte zur Tür.

„Ruf mich morgen an", sagte sie.

Als die Tür hinter ihm ins Schloß gefallen war, kam Harriet über die Treppe nach oben. Owen drückte sich gegen die Schlafzimmerwand und ließ sie in das Zimmer kommen. Dann drehte er das Licht an. Harriet fuhr herum.

„Owen!" schrie sie.

Er brachte sie mit einer wertvollen Vase um, die zufälligerweise aus Paris stammte.

Jetzt kam der unangenehmste Teil für einen solch vornehmen Mann wie Owen Layton. Er durfte fünf Tage lang nicht gesehen werden. Und das, so hatte er überlegt, würde sich am besten in jenem Teil der Stadt verwirklichen lassen, wo die kaputtesten unter den Kaputten hausten.

Es traf ihn hart, seinen feinen englischen Anzug in die Mülltonne werfen zu müssen, aber er tat es notgedrungen. Mit einer verbeulten Hose und einem löchrigen Pullover bekleidet, reihte er sich in die schweigende Schlange von Bettlern und Pennern vor der Kleiderkammer der Heilsarmee ein. Er bekam eine alte blaue Jacke, die entsetzlich nach Mottenpulver stank. Ungewaschen und ungekämmt kaufte er sich in einer billigen Kneipe einen Teller schale Suppe und nahm im schäbigsten Hotel, das er fand, für nur fünfzig Cent pro Nacht ein Zimmer.

Er haßte dieses Leben, aber es hatte einen Vorteil. Hier würde ihn niemand erkennen, es würde keine zufälligen Begegnungen mit alten Freunden oder Bekannten geben. Oder vielleicht doch, dachte er belustigt, als ihm alte Freunde einfielen, von denen er schon lange nichts mehr gehört hatte.

Am Montag mittag, nach einem fetten Essen und einer Tasse Kaffee, der wie Spülwasser schmeckte, hob er eine zerknitterte Zeitung vom Boden auf. Der Bericht auf der zweiten Seite erweckte in ihm einen wahren Heißhunger, auch wenn der Pamps noch so scheußlich war. Er aß mit großem Appetit, denn dort stand:

EHEFRAU TOT IN DER WOHNUNG GEFUNDEN
Tanzlehrer der Täter?

Das war ein neuer Aspekt, den er nicht mit eingeplant hatte. Aber es konnte für ihn nur von Vorteil sein, wenn der stürmische Douglas in Verdacht geraten war.

Am Morgen des Zwölften legte die *Empire* an. Eine Stunde vor dem Ankern stattete Owen dem Hauptbahnhof einen kleinen Besuch ab, holte seinen Koffer aus dem Schließfach und wusch und rasierte sich im Waschraum des Bahnhofs. Nachdem er sich umgezogen hatte, mietete er auf den Namen seines Bruders einen Wagen und fuhr damit zum Kai 16.

Die Passagiere kamen einzeln durch die Zollabfertigung. Owen wußte, daß Robin unter den letzten sein würde.

Endlich kam Robin zum Vorschein. Er trug den Schottenmantel mit aufgestelltem Kragen und hatte

Owens Hut tief ins Gesicht gezogen. Mit den Krücken konnte er nicht sehr gut umgehen, aber er stellte den Invaliden doch recht überzeugend dar.

Besorgt eilte Owen zu ihm und stützte ihn beim Gehen. Hastig, aber leise sprach er auf Robin ein.

„Der Steward? Hat er dich gesehen, als du an Land gegangen bist?"

„Nein", murmelte Robin. „Ich konnte ihm aus dem Weg gehen. Und ich gab ihm auch kein Trinkgeld, genau wie du gesagt hattest."

„Gut!"

Owen half ihm in das wartende Auto. „Beeil dich!" zischte er. „Mach schnell den Verband ab und gib mir Mantel und Hut."

Wie schon einmal, ging die zweifache Verwandlung reibungslos über die Bühne. Robin war wieder Robin, und Owen wieder Owen, als er mit den vertrauten Krücken unter der Achsel zum Fallreep für Besucher humpelte.

Owen lächelte dem herabkommenden Offizier zu. „Verzeihen Sie!" sagte er freundlich. „Können Sie mir sagen, wann die Mannschaft von Bord geht?"

„Nun, wen wollen Sie denn sprechen?"

Owen lächelte. „Ich konnte dem Steward kein Trinkgeld mehr geben, bevor wir anlegten, und ich möchte das gerne nachholen."

„Wie heißt er?"

„Pawkins. Ein älterer, sehr freundlicher Mann."

Der Offizier lächelte. „Ach ja, ich kenne ihn. Kommen Sie und warten Sie hier, ich werde Ihnen den Mann holen."

„Danke", sagte Owen. „Recht vielen Dank."

Pawkins war mehr als erfreut. Mit feuchten Augen betrachtete er die beiden 50-Dollar-Scheine und schüttelte Owen eifrig die Hand.

„Ich bin Ihnen sehr dankbar", sagte er, „sehr dankbar, Sir. Ich hoffe, Sie werden bald wieder mit uns fahren."

„Werde ich in der Tat", sagte Owen abschließend und ging zum Parkplatz zurück.

Er überließ Robin den Wagen, den er für ihn gemietet hatte, und nannte ihm die Adresse eines möblierten Apartments, in dem er sich verstecken sollte. Owen selbst fuhr mit dem Taxi nach Hause. Er hatte damit gerechnet, daß man ihn bereits erwarten würde.

„Mr. Layton?" fragte der Polizeibeamte. „Leider haben wir eine schlechte Nachricht für Sie..."

Die Bestürzung und Trauer über Harriets Tod machten Owen sehr verschlossen, so daß er eine ganze Woche nicht aus dem Haus ging. Er bat auch seine Freunde, von Besuchen abzusehen, und nahm ihre schriftlichen und fernmündlichen Beileidsbezeugungen in stiller Trauer entgegen. Als die Presse ihn über den Mord und den gutaussehenden Tanzlehrer befragte, der wegen Mordverdachts verhaftet worden war, verhielt er sich sehr zurückhaltend. Er hätte keinen Grund zur

Annahme, daß seine Frau ihm untreu gewesen wäre. Er kannte diesen Douglas Farr nicht, und er rechne auch nicht mit einem Skandal. Falls Farr für den Tod seiner Frau verantwortlich sei, dann hätte er bestimmt impulsiv gehandelt. Sein Verhalten brachte Owen viel Sympathie ein. Die Zeitungen schilderten ihn als armen Witwer, der durch einen grausamen Triebtäter seiner geliebten Gattin und seines Glücks beraubt worden war, während er sich ahnungslos auf einer Geschäftsreise befand. Das große Vermögen, das ihm nach dem Hinscheiden seiner Gattin zufallen würde, war mit keinem Wort erwähnt worden. Allerdings wußte jeder darüber Bescheid.

Zwei Wochen nach seiner Rückkehr saß Owen allein im Salon und verputzte eine halbe Flasche von Harriets bestem Brandy.

Im Haus war es still, und irgendwie genoß er diese Stille. Als die Stille durch das Klingeln des Telefons zerrissen wurde, war Owen verärgert, nahm aber den Hörer ab.

„Owen? Hier ist Sheila."

„Wie bitte?"

„*Sheila*. Ach, ich habe ein schlechtes Gewissen, weil ich nicht schon eher angerufen habe, aber ich habe soeben erst erfahren, was passiert ist, ehrlich. Ich las es in der Zeitung, diese schreckliche Sache. Du mußt in einem ganz schönen Zustand sein."

„Sind Sie sicher, daß Sie sich nicht verwählt haben?

Hier ist Owen Layton." Wer war diese Sheila?

„Natürlich, Owen!" Die Stimme war überschwenglich. Dann wurde sie plötzlich eine Spur feindselig. „Du, was soll denn das? Kannst du nicht frei sprechen?"

„Doch."

„Warum verstellst du dich dann? Hör zu, ich sagte dir bereits, daß du mir nicht mit diesen Kreuzfahrtromanzen kommen sollst. So etwas mag ich nicht."

„Romanzen?"

„Hör zu, Owen, ich will dich sofort sehen! Ich muß mit dir sprechen."

Owen hielt mit der Handfläche die Sprechmuschel zu und starrte ungläubig auf das Telefon. Dann ging ihm plötzlich ein Licht auf.

„Sagtest du Sheila? Von... der *Empire?*"

„Natürlich, von der *Empire!* Hat dich die Sache denn dermaßen mitgenommen? Natürlich muß es dich sehr getroffen haben, aber so wie du von deiner Frau geredet hast, kann sie dir nicht sehr viel bedeutet haben. Also verstell dich nicht!"

Owen stieß in Gedanken einen mächtigen Fluch aus, in dem auch der Name Robin vorkam.

„Ich habe nicht viel Zeit", sagte Sheila. „Ich möchte dich noch heute abend sehen."

„Nein", antwortete er schnell. „Das geht nicht. Unmöglich."

„Hör zu, Owen. Ich laß mich nicht so einfach abwimmeln..."

„Das meinte ich auch nicht. Ich habe heute abend nur keine Zeit. Termin... Geschäftsfreunde... wichtige Sache."

„Also gut, dann morgen. Morgen früh."

„Ausgeschlossen."

„Owen, so einfach wirst du mich nicht los. Nicht nach dieser Woche auf dem Schiff. Verstehst du mich?"

„Du, es geht nicht. Ich muß weg... verreisen... für längere Zeit."

„Hör mir mal gut zu!"

Er ließ den Hörer fallen, als ob er sich die Hand verbrannt hätte. Der Hörer fiel auf die Gabel, schaukelte etwas und lag dann ganz still.

Owen fluchte ein zweites Mal, aber diesmal laut.

Dann wählte er Robins Nummer.

„Du Idiot!" brüllte er. „Weißt du, von wem ich gerade angerufen worden bin? Von Sheila! Ist dir der Name ein Begriff?"

„Owen?"

„Richtig, Owen!" schrie er in die Sprechmuschel. „Du verdammter Idiot!"

Es kam keine Antwort, er hörte nur ein dumpfes Geräusch, als ob Robin schwer geschluckt hätte.

„Nun? Wer ist Sheila?"

„Owen, laß dir erklären..."

„Du solltest wie ein *Gefangener* in deiner Kabine bleiben, nicht wahr? Du solltest die Kabine nicht eine Sekunde verlassen! Ich vermute, du warst im Aufenthaltsraum und hast mit den anderen Passagieren Bridge gespielt. Wie viele Frauen hast du angemacht? Warst du auch am Tisch des Kapitäns?"

„Nein! Ich tat alles genau so, wie du es mir aufgetragen hast, Owen. Das schwöre ich! Der Steward hat nicht einmal mein Gesicht gesehen. Nicht ein einziges Mal!"

„Und Sheila? Was hat sie gesehen?"

„Sie war die einzige, Owen, ehrlich. Allein in dieser verdammten Kabine wäre ich durchgedreht. Ich habe in der Nacht nur einen kleinen Spaziergang an Deck gemacht..."

„Nur einen kleinen Spaziergang! Und so hast du Sheila kennengelernt, nicht wahr? Beim Spazierengehen?"

„Owen, ich schwöre dir..."

„Du hast genug geschworen. So, wie diese Frau redet, mußt du ihr alles geschworen haben. Sie will mich sehen. Sie läßt sich nicht abwimmeln. Sie hat über Harriets Tod in der Zeitung gelesen, und jetzt will sie Kapital daraus schlagen. Sie hat Geld gerochen. Weißt du, was das bedeutet?"

„Mann, Owen, daran habe ich gar nicht gedacht..."

„*Weißt du, was das bedeutet?* Wenn sie herkommt, bin ich geliefert! Aus! Schluß! Vorbei! Ein Blick, und sie weiß, daß ich nicht auf dem Schiff war! Und dann ist es nicht mehr schwer, den Rest zu erraten."

Robin stieß einen verzweifelten Seufzer aus.

„Konntest du sie nicht abwimmeln? Schieb sie aufs Abstellgleis..."

„Und wie soll ich das tun, wenn sie so hartnäckig ist? Nachdem du ihr so den Kopf verdreht hast?"

„Könntest du nicht eine Zeitlang verreisen?"

Owen schwang den Hörer wie eine Keule hin und her. Dann sagte er: „Wahrscheinlich hast du recht. Das ist jetzt der einzige Ausweg. Ich fahre geschäftlich nach Paris..."

„Es tut mir leid, Owen."

„Es tut dir leid!" knurrte Owen, legte auf und wählte erneut.

Am anderen Ende der Leitung meldete sich der Ticketschalter einer britischen Schiffahrtsgesellschaft...

Die Luxuskabinen auf der *Empire* waren ausgebucht. Zum erstenmal in seinem Leben war Owen gezwungen, sich mit einer Kabine auf dem B-Deck zufriedenzugeben. Aber er hatte keine andere Wahl, wenn er die Abfahrt am Samstag noch schaffen wollte.

Der Steward, der ihn in seine Kabine führte, war ein unfreundlicher, mürrischer Bursche, der ihm keine Sonderdienste versprach. Diese benötigte Owen auch nicht. Vor einer Woche hatte er sich seiner Krücken entledigt, da die Gicht vergangen war.

Seine Kabine war klein, die Belüftung schlecht und die Möblierung eng und einfach. Auch die Wettervorhersagen für die Überfahrt waren nicht ermutigend. Das Schiffsbarometer wies auf mächtige Unwetter hin.

Er hatte also keine ruhige Fahrt vor sich, das war sicher. Aber er kam weg von New York – und von Sheila.

Um sechzehn Uhr stach der Dampfer in See. Um siebzehn Uhr klopfte es an Owens Tür.

„Herein!" sagte er.

Die Tür ging auf. Auf dem Gang stand eine Frau in einem netten blauweißen Kostüm. Sie trug eine modische Kurzhaarfrisur und war ausgesprochen hübsch.

„Entschuldigen Sie", sagte sie. „Ich dachte, dies wäre Mr. Laytons Kabine."

„Ja, ich bin Mr. Layton. Was kann ich für Sie tun?"

Sie runzelte die Stirn. „Sie sind nicht *Owen* Layton."

„Doch."

Sie lachte unsicher. „Aber... Mr. Layton ist viel jünger. Da muß ein Fehler vorliegen."

„Wollen Sie denn nicht sagen, was Sie überhaupt wollen?"

Mit fahrigen Bewegungen trat sie in die Kabine. „Ich sah Ihren Namen auf der Passagierliste. Aber der Owen Layton, den ich meine... nun, er ist etwa genauso groß, und er hat einen Bart wie Sie, aber... er ist in der Weinbranche. Sind Sie in der Weinbranche?"

Die Kabinenbelüftung schien schlechter denn je zu sein, und Owen bekam kaum noch Luft. Mit großen, entsetzten Augen sah er die Frau an.

„Wer sind Sie?" fragte er heiser.

„Ich bin Sheila Ross", erwiderte die Frau und biß sich auf die Lippen. „Ich bin verantwortlich für die Freizeiteinrichtungen und Vergnügungsveranstaltungen auf dem Schiff."

„Sie arbeiten hier auf der *Empire?*" fragte Owen.

„Richtig. Und ich möchte gern wissen, *wer* um alles in der Welt sind Sie?"

Sie machte kehrt und ging mit klappernden Absätzen zur Tür. „Keine Sorge", sagte sie ärgerlich. „Ich werde das bald herausfinden."

Sie warf die Tür hinter sich ins Schloß. Über den Decks ertönte das dumpfe Signal der *Empire*, das dem weiten Meer verkündete, daß der Dampfer unterwegs sei, egal, ob die See rauh wäre oder nicht.

Die Hupe der Gerechtigkeit

Mord war es nicht, sondern Totschlag, und es bestand kein Zweifel darüber, daß Herbert Mr. Jones umgebracht hatte.

Herbert war ein lebhafter Mann von neunundzwanzig Jahren und Buchhalter von Beruf. Seit einigen Wochen war er besonders nervös, weil sein Chef ihm eine schwierige Arbeit zugewiesen hatte, die seinen vollen Einsatz erforderlich machte. Täglich saß er nach dem Abendessen über den Schreibtisch gebeugt an seinen Kalkulationen, die so umfangreich waren, daß er dafür selbst seine Freizeit opfern mußte.

Auch an dem Abend, als er Mr. Jones umbrachte, saß Herbert an seinem Schreibtisch vor dem offenen Fenster seines Apartments. Es war eine warme, schwüle Nacht, und seine Nerven waren gespannt wie Drahtseile. Dicke Schweißtropfen perlten über die Stirn in seine Augen, so daß sogar die Brillengläser beschlugen. Um einundzwanzig Uhr dreißig ging seine Frau Elaine zu Bett, um zu lesen, obgleich um zweiundzwanzig Uhr eine Fernsehsendung kam, die sie sonst regelmäßig anschaute. Aber sie wußte, daß der Fernseher ihren Mann unnötig ablenken würde.

Mr. Jones war Versicherungsvertreter. Niemand

wird je genau erfahren, was er um diese späte Stunde in dem Apartmenthaus wollte. Um Viertel vor zehn schloß Jones seinen Wagen auf und wollte losfahren. Aber ein anderes Auto war in zweiter Reihe neben seinem eigenen geparkt, so daß er unmöglich aus der Parklücke herausfahren konnte. Das andere Auto war abgeschlossen und die Handbremse angezogen, es ließ sich also auch nicht wegschieben. Mr. Jones setzte sich an das Lenkrad seines Wagens und hupte mehrmals, aber der Besitzer meldete sich nicht. Schrill tönte das Horn durch die Stille der Nacht. Zu schrill für einige der Anlieger. Nachdem das Hupkonzert etwa zehn Minuten angehalten hatte, erschien Herberts Nachbar, ein älterer Herr namens Thompson, am Fenster seiner Wohnung. "Hören Sie doch bitte mit dieser verdammten Huperei auf! Bitte!"

„Wissen Sie, wem dieses falsch geparkte Auto gehört?" rief Mr. Jones zu ihm hoch.

„Nein!"

„Was soll ich denn tun? Soll ich die halbe Nacht auf diesen Kerl warten?" schrie Jones und gab drei lange Hupsignale. Daraufhin durfte Herbert zum drittenmal anfangen, eine lange Reihe von Kleinstbeträgen zu addieren – eine Arbeit, an der er bereits seit einer Viertelstunde saß.

„Wollen Sie die ganze Straße aufwecken?" rief Thompson zurück. „Ich muß früh aufstehen und brauche meinen Schlaf."

„Dein Pech, Opa", brüllte Jones zurück. "Ich kann hier nicht ewig warten." Und immer wieder tönte das schrille Horn durch die Stille der Nacht.

Nun streckte Herbert den Kopf zum Fenster hinaus. „Hören Sie jetzt endlich mit dieser Huperei auf!" schrie er.

Mr. Jones beeindruckte das nicht. Im Gegenteil.

Herbert hatte zum letzten Weihnachtsfest von seiner Firma einen runden Briefbeschwerer aus Keramik erhalten. Ohne lange zu überlegen, schleuderte er das Ding auf die Straße hinunter. Es flog durch das heruntergekurbelte Wagenfenster und landete an Mr. Jones' Schläfe. Das Hupen nahm ein Ende – ebenso Mr. Jones' Leben.

Herberts Verteidiger war optimistisch. „Kein Grund zur Sorge", versicherte er dessen Frau. „Das ist ein klarer Fall von vorübergehender Unzurechnungsfähigkeit. Herbert war blind vor Wut, als er das Ding warf. Er wußte nicht, was er tat."

Aber der Staatsanwalt vertrat in seinem harten Plädoyer an die Geschworenen-Jury eine andere Meinung. „Der Angeklagte ist ein gebildeter Mann in einem angesehenen Beruf, der den Unterschied zwischen gut und böse sehr wohl kennt. Man kann diese Tat nicht mit einem Wutanfall entschuldigen. Ein Mann ist tot, und es darf keine Rolle spielen, ob der Angeklagte zum Zeitpunkt der Tat in einem kritischen nervlichen Zustand war. Während der Nacht zu hupen, das ist kein

Kapitalverbrechen. Der Angeklagte ist des Totschlags schuldig."

Am späten Nachmittag zog sich die Jury zur Beratung zurück. Herbert wurde wieder in seine Zelle geführt. Um neunzehn Uhr redete Herberts Verteidiger beruhigend auf Elaine ein. „Ich verstehe nicht, wieso es so lange dauert. Der Fall ist doch klar. Machen Sie sich trotz der altklugen Gesichter der Geschworenen beim Hinausgehen keine Sorgen."

Um einundzwanzig Uhr ließ die Jury mitteilen, daß noch keine Einigung erzielt wurde und man sich für die Nacht in ein Hotel zurückziehen wolle. „Wir können jetzt nichts tun", sagte Herberts Verteidiger zu Elaine. „Gehen Sie heim und schlafen Sie, damit Sie morgen um zehn frisch sind."

Am nächsten Morgen um halb elf wurde bekanntgegeben, daß die Beratung der Jury abgeschlossen sei. Man brachte Herbert in den Gerichtssaal. Er blickte sich suchend im Saal um. „Wo ist meine Frau?" fragte er seinen Verteidiger.

„Ich weiß nicht. Hab' sie heute noch nicht gesehen."

„Aber Elaine..."

„Sie müssen jetzt ruhig sein, die Jury kommt herein."

Die Mitglieder der Jury gingen zu ihren Plätzen. Sie machten alle einen erschöpften Eindruck. Herberts Strafverteidiger runzelte besorgt die Stirn, als die Mitglieder der Jury untereinander Blicke austauschten. Sekunden später erhob sich der Vorsitzende. „Wir, die

Jury, halten den Angeklagten wegen vorübergehender Unzurechnungsfähigkeit für unschuldig."

Herberts Verteidiger atmete erleichtert auf und drückte seinem Mandanten kräftig die Hand. Herberts Chef trat vor und klopfte seinem Buchhalter auf die schmalen Schultern. Mr. Thompson lobte die gerechte Entscheidung, und Mrs. Thompson umarmte Herbert.

Aber Herbert blickte sich suchend im Gerichtssaal um und wunderte sich, wieso seine Frau nicht da war, um sein Glück mit ihm zu teilen. Hastig bahnte er sich einen Weg durch die Zuschauer, in der Hoffnung, Elaine vor dem Eingang zu finden. Doch sie war nicht da. Verbittert stieg er in ein Taxi und ließ sich zu seiner Wohnung fahren.

Er fand Elaine im Bett, sie schlief wie ein Murmeltier. Verblüfft und verärgert schüttelte er sie wach. „Bist du krank? Warum warst du nicht im Gericht? Ich wurde freigesprochen!"

„Ich weiß, Schatz", murmelte Elaine verschlafen und küßte ihn. „Es tut mir leid... aber ich... ich habe verschlafen."

„Verschlafen? Wie konntest du nur? Ich habe fest damit gerechnet, daß du in dieser schweren Stunde bei mir sein oder wenigstens mit dem Wagen draußen warten würdest."

„Liebling, der Wagen geht nicht mehr. Die Batterie ist leer... Ich war die ganze Nacht auf und habe vor dem Hotel der Jury gehupt..."

Der Stich

Jeden Tag nach Geschäftsschluß – und er zögerte diesen Moment hinaus und nahm dafür zusätzliche Arbeiten in Kauf – mußte sich Fred Tanner etwas unterziehen, was er verbittert das Martyrium der Straße nannte.

Wenn er rechts auf die Standspur fuhr, stand seine Frau Claramae dort, darauf versessen, ihn mit Fragen und Beschwerden zu bombardieren. Ihre rauhe und immer heisere Stimme hörte er schon, bevor er noch den Wagen zum Stehen gebracht hatte.

„Hast du die Ölrechnung bezahlt? Dich wegen der Termiten erkundigt? Ich kann mich auf dich nicht verlassen. Fred, du mußt noch einmal mit Mr. Foley reden, seine Kinder waren heute morgen wieder auf unserem Garagendach..."

Eine solche Begrüßung wäre schon unter vier Augen schlimm genug gewesen, aber Mrs. Hackett bekam alles mit. Sie war die Spionin und Klatschbase der Nachbarschaft und saß immer auf ihrer Terrasse, mit gespitzten Ohren, die selten enttäuscht wurden.

„Auch wegen der Wespen mußt du etwas unternehmen, Fred", quasselte seine Frau weiter. „Sie sind dieses Jahr schrecklich. Ein Wunder, daß wir noch nicht zu Tode gestochen wurden."

So ein Blödsinn, dachte Fred. In den sechsundvierzig Jahren, da er in dem Vorstadtbezirk wohnte, wurde er höchstens einmal von Mücken gestochen, nie aber von einer Biene oder Wespe. Ja, er hatte keine Ahnung, wie das war, von einer Biene gestochen zu werden.

Heute abend erschien ihm der Wortschwall seiner Gattin besonders unerträglich. Der hektische Tag im Büro, das schwüle Wetter, die Schmerzen in seinem rheumatischen Knie, all das kam zusammen und regte ihn unheimlich auf. Er betrachtete sie im warmen Schein der untergehenden Sonne und wunderte sich wieder einmal über ihren Geiz. Er konnte ja verstehen, daß Claramae für andere nicht gern Geld ausgab – ihren eigenen Mann eingeschlossen. Aber wo gab es eine Frau, die nicht schlecht ausschaute, für ihr Alter eine gute Figur hatte und Geld wie Heu besaß, sich aber nicht anständig zu kleiden vermochte? Problemlos hätte sie sich teure Pariser Modelle leisten können, sie zog es aber vor, die billigsten Schlußverkaufsfetzen aus dem Kaufhaus anzuziehen.

Während des Abendessens, das schlecht gekocht und lieblos serviert worden war, musterte er sie verstohlen. Ihr Haar, dunkelbraun mit einem rötlichen Schimmer, war ungekämmt und fettig. Sie hatte schöne Beine, aber die Nylonstrümpfe waren voller Laufmaschen. Verdammt! So konnte es nicht weitergehen!

Oder doch? Dieses Weib war gesund wie ein Pferd und würde ihn sicherlich überleben. Er konnte also nicht einmal hoffen, eines Tages ihr Vermögen zu erben, obwohl Claramae acht Jahre älter war als er. Sie hatte vierundfünfzig Lenze auf dem Buckel, doch ihm war, als nörgelte sie mit ihrer lauten, heiseren Stimme schon mindestens ein halbes Jahrhundert an ihm herum.

Es käme auch eine Scheidung in Frage, aber war Geiz ein ausreichender Scheidungsgrund? Er bezweifelte das. Ihr gesamtes Vermögen war praktisch von Claramae mit in die Ehe gebracht worden. Sogar das schöne Haus gehörte ihr, ganz zu schweigen von den netten Wertpapieren. Ohne deren Zinsen müßten sie von seinem bescheidenen Gehalt leben. Das war weiter nicht schlimm, das würde er in Kauf nehmen, aber wenn er an seine knappe Pension dachte, dann überlegte er es sich schnell anders. Er wollte einen glücklichen und gesicherten Lebensabend verbringen, aber ohne das Geld seiner Frau würde das nur ein Wunschtraum bleiben.

Tanner zog hoffnungsvoll an seiner Pfeife und wäre fast erstickt, als der bittere Saft des billigen Tabaks in seine Kehle lief. Er begann zu husten. „Geschieht dir recht", sagte Claramae. „Dieses Zeug stinkt unerhört."

„Tja, wenn ich mir besseren Tabak leisten könnte...", meinte Fred.

Das waren ihre üblichen Gesprächsthemen.

„Wir haben kein Geld für solche Sachen", konterte seine Frau streng.

Irgendwie geschah ihm das recht, überlegte Tanner,

während er die Glut aus der Pfeife klopfte. Er hatte sie hauptsächlich ihres Geldes wegen geheiratet. Damals hatte er sich eingeredet, daß er sie dazu bringen könnte, die richtigen Kleider zu kaufen und in die besseren Kosmetiksalons zu gehen. Dann wäre Claramae eine Frau, deren man sich nicht zu schämen brauchte. Zudem konnte das viele Geld so manchen Fehler glätten.

Doch inzwischen saß er in der Patsche und wurde nicht jünger. Da arbeitete im Büro jene hübsche und nette Witwe, die ihn recht gern mochte. Aber sie stellte große Ansprüche an das Leben, die sich nicht vom Gehalt eines unterbezahlten Angestellten befriedigen ließen. Wenn er Claramaes Geld hätte, dann wäre alles gut. Aber die Lage war hoffnungslos. Sie würde ihn überleben, und eine Scheidung kam auch nicht in Frage, selbst wenn ihm ein Grund eingefallen wäre. Nein, es gab keinen Ausweg aus dem Martyrium der Straße...

Doch dann verscheuchte eine plötzliche Vision seine trüben Gedanken... Er sah sich auf die Standspur ausscheren, aber anstatt zu bremsen und ergebenst vor ihr anzuhalten, raste er mit sechzig oder siebzig Stundenkilometer auf sie zu – und der schwere alte Wagen drückte sie gegen die Wand...

Und dann... Und dann, so sagte ihm eine nüchterne innere Stimme, würde man ihn einlochen, und das viele Geld könnte ihm auch nichts helfen. Und die junge Witwe würde die Frau eines anderen werden.

Es sei denn..., deutete seine innere Stimme an, es sei denn, es wäre ein Unfall – mit einem Zeugen. Einem glaubwürdigen Zeugen wie Mrs. Hackett. Immerhin kam es häufig vor, daß ein Autofahrer die Kontrolle über seinen Wagen verlor. Schlimmstenfalls folgte dann eine Anklage wegen fahrlässiger Tötung oder Totschlags. Aber bei einer reichen Frau wären die Ermittlungsbeamten ziemlich mißtrauisch, also müßte man eindeutig beweisen können, daß es ein Unfall war.

Wie wäre es, am Auto herumzubasteln? Nein, der Trick war zu abgedroschen. Es müßte etwas viel Natürlicheres sein.

In diesem Augenblick stieß Claramae einen ängstlichen und ärgerlichen Schrei aus. „Schnell, Fred! Eine Wespe am Fenster! Mach sie tot, bevor sie mich sticht!"

Widerwillig stand er auf. Verdammt! Als ob alle Wespen hinter ihr her wären. Und kam es ihr je in den Sinn, daß die Wespe *ihn* stechen könnte? Natürlich nicht. Mach sie tot, bevor sie *sie* sticht!

Er erschlug die Wespe mit einer gefalteten Zeitung. Obwohl sie als sehr angriffslustig gelten, sind Wespen, die gegen Fensterscheiben anfliegen, bedauernswert hilflos. Im Laufe der Jahre hatte er sie zu Hunderten und Tausenden erschlagen, ohne daß je eine zurückgestochen hätte. Nun gut, die Leute sagten, ein schlimmer Stich täte wirklich weh...

Aber angenommen, eine Wespe würde ihn stechen, während er auf die Standspur abbog? In so einem Fall könnte doch jeder im Schock das Gaspedal durchtreten, sozusagen im Reflex... und das Auto würde davonrasen... Und wenn nun zufällig seine Frau im Weg stünde... Das war die Lösung!

Dabei fiel ihm auf, daß sein Plan einen ironischen Zug aufwies. Claramaes Neffe, der nach ihrem Mann in der Erbfolge der nächste war, befaßte sich an einer Hochschule mit der Insektenforschung. Und jetzt würde er ausgerechnet durch ein Insekt, eine Wespe, um sein Erbe gebracht werden. Denn falls es Fred gelingen sollte, sich das Geld unter den Nagel zu reißen, dann würde er sicherlich keinen roten Heller für seine Erben zurücklassen. Nicht, daß er etwas Persönliches gegen den Burschen hatte, aber er wollte ganz allein jeden Cent auf den Kopf hauen.

Am nächsten Tag dachte Tanner im Büro viel mehr über Mord als über Hypotheken nach. Sein Plan war gut, das bezweifelte er nicht. Schon mehrmals hatte Fred gelesen, daß ein Insektenstich einen Verkehrsunfall verursacht hatte. Sogar wenn man dabei ein Dutzend Leute umpflügen müßte, würde es letztlich keine strafrechtlichen Konsequenzen haben.

Ein weiterer wichtiger Punkt war der große amerikanische Schuldkomplex in bezug auf Autounfälle. Niemand würde einen Autofahrer zu hart anpacken, sogar wenn grob fahrlässiges Verhalten vorlag. Jeder befürchtete, eines Tages in eine ähnliche Lage zu geraten, und sprach sich – ob bewußt oder unbewußt – schon im voraus frei. Es konnte ihm also nicht viel passieren, und zu gewinnen hatte er alles!

Jetzt ging es nur noch darum, die Einzelheiten auszuarbeiten. Es gab in diesem Sommer viele Wespen, somit war das größte Problem schon gelöst. Allerdings waren die Tierchen erstaunlich friedlich, und wenn man sie nicht reizte, ließen sie einen in Ruhe.

Das Glück war auf seiner Seite. Sein eigenes staubiges Büro mit den trüben, ungeputzten Fenstern lockte an diesem Nachmittag zwei Wespen an. Die dummen Insekten hätten sich kaum einen stumpfsinnigeren Aufenthaltsort aussuchen können, denn in diesem Büro gab es wirklich nichts zu holen. Fred versuchte sogleich, eines der Tiere mit einem Bleistift in die Enge zu treiben. So erhielt er seinen ersten Stich, und er jammerte vor Schmerz, als er mit gemischten Gefühlen die Rötung betrachtete. Wenigstens wußte er jetzt, was er zu erwarten hatte. Außerdem konnte er sich laut gegenüber Claramae beschweren, daß er gestochen worden sei, und Mrs. Hackett konnte später bezeugen, daß er schon zuvor einer Wespe zum Opfer gefallen war – vor dem tragischen Unfall...

Am selben Abend bejammerte er auf der Straße ausführlich seinen geschwollenen Finger. Mit einem Seitenblick überzeugte er sich davon, daß Mrs. Hackett auf der Terrasse saß und ganz Ohr war.

Claramae blieb ungerührt. „Ich sagte dir doch, du solltest was unternehmen", fauchte sie. „Es ist dir egal, wenn ich daheim gestochen werde, aber wenn es dich im Büro erwischt, dann plärrst du wie ein kleines Kind. Pfui!"

Den ganzen Abend über war sie besonders ekelhaft. Fred konnte den nächsten Tag kaum erwarten. Sein Plan lag ganz genau fest: das langsame Ausscheren auf die Standspur... der plötzliche, laute Schrei... gleichzeitig das reflexbedingte Durchtreten des Gaspedals, so daß der schwere Wagen direkt auf seine Frau zuraste...

Claramae hatte sein heimliches Grinsen bemerkt.

„Was amüsiert dich so, Fred?" fragte sie erbost.

„Ach, nichts", seufzte er. Doch er war sicher, daß sie ihm nicht glaubte.

Am nächsten Tag entdeckte er um etwa sechzehn Uhr wieder eine Wespe in seinem Büro. Diesmal stellte er sich klüger an. Er nahm eine leere Tablettenschachtel aus Plastik und stülpte sie blitzschnell über das brummende Tierchen an der Fensterscheibe. Und schon gehörte das Tier ihm. Ach, wie fühlte er sich wohl. Das Schöne an seinem Plan war nämlich, daß er ihn nicht unbedingt heute in die Tat umsetzen mußte. Ob morgen oder übermorgen... es lag nur an einer einzigen Wespe.

Aber bis jetzt hatte alles geklappt. Wie immer verließ er das Geschäft kurz nach fünf und fuhr mit dem Wagen nach Hause. Kurz vor der Stelle, wo er seine Frau zu treffen pflegte, hielt er an und holte das Schächtelchen mit der gefangenen Wespe aus der Tasche. Der Stich sollte so frisch wie möglich aussehen, sicher war sicher. Was den Ort des Einstichs anbetraf, so wußte er, daß die Stelle unter dem Auge am wirkungsvollsten war. Ein plötzlicher Wespenstich an diesem Punkt wäre eine gute Erklärung für ein heftiges Durchtreten des Gaspedals. Denn wer nimmt so etwas schon gelassen und unbeirrt hin?

Kaum hatte er die geöffnete Schachtel kurz unter dem rechten Auge an seine Wange gedrückt, da stach die Wespe auch schon zu. Es tat scheußlich weh!

Die Tränen schossen ihm in die Augen, als er weiterfuhr und endlich seine Frau am Straßenrand stehen sah. Er hielt direkt auf sie zu und überzeugte sich mit einem kurzen Seitenblick davon, daß Mrs. Hackett sie beobachtete. Dann schlug er sich an die Wange, schrie und gab gleichzeitig Vollgas. Der Wagen machte einen mächtigen Satz, und seine Frau schrie gellend auf. Auch Mrs. Hackett stieß einen jämmerlichen Schrei aus. Dann wurde auch schon der Körper seiner Frau gegen die Mauer geschleudert.

„Claramae!" brüllte Fred. „Etwas hat mich gestochen! Das habe ich nicht gewollt! Es war ein Unfall!"

Von überall her liefen die Leute zusammen. Fred beugte sich über seine Frau, abwechselnd schüttelte er sie – was allerdings zwecklos war, denn sie lebte nicht mehr – und rieb sich die rote Schwellung unter dem rechten Auge.

Ein Gefühl des Triumphes, der ungeheuerlichen Erleichterung stieg in ihm auf, aber dieses Gefühl wurde so stark, daß sich alles zu drehen begann und er kaum noch Luft bekam. Er rang nach Atem, seine Haut rötete sich, und sein Herz klopfte wie wild. Das letzte, was er hörte, war Mrs. Hacketts kreischende Stimme. „Eine Biene hat ihn gestochen! Der arme Mann! Es war ein Unfall! Ich habe es gesehen!"

Später erklärte der Gerichtsmediziner: „Seine Nachbarin, diese Mrs. Hackett, erwähnte, daß er tags zuvor schon einmal gestochen worden ist. Offenbar war das sein allererster Stich. Bei manchen Menschen löst der erste Stich eine Art Überempfindlichkeitsreaktion aus, die sie gegen weiteres Gift sehr allergisch macht. Wenn es zu einem zweiten Stich kommt, kann das schlimme bis tödliche Folgen haben. Man nennt das anaphylaktischen Schock, und daran ist Fred Tanner gestorben."

Achtzehn Monate später wurde ein dickes Buch mit dem Titel *Die Physiologie der Wespe* veröffentlicht. Die Widmung des Autors lautete: „Meiner Tante Claramae Tanner, die dieses Buch möglich machte."

Claramaes Neffe wird nie erfahren, daß sein wahrer Gönner Onkel Fred war.

Ein Geschäft auf Gegenseitigkeit

Im Branchenverzeichnis war Gaspar Vane schlicht und einfach als „Privatdetektiv" aufgeführt, wobei es den eventuellen Klienten überlassen blieb, herauszufinden, mit welcher Art von Ermittlungen Mr. Vane sich befaßte. Um ehrlich zu sein, er befaßte sich mit allen Dingen, die ein anständiges Honorar versprachen; allerdings hatte es sich herausgestellt, daß seine Arbeit meist mit den traurigen Umständen einer Ehescheidung zu tun hatte. Er war der richtige Mann, wenn es darum ging, belastendes Material zusammenzutragen, falls es solches gab, oder welches zusammenzubasteln, falls es keines gab. Kurz gesagt, er ließ sich in seiner Arbeit nicht durch moralische Aspekte seines Berufsstandes verunsichern.

Trotz der liberalen Gesetze, die es ihm ermöglichten, alle angebotenen Aufträge anzunehmen, blühte sein Geschäft nicht. Häufig hatte er Schwierigkeiten, seine Miete zu zahlen und seine leiblichen Bedürfnisse zu erfüllen. Weil er keine Angestellten hatte, waren seine Unkosten gering. Doch er hatte sich einen Anrufbeantworter geleistet, und manchmal mußte er den letzten Cent zusammenkratzen, um das Ding bezahlen zu können. Aber er zehrte von seinen Träumen: er träumte und hoffte, daß doch einmal ein Klient käme, mit dem er den Haupttreffer erzielen konnte.

Er hatte sich jedoch, als Hershell Fitch über die knarrenden Stufen in sein schmuddeliges Büro hinaufstieg, nicht träumen lassen, daß der Haupttreffer nahte. Hershell war ein blasser, verhärmter kleiner Mann, der im Schatten seiner herrischen Frau zu einem reinen Nichts geschrumpft war. Und wie sich bald herausstellte, führte er nur den Befehl seiner Frau aus, als er Gaspar Vane seiner Dienste wegen aufsuchte. Doch nicht Hershell war das große Los, sondern Rudolph La Roche – aber das sollte sich erst später herausstellen.

Gaspar beantwortete Hershells Gruß mit einem schlaffen Lächeln und einem weichen Händedruck.

„Nehmen Sie Platz, Mr. Fitch", sagte Gaspar. „Was kann ich für Sie tun?"

Hershell setzte sich auf den Klientenstuhl und balancierte seinen Hut vorsichtig auf den Knien aus.

„Es geht eigentlich weniger um mich", sagte Hershell. Wissen Sie, meine Frau hat mich zu Ihnen geschickt."

„Wenn das so ist, was kann ich dann für Ihre Frau Gemahlin tun?"

„Nun, wir haben Nachbarn, und die heißen La Roche. Mr. und Mrs. Rudolph La Roche. Meine Frau wünscht, daß die Aktivitäten dieses Mr. La Roche ausgekundschaftet werden."

„Aha! Das ist etwas anderes", meinte Gaspar, lehnte sich in seinem Stuhl zurück und rieb sich die fetten

Finger wie beim Händewaschen. „Verdächtigen Sie Mr. La Roche, etwas Ungesetzliches zu tun?"
„Vielleicht sollte ich Ihnen alles berichten."
„Das wollte ich soeben auch vorschlagen."
„Nun, es ist so..." Hershell spielte nervös mit seinem Hut und versuchte seine Gedanken zu ordnen. „Die La Roches sind vor fast drei Jahren im Haus neben uns eingezogen. Sofort nahmen sie diese merkwürdige Gewohnheit an und haben sie seitdem nie mehr aufgegeben."
„Gewohnheit? Was ist an einer Gewohnheit so merkwürdig? Die meisten Ehepaare haben bestimmte Gewohnheiten."
„Es geht nicht um die Gewohnheit. Es geht um die Geheimniskrämerei, die sie daraus machen. Am Anfang, als Mrs. Fitch und Mrs. La Roche sich noch verstanden haben, versuchte meine Frau wiederholt herauszufinden, wohin Mr. La Roche ging, aber Mrs. La Roche wich ihren Fragen aus. Schließlich wurde Mrs. La Roche deswegen sehr ungehalten, und so fing alles an."
„Was heißt, ‚wohin'? Was fing an?" Gaspars Stimme klang höchst verwirrt. „Mr. Fitch, wenn ich Ihnen helfen soll, dann müssen Sie sich schon deutlicher ausdrücken."
„Ich versuche es. Also: Mr. La Roche besitzt einen kleinen Friseursalon in der Stadt. Außer ihm arbeitet dort noch ein zweiter angestellter Friseur. Ich muß

sagen, daß die La Roches über ihre Verhältnisse leben, besonders wenn man bedenkt, was so ein kleiner Laden einbringt und daß Mr. La Roche samstags nie da ist."

„Wo", fragte Gaspar, „ist Mr. La Roche samstags?"

„Darum geht es ja. Das will ich Ihnen ja erklären. Wir wissen es nicht, und wir können es nicht herausbekommen. Jeden Freitag abend etwa um achtzehn Uhr setzt er sich in seinen Wagen und fährt weg. Er nimmt eine mittelgroße Reisetasche mit, und er fährt immer allein fort. Sonntag abend, so zwischen einundzwanzig und zweiundzwanzig Uhr, kommt er wieder. Meinen Sie nicht auch, daß das eigenartig ist?"

„Nicht unbedingt. Nur weil die La Roches nicht über ihre privaten Angelegenheiten sprechen wollen, heißt das nicht, daß es bei ihnen nicht mit rechten Dingen zugeht. Vielleicht macht Mr. La Roche am Wochenende andere Geschäfte, die einträglicher sind als die Arbeit im Friseurladen."

„Genau. *Was* für Geschäfte? Schließlich ist in einem Friseurladen samstags am meisten los."

„Mr. Fitch, kommen wir gleich zur Sache. Wollen Sie mich damit beauftragen, herauszufinden, wohin Mr. La Roche geht und was er tut?"

„Eigentlich meine Frau. Sie will diese Frage geklärt haben."

„Das spielt keine Rolle. Sind Sie bereit, mir mein Honorar zu zahlen, auch wenn das Ergebnis meiner Ermittlungen nicht Ihren Erwartungen entspricht? Das heißt, auch wenn ich nichts Illegales bei Mr. La Roches Wochenendunternehmungen feststellen kann?"

„Ja, natürlich. Meine Frau und ich haben dieses Problem besprochen und uns geeinigt, daß wir dieses Risiko eingehen müssen."

„Gut. Zwischenzeitlich werde ich verschiedene Ausgaben und Spesen haben. Sagen wir hundert Dollar?"

„Hundert Dollar! Meine Frau und ich dachten, fünfzig sei angemessen."

„Nun, wir wollen nicht feilschen. Wenn meine Ausgaben fünfzig Dollar übersteigen, dann werde ich das einfach zum Honorar hinzurechnen."

Hershell hatte bereits einen Scheck über diesen Betrag ausgestellt. Er zog ihn aus seiner abgegriffenen Brieftasche und reichte ihn über den Schreibtisch. Er war, wie Gaspar sogleich auffiel, von Mrs. Fitch unterschrieben. Ihr Vorname war Gabriella.

Am Freitag nachmittag stopfte Gaspar ein zweites Hemd und Ersatzsocken in seine alte Reisetasche, die er auf den Rücksitz seines alten Wagens warf, und fuhr zu der Adresse, die er von Hershell erhalten hatte. Um die Lage zu erkunden, war er schon vor einigen Tagen dort gewesen, und jetzt fuhr er an dem einfachen Ziegelhaus der La Roches vorbei und bog an der nächsten Kreuzung in eine Seitenstraße ein. Er wendete den Wagen, damit er La Roche sofort folgen konnte, wenn dieser die Kreuzung passierte, und wartete hinter dem Steuerrad. Es war jetzt viertel vor sechs. Natürlich hatte er sich bei

Hershell nach der Richtung erkundigt, in der Mr. La Roche abzufahren pflegte. Er hatte auch dessen Wagen in Augenschein genommen, ein schwarzes Auto einer neuen Marke, und selbstverständlich die Autonummer notiert. Im Laufe seiner Vorbereitungen hatte er sich sogar La Roche selbst in seinem kleinen Friseurladen angesehen.

Pünktlich, kurz nach sechs, fuhr der schwarze Wagen über die Kreuzung. Gaspar ließ den Motor an und folgte in angemessener Entfernung. La Roche fuhr quer durch die Stadt, mied die verstopften Hauptverkehrsstraßen und bog schließlich in die Einfahrt einer gebührenpflichtigen Autobahn ein. Brav hielt er vor dem Schlagbaum an, nahm sein abgestempeltes Ticket entgegen und war schon längst über alle Berge, als Gaspar immer noch auf sein eigenes Ticket warten mußte. Mit Vollgas brauste er schließlich davon und hatte bald wieder Sichtkontakt mit dem schwarzen Auto, das gemütlich mit fünfundsechzig Meilen ostwärts fuhr. Gaspar ordnete sich in einem diskreten Abstand ein und nutzte das gleichförmige Tempo, um sich zu entspannen.

Er war dankbar für diese Geschwindigkeit, denn recht viel schneller lief sein Wagen nicht mehr, ohne ganz fürchterlich zu rattern und zu klappern. Er fand sogar Zeit, über den Mann, den er beschattete, nachzudenken. Rudolf La Roche war kein alltäglicher Mensch. So war zum Beispiel sein Äußeres sehr fesselnd. Weder groß noch klein von Wuchs, war seine Haltung aufrecht und stolz, sein Auftreten selbstsicher und entschlossen. Sein Körper wies kein Gramm Fett zuviel auf, und seine Gelenke waren geschmeidig. Sein Haar war über den Schläfen etwas angegraut, ansonsten aber dunkel. Seine Augen strahlten lebhaft, seine Nase war gerade, und seine Lippen waren voll und fest. Er sah wirklich gut aus, und es war etwas Zeitloses an ihm. Sein Alter hätte man auf dreißig bis fünfzig schätzen können, aber er würde wohl immer so alt oder jung bleiben, wie er im Augenblick war, ohne daß die Jahre ihm etwas anhaben könnten.

Nach ein paar Stunden gemütlicher Fahrt bezahlte Gaspar an der letzten Ausfahrt und fluchte über den zwangsläufigen Aufenthalt, während er die Augen zusammenkniff und nach den roten Schlußlichtern des schwarzen Wagens spähte. Wieder unterwegs, gelang es ihm, unter Mißachtung der zulässigen Höchstgeschwindigkeit den Abstand zu seinem Vordermann zu verringern. Sie waren jetzt wieder in einer Stadt, und das Labyrinth der fremden Straßen verwirrte ihn. Plötzlich bog der schwarze Wagen jedoch in ein Parkhaus ein, und Gaspar, vor dessen Auto sich zwei andere geschmuggelt hatten, fuhr ihm nach. Als er wartete, bis er an der Reihe war, hatte La Roche bereits den Parkschein gelöst und seinen Wagen abgestellt. Beim Verlassen des Parkhauses ging er so dicht an Gaspars Auto vorbei, daß Gaspar ihn hätte berühren können.

Gaspar fluchte verärgert vor sich hin und rief alle Höllengeister an, dem Parkwächter Beine zu machen.

Eine Minute später stand er auf der Straße und blickte verzweifelt in die Richtung, in der La Roche verschwunden war. Der flinke Friseur war wie vom Erdboden verschwunden. Lediglich durch einen glücklichen Zufall entdeckte Gaspar plötzlich den dunklen Haarschopf, der gerade in der Drehtür eines erstklassigen Hotels verschwand. Als Gaspar wenig später das großzügig und prächtig ausgestattete Foyer betrat, mußte er allerdings feststellen, daß La Roche schon wieder verschwunden war.

Unauffällig, aber gewissenhaft suchte er die Halle ab und ging sogar in den Seitengang, wo sich kleine teure Läden befanden, die jetzt allerdings schon geschlossen waren. Keine Spur von La Roche. Da er den Erfolg seiner Mission gefährdet sah, blieb Gaspar nichts anderes übrig, als sich an die Rezeption zu wenden. Er machte den Empfangschef auf sich aufmerksam, einen hochnäsigen, eleganten jungen Mann, der nicht den Eindruck erweckte, als würde er sich durch einen Prinzen oder Bischof oder selbst einen hohen Politiker aus der Ruhe bringen lassen. Gaspar brachte sein Anliegen direkt vor.

„Ich suche", sagte er, „einen Herrn Rudolph La Roche, der soeben dieses Hotel betrat. Können Sie mir sagen, ob er hier angemeldet ist?"

Der Empfangschef antwortete mit kühler Stimme,

daß er einen Mr. La Roche nicht kenne. Und selbst wenn das der Fall wäre – so verriet der Unterton in seiner Stimme –, würde er das nicht jedem schäbigen Dahergelaufenen auf die Nase binden, der sich erdreistet, mit fadenscheinigem Hosenboden und abgestoßenen Ärmeln einen solch erlauchten Ort zu betreten. Gaspar verkroch sich daraufhin in einen Sessel hinter einer Säule und einer Topfpalme und dachte über seine Lage und seine taktischen Möglichkeiten nach.

Plötzlich fiel sein Blick auf eine dezente Neonschrift über einer Glastür: BAR. Na klar! La Roche hatte von der langen Autofahrt Durst bekommen und war hier eingekehrt, um ihn zu löschen. Jetzt merkte Gaspar, daß er selbst einen beträchtlichen Durst entwickelt hatte. Mit der zweifachen Absicht, La Roche aufzuspüren und selbst ein kühles Bier zu trinken, durchquerte er das Foyer und trat durch die Glastür in die Bar. Aber er hatte kein Glück, der Friseur war nicht da. Gaspar vergaß seinen Durst und kehrte zu seinem Sessel hinter der Topfpalme zurück. Das Bier mußte eben noch warten.

Dort brütete und stierte er vor sich hin, als sich das Problem plötzlich von selbst löste. Der Aufzug kam herunter, die Tür öffnete sich beinahe lautlos – und heraus trat Rudolph La Roche. Ein verwandelter Rudolph La Roche. Ein eleganter, aufgeputzter Rudolph La Roche in feierlicher Abendgarderobe. Eine entzückende Blondine hatte sich bei ihm eingehängt und blickte ihn mit ihren süßen Kulleraugen verliebt an. Gaspar bekam den Mund nicht mehr zu.

Fünfzehn Minuten später war Gaspar in einem relativ billigen Zimmer im elften Stock untergebracht. Er hatte nicht vor, La Roche und seine attraktive Begleiterin bei deren großangelegten Ausflug in das städtische Nachtleben zu beschatten. Dafür gab es zwei gute Gründe. Erstens würde er sie bestimmt irgendwo im Menschengewühl aus den Augen verlieren, und zweitens dachte er nicht daran, seine Brieftasche über Gebühr zu strapazieren. Er war froh, wenn er mit den fünfzig Dollar, die er von Hershell Fitch erhalten hatte, gerade so über die Runden kam.

Aber da er ja irgendwo die Nacht verbringen mußte, schien es ihm ratsam, gleich in diesem Hotel zu bleiben, das sozusagen sein Hauptquartier war – die Ausgangsbasis für seine Unternehmungen, wie immer diese auch ausgehen mochten. Gaspar rief den Zimmerkellner und bestellte eine Flasche Whisky mit Eis.

Während er darauf wartete, dachte er über Rudolph La Roche nach, der ihm als der bemerkenswerteste Friseur seit Figaro vorkam. Er bewunderte und beneidete diesen Halunken zugleich, und sein Neid schlug fast in Haß über.

Es klopfte an der Tür, und Gaspar ließ den Zimmerkellner herein.

„Stellen Sie die Sachen auf den Tisch", sagte Gaspar.

Dann nahm er eine Fünf-Dollar-Note aus der Brieftasche und setzte sich aufs Bett. Sorgfältig glättete er den Geldschein auf seinem Knie. Der Kellner sah Gaspar erwartungsvoll an.

„Haben Sie sonst noch einen Wunsch, Sir?" fragte er scheinheilig.

„Nein", antwortete Gaspar. „Es sei denn, Sie könnten mir eine kleine Information geben."

„Selbstverständlich, Sir. Was wollen Sie denn wissen?"

„Mich interessiert, seit wann Mr. Rudolf La Roche schon Gast dieses Hotels ist."

„Mr. Rudolph La Roche? Ich fürchte, Sir, ich kenne diesen Herrn nicht."

„Schlank, weder groß noch klein, dunkle Haare, über den Ohren etwas grau. Vornehmes Auftreten. Eine nicht alltägliche Erscheinung."

Ein Lächeln huschte über das Gesicht des Zimmerkellners. „Ich kenne einen Gentleman, auf den diese Beschreibung zutrifft. Aber sein Name ist nicht La Roche."

„Gut, ich will mich noch deutlicher ausdrücken. La Roche kam heute abend ins Hotel und ging direkt nach oben, ohne sich anzumelden. Später kam er in Abendgarderobe wieder herunter, und eine hübsche Blondine war bei ihm. Daraus schließe ich, daß er hier ein Zimmer hat oder sogar bei der Dame wohnt."

„Ah!" Die Augen des Zimmerkellners wanderten zu dem Geldschein auf dem Bett. „Jetzt weiß ich, wen Sie meinen. Mr. und Mrs. Roger Le Rambeau."

Gaspar war einen Augenblick sprachlos.

„Sagten Sie Mr. und *Mrs.* Roger Le Rambeau?„

„Ja, Sir. Sie haben eine Suite im 15. Stock und sind ständige Gäste des Hotels. Mr. Le Rambeau ist während der Woche außerhalb beschäftigt, aber er kommt jeden Freitag abend zurück."

„Oh? Und wie oder wo verbringt Mr. Rambeau die Woche?"

„Das kann ich Ihnen leider nicht sagen, Sir. Ich nehme an, daß er seinen Geschäften nachgeht."

„Und seit wann wohnen Mr. und Mrs. Le Rambeau in diesem Hotel?"

„Seit etwa drei Jahren. Soweit ich weiß, zogen sie unmittelbar nach ihrer Hochzeit hier ein."

„Sie müssen recht betucht sein, wenn sie sich ein solches Leben leisten können."

„Ja, sie sind wohlhabend, wenn sie das meinen. Allerdings, so ließ ich mir sagen, stammt das Geld von Mrs. Le Rambeau."

„Aha. Wissen Sie zufällig, ob sie hier in der Stadt oder woanders heirateten?"

„Das weiß ich leider nicht. Aber es dürfte nicht schwer sein, das beim Standesamt herauszubekommen."

„Richtig."

„Ich hoffe, ich habe Ihnen weitergeholfen, Sir."

„Das haben Sie. Ja, das haben Sie ganz gewiß."

„Wenn das alles ist, Sir, dann kann ich jetzt wohl

gehen? Die Pflicht ruft."

„Klar, gehen Sie ruhig."

Der Zimmerkellner, der mindestens so alt wie Gaspar war, griff mit geübten Fingern nach dem Geldschein auf dem Bett und ging hinaus.

Die Nacht verbrachte Gaspar geruhsam im Bett. Am Morgen fuhr er zum Standesamt und ging die Akten von vor etwa drei Jahren durch. Und er hatte Glück. Rudolf La Roche, wie er ihn weiterhin nannte, um Verwechslungen zu vermeiden, hatte als Le Rambeau vor drei Jahren in der Stadt den Bund der Ehe geschlossen.

Gaspar kehrte ins Hotel zurück, packte seine Tasche, bezahlte die Rechnung, holte den Wagen aus dem Parkhaus ab und fuhr nach Hause. Er war so zufrieden mit sich und dem Verlauf der Dinge, daß er nur mit wenig Neid an La Roche und seine blonde Schönheit in ihrer Hotelsuite dachte.

Am nächsten Tag sah er weitere Unterlagen ein, und bald stand fest, daß Mr. La Roche zweimal verheiratet war. Gaspar rief sogleich Mr. Hershell Fitch an, der ans Telefon kam, nachdem seine Frau ihn gerufen hatte.

„Gaspar Vane", sagte Gaspar. „Können Sie frei sprechen?"

„Ja", antwortete Hershell. „Niemand ist da außer Gabriella. Sollte ich jedoch nicht besser in Ihr Büro kommen?"

„Gern, wenn Sie wollen, aber Sie würden Ihre Zeit verschwenden."

„Was meinen Sie damit?"

„Weil ich Ihnen nicht viel zu sagen habe. Das Ergebnis ist gleich Null."

„Wohin fuhr er?"

„Nach Kansas City."

„Weswegen?"

„Er besuchte eine Dame."

„Eine Dame! Das ist doch etwas!"

„Aber, aber... Die Dame ist achtzig Jahre alt und zufällig seine Mutter."

„Er fährt jedes Wochenende nach Kansas City, um seine Mutter zu besuchen?"

„Richtig. Sie lebt da in einem Altersheim. Unser Freund ist ihr sehr verbunden. Seine Besuche sind fast ein Ritual."

„Einen Augenblick, bitte."

Es folgte eine kurze Pause, während Hershell offenbar mit seiner Frau sprach, dann kam seine Stimme wieder durch die Leitung. Sie klang enttäuscht.

„Ich schätze, Sie haben recht, ich brauche gar nicht erst in Ihr Büro zu kommen."

„Nein, brauchen Sie nicht."

„Da Sie uns nichts berichten konnten, hoffe ich, daß das Honorar sich in Grenzen hält."

„Ich schicke Ihnen eine Rechnung."

Gaspar hängte ein und rieb sich die Hände. Vielleicht werde ich auch darauf verzichten, überlegte er. Eigentlich müßte ich *ihm* etwas bezahlen für den Tip.

Es war inzwischen Montag geworden, und Gaspar fiel das alte Sprichwort ein, daß man das Eisen schmieden muß, solange es heiß ist. Also schlug er das Telefonbuch auf und suchte die Nummer des kleinen Friseurladens heraus. Er wählte und lauschte dem entfernten Klingelton. Dann hörte er die Stimme von Rudolph, eine wohlklingende Stimme, die ganz seiner angenehmen Erscheinung entsprach.

„Hier Rudolph La Roche."

„Da muß ich mich verwählt haben", sagte Gaspar. „Ich wollte eigentlich Roger Le Rambeau sprechen."

Nach einer fast unhörbaren Pause fragte die freundliche Stimme: „Wer spricht denn, bitte?"

„Nicht so wichtig. Wir werden uns bald kennenlernen."

„Was mir ein Vergnügen sein wird. Möchten Sie eine Verabredung treffen?"

„Warum nicht gleich heute abend?"

„Ja, warum nicht! Soll ich den Ort benennen?"

„Ja. Wenn er mir nicht gefällt, suche ich einen neuen aus."

„Nicht weit von meinem Laden entfernt gibt es ein kleines Lokal. Ich trinke dort nach Feierabend manchmal ein Bier oder auch zwei. Wenn Ihnen dieser Treffpunkt zusagt, dann werde ich dort auf Sie warten."

„Wann?"

„Ich schließe meinen Laden um halb sechs."

„Gut, halb sechs", sagte Gaspar und hängte sacht ein.

Ein cooler Typ, dachte er, ein toller Hecht. Aber schließlich mußte ein Kerl, der praktisch Tür an Tür mit zwei Frauen verheiratet war, auch cool sein, denn sonst könnte es nicht so lange gutgehen.

Das Lokal befand sich in einem schmalen Gebäude zwischen einem Farbengeschäft und einem Kreditbüro. Es war ein Ort, wo nur solide Bürger und Geschäftsleute verkehrten. Als Gaspar eintrat, sah er Rudolph La Roche an einem Tisch im hinteren Teil der Gaststätte sitzen. Vor ihm stand ein unangetastetes Glas Bier mit einer weißen Schaumkrone. Als Gaspar an den Tisch kam, erhob sich Rudolph und deutete eine höfliche Verbeugung an.

„Rudolph La Roche", sagte er. „Leider weiß ich Ihren Namen nicht."

„Vane", sagte Gaspar. „Gaspar Vane."

„Guten Tag, Mr. Vane. Darf ich Sie zu einem Bier einladen? Ich fürchte, stärkere Drinks gibt es hier nicht."

„Ich trinke gern ein Bier."

Mit freundlichen Mienen setzten sie sich einander gegenüber und warteten schweigend, bis die Bedienung das bestellte Getränk gebracht hatte. Dann hob Rudolph sein Glas und prostete Gaspar zu, der mit gemischten Gefühlen seinem Beispiel folgte. Es war komisch, daß Gaspar, der alle Trümpfe in der Hand hatte, sich am unsichersten fühlte.

„Darf ich fragen", sagte Rudolph, „wie Sie auf Roger

Le Rambeau gekommen sind?"

„Fragen dürfen Sie schon", erwiderte Gaspar, „aber ob ich Ihnen darauf eine Antwort gebe, das ist eine andere Sache."

„Es hilft nichts, nehme ich an, irgend etwas zu leugnen?"

„Gar nichts."

„Wenn das so ist, dann erspare ich mir die Mühe. Und das bringt uns direkt zur Sache. Was haben Sie vor?"

„Tja. Ich bin, müssen Sie wissen, kein Moralist. Wenn ein Mann zwei Frauen haben will, darf er das gern. Das stört mich nicht."

„Sehr klug von Ihnen, Mr. Vane. Wie ich sehe, sind Sie ein liberaler Mensch. Und warum nicht? Bigamie ist eigentlich harmlos. Es gab sie bei anderen Kulturen, und es gibt sie heute noch, wie man weiß. Zur Sünde oder zum Verbrechen wird es nur, wenn das Gesetz oder die Moral eines Landes es dazu macht. Ich bin ein universaler Mensch, das heißt, ich suche mir meine ethischen Richtlinien aus allen Kulturen heraus und wende sie auf mein Leben an, soweit ich sie für richtig halte."

„Klingt sehr vernünftig, doch birgt das die Gefahr, daß man sich allerhand Probleme und Konflikte aufhalst."

„Schon richtig, aber man muß den Mut haben, zu seiner Überzeugung zu stehen."

„Wenn Sie mich fragen, so glaube ich, daß mehr Mut als Verstand erforderlich ist, sich für zwei Frauen zu entschließen. Eine ist schon schlimm genug."

„Sie enttäuschen mich, Mr. Vane. Die Ehe ist in der Tat eine geheiligte Einrichtung. In schlechten Ruf kommt sie nur durch die idiotischen Regeln, die ihr auferlegt werden, durch die willkürlichen Bedingungen, die man an sie knüpft. Man verwechselt Ehe mit Monogamie, und das ist schade. Schauen sie, ich verbringe einen Teil meines Lebens mit einer attraktiven, reichen und charmanten Frau. Andererseits sehne ich mich auch nach einem ruhigen und geborgenen Zuhause, nach all den Annehmlichkeiten, die ein mittelständisches Heim bietet. Und das kann nur durch eine fleißige, geschickte, ordnungsliebende, praktische Frau verwirklicht werden. Diese beiden Grundbedürfnisse lassen sich nicht auf einen Nenner bringen. Da ich aber kein Schürzenjäger sein will, ziehe ich es vor, eine zweite Frau zu haben. Und ich bin mit meinen beiden Frauen ein sehr glücklicher Mann, Mr. Vane."

„Nun", sagte Gaspar, „alles Schöne nimmt einmal ein Ende."

„Wirklich?" Rudolph lächelte und nahm einen Schluck Bier. „Ist das nicht ein Widerspruch? Ich dachte, unser Treffen diene dem Zweck, eine Lösung zu finden, wie mein Glück ungetrübt weitergehen kann, ohne daß Sie..."

„Ich sagte ja, daß ich kein Moralist bin. Man kann mit mir reden."

„Mr. Vane, ich war ganz offen zu Ihnen. Warum

sprechen Sie durch die Blume? Warum sagen Sie mir nicht einfach, daß Sie mich erpressen wollen?"

„Nennen Sie es, wie Sie wollen. Ich habe einen Riecher für gute Geschäfte."

„Wie, Mr. Vane, stellen Sie sich das Geschäft vor?"

„Sie sind in einer Zwickmühle."

„Richtig. Entweder ich bezahle, oder ich gehe ins Gefängnis."

„Nicht nur das. Ihre Frauen wären etwas verärgert über Ihren faulen Zauber, um es gelinde auszudrücken. Sie würden sie beide verlieren, das steht fest."

„Und damit haben Sie einen wunden Punkt berührt. Nichts würde mich mehr treffen als der Verlust meiner Frauen. Ich bin ihnen beiden ein ergebener und liebender Gatte."

„Ich möchte nur wissen, wie es Ihnen gelingt, beide zu täuschen."

„Mein Geheimnis, Mr. Vane, mein Geheimnis. Wie bereits erwähnt, dürfen Sie zwar fragen, ob ich Ihnen allerdings antworte, das ist eine andere Sache."

„Das ist auch nicht so wichtig. Wichtig ist, daß Sie Gefahr laufen, beide zu verlieren."

„Ich muß gestehen, das wäre eine Katastrophe. Deshalb werde ich alles tun, um das zu verhindern, koste es, was es wolle. Was uns nun, glaube ich, an einen anderen heiklen Punkt bringt. Was, Mr. Vane, wird es mich kosten?"

„Nun, ich möchte nicht gierig sein, andrerseits aber

auch nichts verschenken. Außerdem ist Ihre Wochenend-Frau reich. Das haben Sie selber gesagt."

„Das war vielleicht ein taktischer Fehler. Da ich schon so weit gegangen bin, gehe ich sogar noch weiter. Angela ist nicht nur reich, sie ist überaus großzügig, und es interessiert sie gar nicht, wie ich ihr Geld ausgebe."

„Was halten Sie in diesem Fall von 25 000 Eiern?"

„Für Rudolph La Roche viel zuviel. Für Roger Le Rambeau eine Kleinigkeit."

„An Roger Le Rambeau wende ich mich."

„Als Roger Le Rambeau werde ich das in Betracht ziehen."

„In Betracht ziehen? Nein. Entweder, Sie zahlen, oder..."

„Natürlich, ich habe gar keine andere Wahl. Allerdings müssen Sie verstehen, daß ich die Entscheidung über das Geld nicht ohne Angela treffen kann. Sie müssen mir also bis zum nächsten Wochenende Zeit lassen, das Geld aufzutreiben."

Gaspar legte die Stirn in Falten. „Ob es Schwierigkeiten geben wird?"

„Nein, kann ich mir kaum vorstellen."

„Das hoffe ich in Ihrem Interesse."

„Lassen Sie das nur mein Problem sein. Angela vertraut mir."

„Ich will Bargeld, keinen Scheck."

„Ich muß sagen, Mr. Vane, Sie besitzen eine komische

Mischung aus professioneller Unverfrorenheit und amateurhafter Naivität. Hat es das jemals schon gegeben, daß ein Erpresser per Scheck ausbezahlt wurde?"

„Ich wollte das nur klarstellen, mehr nicht."

„Ich glaube, mir ist alles sehr klar, Mr. Vane."

„In diesem Fall brauchen wir uns nur über Ort und Zeit unseres nächsten Treffens zu einigen."

„Ich möchte diese Affäre so schnell wie möglich aus der Welt schaffen. Und Ihnen ist wahrscheinlich auch nicht daran gelegen, die Sache hinauszuzögern. Also sagen wir, am nächsten Montag um dieselbe Zeit?"

„Einverstanden. Wo?"

„Nun, für die Übergabe des Geldes wäre wahrscheinlich ein diskreterer Ort geeigneter. Ich schlage das Hinterzimmer meines Geschäftes vor. Wir schließen um halb sechs, wie ich Ihnen bereits sagte, und mein Gehilfe geht stets pünktlich. Also einigen wir uns auf Viertel vor sechs. Klopfen Sie am Hintereingang."

„Und keine Tricks."

„Aber Mr. Vane! Welche Tricks sollte ich denn anwenden? Ich bin Realist – Sie sind mir auf die Schliche gekommen. Und ich bin Gentleman, deshalb stehe ich für die Folgen ein, wie es sich gehört."

Rudolph La Roche lächelte schwach, stand auf und wiederholte seine komische kleine Verbeugung.

„Also dann bis Montag."

Mit aufrechter Haltung und erhobenem Kopf verließ Rudolph La Roche das Lokal. Gaspar winkte der

Bedienung und bestellte sich ein zweites Bier. Irgendwie fühlte er sich unzufrieden, obwohl er doch gerade einen Volltreffer gelandet hatte. Von welcher Farbe waren Rudolphs Augen, fragte er sich geistesabwesend. Blau? Grün? Er wußte es nicht, er wußte nur, daß sie so kalt und hell wie eine Handvoll Seewasser waren.

Von der schmalen Straße hinter Rudolphs Friseurgeschäft führte eine kleine Einfahrt zu einer Parkbucht, in der gerade zwei Autos Platz hatten. Gaspar stellte seinen Wagen neben dem schwarzen Modell des Friseurs ab, und als er ausstieg, war es genau Viertel vor sechs. Gaspar klopfte an die Hintertür des Ladens. Rudolph mußte an der Tür gewartet haben, denn er machte sofort auf.

„Ah, da sind Sie ja", sagte er. „Und sehr pünktlich. Kommen Sie herein, kommen Sie herein."

Gaspar betrat ein kleines Büro, das von dem eigentlichen Friseurgeschäft durch eine Schiebetür abgetrennt war. Auf einem Tisch lag ein Bündel frischer Handtücher, daneben stand eine Kaffeemaschine. Zwei Küchenstühle vervollständigten die Einrichtung.

Für einen Moment hatte Gaspar das Gefühl, in die Falle gegangen zu sein. Aber dann beruhigte er sich wieder und fühlte sich nur noch ein wenig unwohl.

„Nehmen Sie Platz, Mr. Vane", sagte Rudolph und wies auf einen der beiden Stühle. „Soll ich Kaffee machen?"

„Für mich nicht", sagte Gaspar.

„In Ordnung." Rudolf setzte sich auf den zweiten Stuhl, stützte den Ellbogen auf dem Tisch auf und sah Gaspar an.

„Wollen wir sofort zur Sache kommen?"

„Ja, wenn Sie das Geld haben."

„Oh, selbstverständlich habe ich das Geld. Im übrigen habe ich die Summe, auf die wir uns einigten, verdoppelt!"

„Fünfzigtausend?"

„Richtig."

„Wo ist es?"

„Das ist nicht so wichtig. Es ist da."

„Und wofür?"

„Für Sie, Mr. Vane, nur für Sie, wenn Sie daran interessiert sind, es sich zu verdienen."

Gaspars Unwohlsein nahm zu. Seine dicken Finger wurden feucht und kalt.

„Wie meinen Sie das?" fragte er. „Wie verdienen?"

„Indem Sie mir einen bestimmten Gefallen tun. Ich habe Ihnen einen Gegenvorschlag zu machen. Wollen sie ihn hören?"

„Ja, anhören kostet nichts."

„Zuerst möchte ich Ihnen mitteilen, daß Sie mir die Augen für meine Situation geöffnet haben, Mr. Vane. Mir ist klar geworden, daß es so nicht weitergehen kann. Wenn Sie mir auf die Schliche gekommen sind, dann werden das zwangsläufig andere auch tun. Allerdings sind Sie ein vernünftiger und liebenswerter Mensch, mit dem sich reden läßt, mit den anderen aber nicht. Deshalb finde ich, daß es klüger wäre, mich mit der Hälfte zu begnügen. Es ist besser, um es brutal auszudrücken, eine Frau statt zwei Frauen zu verlieren. Verstehen Sie mich, Mr. Vane?"

Rudolf betrachtete halb lächelnd, halb traurig seine geschliffenen und polierten Fingernägel und wartete auf eine Antwort. Was Gaspar anging, so fühlte dieser sich, als hätte ihm irgendein Schwergewichtler seine kräftige Faust in den fetten Bauch gerammt. Als Antwort stieß er ein widerstrebendes Grunzen aus.

„Ich weiß nicht", sagte er.

„Ich sollte mich wohl deutlicher ausdrücken. Ich habe beschlossen, eine meiner Frauen zu opfern, auch wenn es mir sehr schwerfällt."

„Welche?"

„Ja, ein schwieriges Problem. Soll es Angela oder Winifred sein? Glauben Sie mir, Mr. Vane, die Entscheidung war nicht leicht. Aber ich gehe allmählich auf das Alter zu, wo die Leidenschaften verpuffen und einfache häusliche Annehmlichkeiten, wie ruhige Abende, selbstzubereitete Mahlzeiten, Ordnung und Sauberkeit, von größerer Wichtigkeit sein werden. Ein Pluspunkt für Winifred also. Andererseits ist dieser Zeitpunkt, auch wenn er näherrückt, noch nicht gekommen. Zudem gibt es einen weiteren Umstand, der, so fürchte ich, die entscheidende Rolle spielen muß. Ich habe Grund zur Annahme, daß ich Angelas Haupterbe bin. Aber es gäbe die größten Schwierigkeiten, wenn ein Testament, in dem es um große Summen geht, zum jetzigen Zeitpunkt vollstreckt würde. Nicht nur meine Bigamie würde dabei auffliegen, sondern ich würde auch das gesamte Erbe verlieren, da Winifred meine erste und somit rechtmäßige Frau ist. Von welchem Standpunkt ich es auch betrachte, mir bleibt keine andere Wahl. Winifred muß weg."

„Weg? Wohin? Wie?"

„Ach, Mr. Vane, weichen Sie nicht aus. Ich habe mir erlaubt, Erkundigungen über Sie einzuziehen, und mußte dabei feststellen, daß Sie ein rücksichtsloser Mann sind. Mein Vorschlag übersteigt nicht Ihre Fähigkeiten. Oder noch deutlicher gesagt: Ich verlange nicht zuviel von Ihnen."

„Sprechen Sie es doch aus! Sie wollen, daß ich Ihre zweite Frau umbringe!"

„Meine erste, zeitlich gesehen. Ja, das ist mein Gegenvorschlag."

„Sie verlangen von mir, einen Mord zu begehen!"

„Ich biete Ihnen die Möglichkeit, fünfzigtausend Dollar statt fünfundzwanzig zu verdienen. Wenn Sie nicht wollen, müssen Sie natürlich nicht annehmen."

Das Geld war Gaspars schwacher Punkt, für Geld tat er fast alles. Dennoch ging er auf Nummer Sicher. Die plötzliche Wende, die dieser gewöhnliche Fall von Erpressung genommen hatte, kam so unerwartet, daß er ganz durcheinander war. Doch trotz seiner augenblicklichen Verwirrung blieb er mißtrauisch.

„Das ist nicht drin."

„Ist Ihre Entscheidung endgültig? Wollen wir nicht noch einmal darüber sprechen?"

„Was gibt es noch zu reden?"

„Die Vorteile für Sie überwiegen, sehen Sie das nicht?"

„Vor allem sehe ich, daß Sie ein Bigamist sind und ich ein Erpresser. Das macht uns in etwa gleichwertig. Aber wenn ich Ihren Vorschlag annehme, dann wäre ich ein Mörder. Wir wären nicht mehr gleichwertig, und ich hätte viel mehr zu verlieren als Sie."

„Unsinn. Sie vergessen, daß ich bei dem Mord mit Ihnen unter einer Decke stecke, und Beihilfe zum Mord wird ziemlich streng geahndet. Nein, Mr. Vane, wir wären gezwungen, unser jeweiliges Wissen für uns zu behalten. Keine Frage."

„Darum geht es auch nicht. Es geht darum, daß Sie mich fester im Griff hätten als ich Sie. Wenn Sie sich weigern würden, mich zu bezahlen, könnte ich nichts dagegen tun."

„Aber Mr. Vane, ich bin ein Ehrenmann. Mein Wort ist mir heilig."

„Wenn das so ist, dann will ich die 50 000 Dollar vorher haben."

„Ich sagte, Mr. Vane, daß *mein* Wort *mir* heilig ist. Nicht *Ihres Ihnen*. Allerdings bin ich bereit, Ihnen als Zeichen meines guten Willens 10 000 Dollar im voraus zu zahlen, falls Sie meinen Vorschlag akzeptieren. Weiterhin verspreche ich Ihnen, daß Sie die restliche Summe sofort erhalten, wenn die Tat vollbracht ist."

Es war eigenartig, aber Gaspar glaubte dem Friseur.

„Halt", sagte er plötzlich, nachdem er einen neuen Einfall hatte. „Wenn Sie 50 000 Dollar ausgeben wollen, dann könnte ich ja ebensogut meinen Preis verdoppeln."

„Das können Sie versuchen, Mr. Vane, aber damit kämen Sie nicht durch. Ich bin ein vernünftiger Mann und bereit, einen angemessenen Betrag für eine Gefälligkeit zu bezahlen. Aber ausbeuten lasse ich mich nicht. Lieber stelle ich mich der Realität."

Damit wiederum rechnete Gaspar nicht. Sein Mißtrauen schwand allmählich, doch einen Haken hatte die Sache noch.

„Nun", sagte er seufzend, „ich sage nicht, daß ich es tun werde, aber es kostet ja nichts, noch etwas länger zuzuhören. Wieso sind Sie sich so sicher, daß wir nicht geschnappt werden?"

„Es wird keine Anhaltspunkte geben, die auf uns schließen lassen, Mr. Vane. Wie Sie wissen, fahre ich jeden Freitag weg und komme erst am Sonntagabend zurück. Während dieser Zeit ist Winifred allein. Meine Gattin hat bestimmte Gewohnheiten, die sie stets beibehält, müssen Sie wissen. So geht sie zum Beispiel jeden Samstagabend ins Kino und sieht sich einen guten Film an. Danach kehrt sie auf direktem Weg nach Hause zurück und tröstet sich mit ein paar Gläschen über ihre Einsamkeit hinweg. Das ist die einzige Untugend meiner lieben Winifred, aber durchaus verzeihlich, da es nur einmal pro Woche vorkommt. Sonst rührt sie nie Alkohol an. Jedenfalls ist sie nicht mehr nüchtern, wenn sie zu Bett geht, und es ist zu vermuten, daß sie in dieser Nacht tief schläft. Und deshalb können Sie jederzeit nach Mitternacht im Haus auftauchen, ohne irgendein Risiko einzugehen. Ich werde Ihnen einen Zweitschlüssel für den Hintereingang geben. Ein kräftiger Schlag auf den Kopf, ein paar fingierte Hinweise auf einen Einbruch, und die Sache ist gelaufen. Die arme Winifred hat dann eindeutig einen Einbrecher überrascht, der sie in seiner Panik mit einem schweren Gegenstand erschlug. Sie verlassen dann einfach das Haus, und ich bin ja in einer ganz anderen Stadt, was sich später leicht beweisen läßt. Nach meiner Rückkehr schließen wir unser Geschäft ab, indem ich Ihnen die restliche Summe überreiche."

„Hört sich ganz gut an. Zu gut, möchte ich fast sagen."

„Es ist ein Irrtum, wenn man meint, das Unkomplizierte würde nicht funktionieren. Nehmen Sie meinen Vorschlag an oder nicht?"

„Das muß ich mir erst überlegen."

„Wie Sie wollen." Rudolph stand auf und zog seinen Kittel aus. „Ich muß Sie jetzt aber bitten, mich zu entschuldigen. Winifred wartet schon mit dem Essen auf mich. Es gibt heute mein Lieblingsessen."

Gaspar war so in Gedanken versunken, daß er kaum merkte, wie er in die dunkle Straße geführt wurde. Die unerwartete Wendung hatte ihn leicht benommen gemacht.

Um es ganz bildlich auszudrücken, Gaspar rang drei Tage lang mit dem Teufel. Er hatte zwar schon einmal einen Menschen in den Selbstmord getrieben, aber noch nie selbst einen Menschen umgebracht. Der Gedanke, das jetzt tun zu müssen, behagte ihm gar nicht. Seine Bedenken waren jedoch nicht moralischer Art, er fürchtete sich lediglich vor den Konsequenzen, falls er erwischt würde. Dennoch stellten die 50 000 steuerfreien Dollar eine große Versuchung dar, und der Plan, so wie Rudolph La Roche ihn erläutert hatte, schien so furchtbar einfach. Was war schon dabei, mit einem Zweitschlüssel in ein Haus einzudringen, eine betrunkene Frau im Schlaf zu erschlagen und sich wieder aus dem Staub zu machen?

Am Donnerstag nachmittag hatte er sich entschlossen und wählte Rudolphs Nummer. Nach dem zweiten Läuten hörte er die feine Stimme des Friseurs.

„Rudolph La Roche hier."

„Gaspar Vane. Können Sie frei sprechen?"

„Ja. Wie Sie wissen, ist morgen Freitag. Ich habe schon auf Ihren Anruf gewartet."

„Haben Sie die 10 000?"

„Selbstverständlich."

„Haben Sie das restliche Geld?"

„Natürlich, sozusagen in Verwahrung."
„Wann kann ich die Moneten bekommen?"
„Morgen. Ich muß zuvor zur Bank."
„Wird es keinen Verdacht erregen, wenn Sie diese Summe auf einmal abheben?"
„Rudolph La Roche ist nicht Roger Le Rambeau. Sein Bankkonto übersteigt kaum dreistellige Summen. Das Geld, Mr. Vane, ist in einem Depotfach im Tresor."
„Soll ich es in Ihrem Geschäft abholen?"
„Besser nicht. Von jetzt an ist es klüger, wenn man uns nicht zusammen sieht. Ich gehe morgen in der Mittagspause zur Bank. Jetzt muß ich kurz überlegen. Ja... wissen Sie, wo das Restaurant Huton liegt? Ich werde genau um 13 Uhr dort Mittag essen. Vorher wasche ich mir in der Toilette die Hände. Warten Sie dort auf mich, dann kann ich Ihnen das Geld unbeobachtet übergeben."
„Und vergessen Sie den Schlüssel nicht."
„Natürlich, den Schlüssel bekommen Sie auch."
„Huton. Punkt eins. Ich werde dort sein."

Und das war er auch. Gaspar betrachtete sein unschönes Gesicht in dem großen Toilettenspiegel, während er auf Rudolph wartete. Bald kam der Friseur, besetzte das zweite Waschbecken und wusch sich ausgiebig die Hände.

„Geld und Schlüssel sind in meiner rechten Jackentasche", flüsterte Rudolph. „Bedienen Sie sich."

Gaspar griff hinein, holte die Sachen heraus und

verstaute sie schnell in den eigenen Taschen.

„Muß ich nachzählen?" fragte er.

„Sie dürfen, müssen aber nicht. Wann werden Sie endlich davon überzeugt sein, Mr. Vane, daß Sie einen Ehrenmann vor sich haben? Wenn die Summe nicht stimmt, sind Sie nicht dazu verpflichtet, den Dienst auszuführen."

„Okay!"

„Hören Sie jetzt genau zu! Gehen Sie durch die Hintertür und durch die Küche ins Eßzimmer. Dann rechts in einen Flur. Winifreds Schlafzimmer ist die erste Tür rechts. Klar?"

„Klar."

Rudolph drückte auf den Knopf des Heißluftautomaten und rieb seine Hände in dem warmen Luftstrom. Als sie trocken waren, rückte er seine Krawatte gerade, zog sein Jackett gerade und wandte seine Schritte zur Tür. Er hatte Gaspar kaum eines Blickes gewürdigt.

„Auf Wiedersehen, Mr. Vane", sagte er. „Wir bleiben in Verbindung."

Gaspar vertrödelte keine Zeit mit einem Lunch, sondern fuhr direkt in sein schmuddeliges Büro zurück, wo er sofort das Geld nachzählte. Es fehlte nicht ein Schein, Rudolph La Roche hatte sich in der Tat als Ehrenmann erwiesen. Gaspar legte die 10 000 Dollar in eine Geldkassette, die er abschloß und in die unterste Schublade seines Aktenschrankes sperrte. Noch nie hatte er sich den Kopf über Diebe zerbrochen, da es bei ihm noch nie etwas zu stehlen gab. Jetzt machte er sich allerdings ernsthaft Gedanken, ob er mit dem Geld nicht leichtsinnig umging. Aber er vertraute auf seinen Schutzengel und nahm sich vor, seine geistigen Kräfte auf Wichtigeres zu konzentrieren.

Um Viertel vor sechs wartete Gaspar in seinem Wagen an der Kreuzung vor Rudolphs Straße. Bald fuhr der Friseur wie an jedem Freitag in seinem schwarzen Wagen an der Kreuzung vorüber. Gaspar nahm in diskretem Abstand die Verfolgung auf, und erst als Rudolph auf die gebührenpflichtige Autobahn einbog, ein Ticket löste und gen Osten davonbrauste, fuhr der Privatdetektiv in die Stadt zurück und legte sich für ein paar Stunden aufs Ohr.

Gegen ein Uhr früh stieg Gaspar aus seinem Wagen, den er etwa sechs Häuserblocks von Rudolphs Haus entfernt in der Nähe einer Pension geparkt hatte. Dort waren immer viele Autos abgestellt, und unter all den anderen Blechkarossen würde sein eigenes Fahrzeug nicht so auffallen. Außerdem war der Parkplatz weit genug von dem zukünftigen Tatort entfernt, daß man ihn schwerlich mit dem Mord in Verbindung bringen konnte, falls jemandem der fremde Wagen zu dieser späten Stunde auffallen sollte.

Den Weg zum Haus des Friseurs legte Gaspar zu Fuß zurück. Er war bedacht, nicht aufzufallen, und ging deshalb weder besonders langsam noch besonders schnell. Außer ihm war niemand auf den Straßen. Er spürte beim Gehen den Zweitschlüssel in der Hosentasche und prüfte immer wieder, ob das Stück Stahlrohr noch in der Innentasche des Mantels steckte.

Als dicker Schatten glitt er in die Seitenstraße, die hinter dem Haus der La Roches verlief. Minuten später schlich er an der Mülltonne vorbei über die Betontreppe zur Hintertür des Hauses. Er hielt kurz inne, legte ein Ohr an das Türblatt und lauschte. Es war alles still im Haus. Hinter der Hecke, wo die Fitches wohnten, war es ebenso still. Überall war es mucksmäuschenstill. Still und fürchterlich dunkel.

Der Schlüssel glitt geräuschlos ins Schloß, und schon war die Tür offen. Mit einer Leichtigkeit, die man einem so dicken Mann nicht zugetraut hätte, huschte Gaspar in die Küche, wo er kurz stehenblieb, bis seine Augen sich an die Dunkelheit im Haus gewöhnt hatten. Plötzlich hob neben ihm ein fürchterliches Geräusch an, wie das Rasseln einer Klapperschlange. Er glaubte, sein Herz würde zerspringen. Erleichtert schnappte er nach Luft, als er feststellte, daß es nur der Kühlschrank war, diese niederträchtige Maschine, die ausgerechnet in diesem Augenblick zum Leben erwachen mußte. Als er wieder bei Atem war, ging er in das Eßzimmer weiter und bog dann durch eine weitere Tür rechts in einen Flur ab. Nach wenigen lautlosen Schritten stand er vor der ersten Tür rechts und spitzte die Ohren. Tatsächlich vernahm er ein sanftes Schnarchen, wie es von einer Dame kommen konnte, die heimlich einen über den

Durst getrunken hatte.

Kurzentschlossen machte er die Tür auf und ging hinein.

Ein schwaches Nachtlämpchen tauchte das Zimmer in fahles Licht. Vom Nachtkästchen aus glotzte ihn das erleuchtete Zifferblatt eines Weckers an. Auf dem Bett lag eine rundliche Gestalt, und die Decke hob und senkte sich im Rhythmus ihres Atems. Wieder folgte ein leiser Schnarchton.

Jetzt! dachte Gaspar. *Jetzt!*

Schweißgebadet näherte er sich dem Bett, das Stahlrohr fest umklammert in der Rechten.

Hinter ihm ertönte ein fast unhörbares Geräusch. Dann explodierte sein Kopf mit einem gewaltigen Donnerschlag, und ein unsäglicher Schmerz riß die Seele aus seinem Körper. Gaspar Vane wurde von der absoluten Finsternis verschluckt, die am Ende unserer Welt liegt.

Rudolph trat aus der Tür der angebauten Garage in den Flur und ging direkt durch Winifreds Schlafzimmer in das danebenliegende Badezimmer. Während er sich die Hände wusch, unterhielt er sich mit Winifred. Seine Frau saß aufrecht im Bett und streichelte eine Katze, die schnurrend auf ihrem Schoß lag.

„Nun", sagte Rudolph, „das ist erledigt."

„Ging alles glatt, Liebling?" fragte sie.

„Natürlich. Niemand hat mich gesehen. Ich ließ ihn in einer dunklen Seitenstraße liegen. Es ist eine rauhe

Gegend, in der sich allerhand finstere Elemente herumtreiben. Und leider muß man sagen, daß Gaspar Vane auch zu ihnen gehörte. Angesichts seiner tödlichen Verletzung und seiner ausgeleerten Taschen bin ich sicher, daß man es für einen ganz normalen Raubüberfall halten wird."

„Du bist so klug, mein Liebster."

„Ach wo. Es war ein Kinderspiel, mit Mr. Vane fertig zu werden. Er war so einfältig."

„Hast du sein Auto gefunden?"

„Nein, aber das spielt keine Rolle. Er hat es nicht in der Nähe abgestellt, und alles andere kann uns egal sein."

„Schade, daß die 10 000 Dollar weg sind."

„Nicht so schlimm. Das ist ein kleiner Preis dafür, daß wir auch in Zukunft sicher und glücklich sein können."

Rudolph kam aus dem Bad und schlüpfte in seinen Mantel.

„Mußt du heute noch zurückfahren?" fragte sie.

„Leider ja. Mein Wochenende wurde ja ziemlich gestört. Außerdem ist es besser, wenn wir den Anschein bewahren, ich wäre nicht zurückgekommen."

„Natürlich, das braucht niemand zu merken. Ich kann es immer noch nicht fassen, daß dieser Einfaltspinsel glaubte, durch seine schmutzige Schnüffelei unseren Ehefrieden stören zu können!"

„Ja, eine Frechheit, wo ich doch solches Glück in meinem Eheleben hatte."

„Darf ich das als Kompliment auffassen?"

„Natürlich."

„Danke, das ist lieb von dir."

Er ging zum Bett und beugte sich über seine Frau, die ihm einen zärtlichen Kuß auf seine glatte Wange gab. „Ich muß mich jetzt beeilen. Gute Nacht, Winifred. Ich sehe dich morgen abend, wie immer."

„Fahr vorsichtig, Liebling", sagte sie. „Und grüße Angela von mir."

Der ethische Mord

Die Stadtverwaltung lädt Sie zu einer kleinen Rast ein.
Diese freundliche Mitteilung stand in weißer Schrift auf den grünen Lehnen der schmiedeeisernen Bänke, die den schmalen Teerweg durch den kleinen Stadtpark säumten. Im Augenblick sprachen aber Uhrzeit und Witterungsverhältnisse gegen diese brüderliche Aufforderung. Es war ein naßkalter Morgen, der Schnee von gestern war zu Matsch geworden, und dichte Nebelschwaden stiegen auf. Dennoch beherbergte eine der Bänke einen Gast, der es sich erstaunlich bequem gemacht hatte. Wie ein Schlafender war er weit vorgerutscht, und sein Kopf ruhte auf der linken Schulter. Selbst der Reif, der sich auf seinem Mantelkragen niedergeschlagen hatte, schien ihn nicht zu stören. Auch die schlurfenden Schritte und murmelnden Stimmen, die um ihn herum immer lauter und zahlreicher wurden, ließen ihn nicht aufhorchen. Und sogar die kalte Stimme vom Inspektor Thomas McFate ließ ihn völlig kalt.

„Decken Sie ihn zu", sagte McFate.

Ein Sergeant hatte aus dem Dienstfahrzeug einen zweiten Regenmantel geholt, den er über Kopf und

Oberkörper des Toten breitete.

„Schaffen Sie uns vor allem die gaffenden Leute vom Hals", fuhr McFate fort.

Hinter ihm wandte sich ein Beamter an die Schaulustigen, die ihre Hälse reckten, um etwas von dem Geschehen mitzubekommen. „Also Leute, hier gibt es nichts zu sehen. Gehen Sie weiter. So ist es recht. Gehen Sie heim, sonst holen Sie sich eine Lungenentzündung."

„Die Kugel stammt aus einem Gewehr", sagte McFate zu dem Sergeant, „und wurde aus großer Entfernung abgeschossen." Er drehte sich halb um und wandte sein bläßliches, hohlwangiges Gesicht der anderen Straßenseite zu. „Von irgendwo aus diesem Hotel. Sechster oder siebter Stock vielleicht."

„Schon möglich, Sir. Ich bin kein Mediziner, aber..."

„Ich möchte darauf wetten, Hanson. Sobald Bergeron mit diesem Damroth zurückkommt, gehen Sie und ein paar Männer hinauf und nehmen die Zimmer genau unter die Lupe."

In diesem Augenblick näherte sich ein zweiter Polizeiwagen, bespritzte die sich nur langsam auflösende Zuschauermenge mit Wasser aus den vielen Pfützen und hielt hinter dem ersten Wagen an. Ein noch recht junger Polizist sprang heraus und öffnete die hintere Tür für einen älteren Mann, der sich aber nicht helfen lassen wollte, sondern abwinkte und allein ausstieg. Er wirkte sehr groß, weil er ziemlich mager war. Auch sein Gesicht war schmal, aber der breite Mund war kräftig, und aus seinen dunklen Augen leuchteten Klugheit und Humor.

McFate streckte ihm die Rechte entgegen. „Entschuldigen Sie, Doktor, daß wir Sie so früh aus den Federn holen mußten."

„Nennen Sie mich nicht Doktor", sagte der Neuankömmling. „Das ist nur ein Ehrentitel. Nützlich auf dem Briefkopf, aber störend im alltäglichen Umgang mit Menschen. Nun, was gibt es denn?"

„Hat Bergeron es Ihnen nicht gesagt?"

„Nein, kein Wort."

McFate nickte. „Er hatte seine Befehle, Dr. Damroth."

„An die er sich auch hielt. Darf ich Sie daran erinnern, daß es mir lieber ist, wenn Sie mich Mister nennen?"

„Verzeihen Sie. Ich bin Tom McFate."

„Ich weiß. Ich habe in dieser Stadt zwanzig meiner siebzig Lebensjahre verbracht, Sir, und ich kenne Ihren Namen und Ihr Foto aus der Presse. Meistens in Zusammenhang mit Toten, welche wiederum häufig durch Mord aus dem Leben geschieden sind."

McFates Wangen wurden noch hohler, als würde er das kühle Hüsteln unterdrücken, das ihm manchmal als Lachen diente. „Nun, Mr. Damroth, Sie haben recht. Wir haben hier einen eindeutigen Fall von Mord vor uns."

„So?"

„Kaliber dreißig, schätze ich. Direkt ins Herz. Der

Mann war augenblicklich tot."

„Ein klarer Fall, wie mir scheint." Mr. Damroth lächelte, nahm aus einem silbernen Etui einen honigfarbenen Zigarillo und zündete ihn genüßlich an. „Kenne ich das Opfer?"

„Das wissen wir nicht. Das Opfer scheint jedenfalls *Sie* gekannt zu haben."

„Wer ist der Mann? Oder wer *war* er?"

„Das wissen wir auch nicht. Er trug nur eine leere Brieftasche bei sich, in der eine Karte steckte, auf der ein Name stand."

Mr. Damroth warf einen Blick auf die Karte. „Das ist ja mein Name!"

„Richtig, Sir", sagte McFate. „Würden Sie sich das Opfer ansehen, um es gegebenenfalls zu identifizieren?"

„Selbstverständlich."

„Also kommen Sie, Doktor... ach, entschuldigen Sie, eine Angewohnheit von mir."

Schmunzelnd begleitete der alte Mann McFate zu der Bank. Als der Inspektor den Regenmantel zurückzog und das Gesicht freilegte, lächelte Damroth nicht mehr.

„Kennen Sie ihn?" fragte McFate.

„Ja."

„Wer ist es?"

Statt zu antworten, sprach Damroth wie geistesabwesend mit sich selbst. „Das es so kommen mußte. Einen Monat vor der Zeit. Unglaublich. Armer Ketch.

Warum wohl?"

„Heißt er so? Ketch?"

Der alte Mann nickte. „Ja, so heißt er. Harlan Ketch. *Dr.* Harlan Ketch. Ein ausgezeichneter Mathematiker." Er sah McFate streng an. „Und in diesem Fall ist der Doktor kein Ehrentitel."

"Daß er kein Arbeiter war, sieht man an seinen Händen", bemerkte Hanson.

„Schon gut", wandte sich McFate an seinen Sergeant. „Gehen Sie jetzt lieber mit ein paar Leuten in dieses Hotel auf der anderen Straßenseite." – „Gehörte er zur Stiftung?" Diese Frage war an Damroth gerichtet.

„Seit zehn Jahren."

„Sie sagten vorhin, daß er einen Monat vor seiner Zeit gestorben sei. Oder habe ich mich verhört?"

„Nein, schon richtig. Der arme Mann hatte Krebs. Die Ärzte gaben ihm noch einen, höchstens zwei Monate."

„Wann haben Sie ihn zuletzt gesehen, Mr. Damroth?"

„Erst gestern nachmittag. Bei unserer üblichen Tee- und Diskussionsrunde. Es ging um seine mathematische Lösung für ein ethisches Problem."

„Davon verstehe ich nichts." McFate zog ein zerknittertes Taschentuch aus seiner Tasche. „Hatte er gestern eine Erkältung?"

„Diese Frage erstaunt mich, McFate. Aber die Antwort ist nein. Seit etwa einem halben Jahr war er praktisch immun gegen Erkältungen."

„Ein neues Medikament in der Stiftung?"

„Eines der ältesten Mittel der Welt, McFate – Morphium. Es lindert nicht nur den Schmerz, sondern scheint in vielen Fällen auch die Anfälligkeit für gewöhnliche Grippeviren zu nehmen."

McFate pfiff durch die Zähne. „Nun, das beweist etwas, Sir." Er entfaltete das Taschentuch und hielt es hoch. Es hatte in der Mitte ein Loch. „Wir fanden es auf seinem Schoß. Hanson meinte, er sei erschossen worden, als er sich gerade die Nase putzen wollte. Ich war anderer Meinung. Und ich hatte recht, wie sich jetzt zeigt."

Mr. Damroth sah den Inspektor voller Bewunderung an. „Alle Achtung. Das Taschentuch war eine gute Zielscheibe."

„Er hat es über sein Herz gehalten. Im schwarzen Stoff seines Mantels, dort, wo die Kugel eintrat, befinden sich weiße Fäden. Ein Schütze in einem Hotelzimmer da drüben brauchte in der Abenddämmerung eine solche auffällige Zielscheibe. Mit einem Zielfernrohr konnte er saubere Arbeit leisten."

„Aber warum sollte Dr. Ketch sich umbringen lassen, wenn er sowieso kurz vor dem Tod stand? Haben Sie darüber schon nachgedacht?"

„Das überlege ich gerade, Sir. Vielleicht unerträgliche Schmerzen?"

„Ausgeschlossen. Das Morphium machte seinen Zustand recht erträglich, wie er mir persönlich versichert hatte. Er wurde leicht müde. Er aß wenig. Er nahm stark ab. Aber das waren die einzigen Symptome, die mir oder seinen Kollegen auffielen. Und wir sahen ihn täglich."

„Dann muß es einen anderen Grund geben. Vielleicht hat er eine Versicherung abgeschlossen, deren Auszahlungssumme sich bei Unfalltod verdoppelt?"

Mr. Damroth drehte langsam den Zigarillo zwischen seinen Lippen und nickte. „Ja, schon möglich. Das sieht ihm ähnlich."

„Hatte er also eine Versicherung dieser Art?"

„Seine Finanzgeschäfte waren nie Thema unserer Gespräche. Ich weiß es nicht."

„War er verheiratet?"

„Ja, er hat vor zwei Jahren zum zweitenmal geheiratet. Seine erste Frau starb, kurz nachdem er der Stiftung beigetreten war. Ich kannte sie kaum. Auch seine jetzige Frau kenne ich nur flüchtig – aber ich sollte besser ‚Witwe' sagen. Allerdings ließ er durchblicken, daß diese Beziehung nicht sehr glücklich war."

Dreißig Minuten später entstiegen A. B. C. Damroth, Präsident der Tillary-Stiftung, und Thomas McFate, Inspektor der Mordkommission, einem Polizeiwagen und betraten einen Wohnblock. An der Tür mit der Nummer 22 mußten sie dreimal läuten, erst dann rührte sich etwas. Eine mollige Frau Anfang Dreißig öffnete ihnen. Sie knöpfte den Morgenmantel zu und versuchte gleichzeitig ihr rotblondes Haar zu ordnen. Mit einer entschuldigenden Geste bat sie das ungleiche Paar herein. Man sah ihr deutlich an, daß es für sie eine Ehre war, den berühmten Dr. Damroth in ihrer Wohnung zu empfangen.

Nach einem wahren Wortschwall von Entschuldigungen und Erklärungen, warum sie noch keine Ordnung gemacht hätte, sagte Dr. Damroth freundlich: „Wir haben Ihnen leider etwas sehr Schlimmes über Harlan mitzuteilen."

Mrs. Ketch verstand ihn völlig falsch. „Ich fürchte, er ist nicht da."

„Das wissen wir", sagte McFate und fügte dann leise hinzu: „Er ist tot."

Mrs. Ketch blickte verblüfft drein, blieb aber ruhig stehen. „Tot", wiederholte sie, und ein seltsamer Ausdruck huschte über ihr Gesicht, der fast an Freude erinnerte. „Nun, das... das... das..." Nun, da sie den Sinn von McFates Worten begriffen hatte, machte sie große Augen. „Das war zu erwarten." Sie ließ sich langsam auf einen Stuhl nieder.

McFate beobachtete sie mit scharfem Polizistenblick. „Sie rechneten damit, daß er heute sterben würde?"

„Nicht unbedingt heute." Jetzt erst merkte Mrs. Ketch, daß der Inspektor sie unverwandt anstarrte. „Wer ist denn dieser Mann überhaupt, Dr. Damroth?"

Der alte Mann stellte die beiden einander vor und wandte sich dann an McFate. „Gestatten Sie, daß ich ihr ein paar Fragen stelle?"

„Selbstverständlich."

„Ich nehme an, Sie wußten, daß Harlan todkrank war?"

„Ja. Krebs. Zuerst wollte ich es nicht für wahr halten, aber dann ließ er mich mit seinem Arzt sprechen. Unheilbar, nur eine Frage der Zeit."

„Wann hat er Ihnen das gesagt, liebe Mrs. Ketch?" fragte Mr. Damroth mit einer Liebenswürdigkeit, die die Dame fast dahinschmelzen ließ.

„Vor ein paar Wochen."

„Und warum glaubten Sie ihm zuerst nicht?"

„Wegen seines Theaters mit der Versicherung." Mrs. Ketch lächelte. „Zahm wie ein Reh, aber listig wie ein Fuchs, wenn er wollte."

McFate räusperte sich und wollte etwas sagen, aber Damroth kam ihm zuvor. „Wie kommt es, daß eine Erörterung von Versicherungsangelegenheiten Sie daran zweifeln ließ, daß Ihr Mann todkrank war?"

„Es war so gar nicht seine Art", erwiderte Mrs. Ketch. „Oder vielmehr doch seine Art. Sein ethisches Selbst, wie er es nannte. Er machte mich zum Nutznießer seiner Versicherung und strich seine geliebte Tochter."

„Hat er das wirklich getan?" Im Gesicht des alten Mannes zeigte sich unverhohlene Überraschung.

„Ja", sagte Mrs. Ketch. „Und warum auch nicht? Schließlich hat seine Tochter jetzt einen Mann, auch einen armen Bücherwurm wie Harlan. Aber was habe ich?"

„Wissen Sie, um welche Versicherungssumme es sich

handelt?" erkundigte sich Damroth weiter.

„25 000 Dollar."

„Dann gehört das Geld jetzt Ihnen, Mrs. Ketch."

„Richtig. Das gehört jetzt mir." In ihrer Stimme schwang Genugtuung mit.

Jetzt meldete sich McFate zu Wort. „Vielleicht sogar mehr, wenn es eine Verdoppelungsklausel im Falle eines Unfalltodes gibt."

„Nein, die Versicherung weigerte sich, diese Klausel in seine Police aufzunehmen. Aber bei meiner Versicherung wurde das gemacht, weil ich viel jünger bin." Darauf war sie offenbar stolz.

„Bei Ihrer?" fragte Damroth. „Dann haben Sie auch eine Versicherung, Mrs. Ketch?"

„Natürlich. Über dieselbe Summe, nur *mit* der Verdoppelungsklausel. Das war unsere Abmachung."

„Und wer, wenn ich fragen darf, ist der Nutznießer Ihrer Versicherung?"

„Na wer denn schon? Seine geliebte Tochter natürlich. Aber das kann ich jetzt jederzeit abändern. Und Sie können sich darauf verlassen, daß ich das tun werde."

Damroth lächelte. „Aha. Es wurde vereinbart, Sie zu versichern, und zwar zu Gunsten seiner Tochter. Aber seine Versicherung sollte zu Ihren Gunsten gehen. Ist das richtig?"

„Ja, das war die Bedingung. Aber ich bin nicht auf den Kopf gefallen. Dieses Geschwätz über Ethik, mit dem er immer daherkam, von wegen, daß sich das Gute durchsetzen müsse – das habe ich ihm nie abgenommen. Bevor ich unterschrieb, sprach ich mit seinem Arzt. Er hatte tatsächlich Krebs."

Damroth dachte nach, sagte aber nichts. Dafür ergriff McFate das Wort. „Er starb nicht an Krebs."

„Nicht? Woran denn?"

„An einer Gewehrkugel."

„Was? Er wurde erschossen?"

„Genau."

„Von wem?" Das interessierte Mrs. Ketch offenbar sehr.

„Das wissen wir noch nicht. Haben Sie eine Ahnung?"

„Ich? Nein. Aber ein seltsamer Zufall ist das schon. Gestern gab er mir ein versiegeltes Kuvert, das erst nach seinem Tod geöffnet werden darf. Es war ein Schüssel drin und ein Zettel..." Sie brach mitten im Satz ab.

„Dürfen wir den Zettel sehen?" fragte Damroth.

„Natürlich nicht", sagte Mrs. Ketch entschieden. „Solche Dinge zwischen einem Mann und seiner Frau gehen keinen Menschen etwas an."

„Richtig." Wieder lächelte Damroth charmant.

„Das ist das erste Mal, daß ich bei den Ermittlungen mit Ethik zu tun bekomme", sagte McFate, als sie wieder im Auto saßen. „Können Sie mich darüber ein wenig aufklären, während wir unterwegs sind?"

Der alte Mann schmunzelte. „Auf diesem Gebiet kenne ich mich selbst nicht so recht aus, aber vielleicht kann ich Ihnen die Grundzüge von Ketchs Theorie vermitteln. Er war ein Mathematiker, kein Philosoph. Da die Mathematik eine logische Wissenschaft ist, glaubte er, mathematische Formeln auf die Philosophie anwenden zu können, die sich bekanntermaßen in Logik, Ästhetik und Ethik aufteilt. Descartes schrieb einmal: *Omnia apud me mathematica fiunt* – Bei mir wird alles zu Mathematik. Und bei Harlan Ketch war es ebenso."

„Ich habe zwar zugehört, aber kein Wort verstanden." McFate fuhr sich verwirrt mit der Hand über die Stirn und lenkte den Wagen an den Straßenrand.

„Wo sind wir denn überhaupt?" wollte Damroth wissen.

„Vor der Geschäftsstelle der Versicherung. Wollen Sie mit hineinkommen?"

Es war keine Frage, daß Damroth den Inspektor begleitete, als sie einen der Generaldirektoren namens Melrose aufsuchten. Nachdem McFate sein Anliegen vorgebracht hatte, sagte Melrose einige Worte in eine Wechselsprechanlage, und wenig später kam ein junges Mädchen ins Büro und legte zwei Karten auf den Schreibtisch. Melrose nahm seine Brille ab und ersetzte sie durch eine andere, die er einem Etui entnahm. Dann sah er sich die Karten kurz an.

„Ketch, Mrs. Melanie Ketch", begann er mit gewichtiger Stimme, „ist für 25 000 Dollar versichert. Die Police enthält eine Verdoppelungsklausel im Falle eines

Unfalltodes. Die Prämie wurde vor zwei Wochen im voraus für ein ganzes Jahr bezahlt."

Dann nahm er die andere Karte zur Hand. „Ketch, Mr. Harlan B. Ketch war bei uns mit derselben Summe versichert, allerdings ohne Verdoppelungsklausel. Vor vier Tagen kündigte er die Versicherung, und die bis dahin angesammelten Gelder wurden ihm per Scheck ausgezahlt. Es waren genau 7340 Dollar und 26 Cent. Der Scheck wurde am nächsten Tag von der Pioneer Bank eingelöst." Melrose nahm die Brille wieder ab. „Ist damit Ihre Frage beantwortet, Gentlemen?"

„Nicht ganz", sagte McFate. „Zu wessen Gunsten geht Mrs. Ketchs Versicherung?"

Melrose nahm die Karte und setzte die Brille wieder auf. „Speares, Mrs. Honora Speares."

„Also seine Tochter, die ja einen jungen Lehrer geheiratet hat", erklärte Damroth.

„Und die andere Versicherung?" fragte McFate.

„Speares, Mrs. . . . nein, das wurde abgeändert. Zum Zeitpunkt der Kündigung war es Ketch, Mrs. Melanie Ketch."

„McFate", sagte Damroth, als sie das Versicherungsgebäude wieder verlassen hatten, „ich beginne eine Gleichung zu erahnen, die Logik und Ethik in einen Zusammenhang bringt."

„Hoffentlich hilft uns das weiter."

„Und ich weiß auch, wohin wir jetzt fahren – zur Pioneer-Bank."

Kurz vor zehn Uhr standen sie am Bankschalter und verlangten den für ihre Angelegenheiten zuständigen Herrn zu sprechen.

Ein Mr. Kessler empfing sie, und da besonders bei Bankmenschen Zeit Geld ist, kam er ohne große Umschweife zum Thema.

„Mr. Ketch reichte bei uns vor vier Tagen einen Scheck über die genannte Summe ein", sagte er und überflog seine Unterlagen, die er wie durch Zauberei sofort bei der Hand hatte. „Er ließ sich den Betrag bar auszahlen. Gleichzeitig löschte er sein Sparbuch, auf dem ein Guthaben von über zweihundert Dollar war."

„Hat er das ganze Geld mitgenommen?" fragte McFate.

„Nicht alles. Fünftausend ließ er sich in Zwanzig-Dollar-Scheinen auszahlen, die er in ein braunes Kuvert steckte, den Rest, etwa zweieinhalbtausend Dollar, per Scheck. Ich kann mich sehr gut daran erinnern, weil ich den Scheck persönlich ausstellte, und weil Mr. Ketch seltsamerweise auf einem bestimmten Datum bestand."

„Für wen war der Scheck?" fragte McFate.

„George Tinker. Mr. Ketch wollte ein Geschäft mit ihm abschließen und mit dem Scheck zahlen."

Damroth nahm seinen Zigarillo aus dem Mund. „Sie erwähnten das Datum. Was war damit?"

Wieder sah Kessler in seinen Unterlagen nach. „Mr. Ketch bestand darauf, daß der Scheck auf heute vordatiert wurde. Normalerweise geht das jedoch nicht."

„Es würde mich interessieren", sagte Damroth und lächelte grimmig, „ob der Scheck heute schon eingelöst wurde, Mr. Kessler. Ließe sich das feststellen?"

„Die Banken sind erst seit einer Stunde offen, Sir. Aber... nun, ich will mal nachsehen. Bei einem Bankscheck über eine höhere Summe werden wir normalerweise sofort verständigt." Er nahm den Telefonhörer, sagte etwas, wartete, runzelte die Stirn, sprach dann wieder und legte auf. „Dr. Ketch und Mr. Tinker sind Frühaufsteher, meine Herren. Mr. Tinker hat den Scheck um Viertel nach neun bei der Handelsbank eingelöst. Das Geschäft wurde also erfolgreich abgeschlossen." Er lächelte, wie ein Bankmensch lächelt, wenn alles in Ordnung ist.

„Unwiderrufbar abgeschlossen", bemerkte Damroth.

Eine Stunde später hielt Inspektor Thomas McFate eine Tasse Kaffee und einen Bericht in der Hand. Der Bericht stammte von Bergeron und betraf das Hotel auf der anderen Straßenseite des Tatorts. Zimmer 727 war gestern von einem gewissen W. Collins belegt und heute in aller Früh wieder geräumt worden.

Niemand konnte sich an W. Collins' Aussehen erinnern. Er hatte sich am späten Nachmittag angemeldet, zu einem Zeitpunkt, da am Empfang immer besonders viel los war. Wieder abgemeldet hatte er sich während der letzten Minuten der Dienstzeit des Nachtportiers. Der gute Mann hatte um diese Stunde Schwierigkeiten, die Augen offenzuhalten und träumte mehr vom Bett, statt daß er auf die Leute achtete, mit denen er lästigerweise noch zu tun hatte.

„Mr. Collins ist ein Profi", sagte McFate und blickte von dem Bericht auf.

„Mr. Collins ist zugleich Mr. Tinker", stellte Damroth fest, „und er hat sicher noch ein Dutzend anderer Namen."

Der Praktiker und der Akademiker tranken von ihrem Kaffee und blickten zum Fenster, in den grauen Morgen hinaus. „Wie kommt es, daß ein feiner Herr wie Dr. Ketch mit einem Gangster wie Tinker zusammenkommt?" fragte der Praktiker.

„Das habe ich mich auch schon gefragt", sagte der Akademiker. „Vor einem Jahr etwa hatte Harlan großes Interesse daran, welche mathematischen Gesetze hinter den Zahlen stecken, die bei Glücksspielen gewinnen. Also trieb es ihn an die Spieltische. Er setzte nur kleine Beträge, denn er sah die Spielhöllen als sein Laboratorium an."

„Dieser Ketch war wohl eine Intelligenzbestie?"

„So kann man sagen. Die Idee mit dem Bankscheck ist jedenfalls typisch für ihn."

„Was meinen Sie eigentlich dazu?" fragte McFate.

„Nun, das Wichtigste bei der Abmachung zwischen Ketch und Tinker war die Zahlweise. Jeder mußte sicherstellen, vom andern nicht übers Ohr gehauen zu werden. Natürlich konnte Tinker für den Mord an Ketch nur vom Auftraggeber selbst, also Ketch, bezahlt werden. Andererseits durfte Ketch nicht das Risiko eingehen, im voraus zu bezahlen und dann vergebens auf die Ausführung zu warten. Durch den vordatierten Scheck aber war sichergestellt, daß Tinker erst nach dem geleisteten ‚Dienst' an das Geld kam."

„Wenn Ketch heute morgen, als die Banken aufmachten, noch gelebt hätte, wäre es ihm doch möglich gewesen, den Scheck sperren zu lassen?"

„Natürlich."

McFate nahm einen großen Schluck Kaffee. Dann stellte er plötzlich die Tasse weg. „Aber heißt das nicht, daß Mrs. Ketch auch...?"

„Das heißt es. Jetzt kommen Sie allmählich dahinter, wie diese Gleichungen funktionieren."

Der Inspektor stieß einen Pfiff aus. „Ein guter Einsatz. Aus 7500 Dollar mach 50000."

„Und seine Tochter ist die einzige Erbin. Eine Gleichung, die aufgeht. Ein vordatierter Scheck plus ein vorgezogener Tod plus ein ethischer Mord ist gleich ein Vermögen für die geliebte Tochter. Und die verhaßte Frau kann nichts dagegen tun."

„Alles gut und schön, Sir", sagte McFate ungeduldig. „Aber wie bezahlt ein toter Ketch Tinker dafür, daß er seine Frau umbringt?"

„Tinker wird sich das Geld von Mrs. Ketch persönlich holen", erwiderte Damroth.

5000 Dollar in einem braunen Kuvert. Freiwillig rückt sie das Geld nie heraus. Er muß sie vorher töten."

„Was er auch tun wird, denn immerhin ist das sein Beruf."

McFate sprang von seinem Stuhl auf. „Jetzt blicke ich durch. Der Schlüssel, den er ihr gestern gab... und der Zettel..."

„Beides in einem Briefumschlag, der erst nach seinem Tod geöffnet werden durfte. Er hat sie gut eingeschätzt, nicht wahr? Auch der zeitliche Ablauf ist perfekt geplant. Als sie gestern den Umschlag öffnete und den Zettel las, war es vermutlich zu spät, den Schlüssel zu benutzen. Aber sie würde das heute früh sofort tun, ganz gleich, ob Ketch lebte oder nicht. Vermutlich tut sie es gerade jetzt. Diese Frau ist ebenso habgierig wie neugierig."

„Glauben Sie, der Schlüssel gehört zu einem Bankdepot?"

„Ausgeschlossen. Wenn ich Dr. Harlan Ketch richtig einschätze, und ab heute kenne ich ihn sehr gut, dann verstaute er das braune Kuvert in einem Schließfach an einer entlegenen Stelle, zum Beispiel einem Busbahnhof. An einer Stelle also, wo nicht zu viele Menschen sind, und wo Mr. Tinker seinem Beruf ungestört nachgehen kann."

McFate griff nach dem Telefon. „Vielleicht ist sie noch zu Hause?"

Damroth lächelte versonnen, während McFate sich mit der Einsatzzentrale verbinden ließ. „Das glaube ich nicht. Sie ist bestimmt schon weg."

Mrs. Ketch hob nicht ab. Sie hatte die Wohnung bereits verlassen.

Nun tat McFate das, was jeder praktisch denkende Polizist an seiner Stelle auch getan hätte. Er schickte zu allen öffentlichen Schließfächern, deren Lage er einem Stadtplan an der Wand entnahm, einen Streifenwagen und gab die Personenbeschreibung von Mrs. Ketch durch: „Rotblondes Haar, Alter etwa dreißig."

Kaum hatte er den Hörer aufgelegt, als das Telefon klingelte. Wortlos hörte sich McFate an, was der Anrufer ihm zu sagen hatte. Dann wandte er sich an Damroth. „Er hat sie erwischt. Mit einem Messer. Soeben wurde im Brixton-Busbahnhof eine tote Frau mit rotblondem Haar gefunden."

Damroth sagte zuerst gar nichts. Er nahm einen Zigarillo aus einem Etui und steckte ihn nachdenklich zwischen die Lippen. „Nun, Sir, die ethische Frage, die mir jetzt in den Sinn kommt, lautet: Zahlt sich ein Verbrechen aus? Oder sollte ich das lieber nicht fragen?"

„Manchmal", antwortete McFate. „Warum?"

„Ich versuche gerade die Gleichung unseres Dr. Ketch nachzuvollziehen. Er mußte doch damit gerechnet haben, daß die Versicherung die Auszahlung ablehnen würde, da das Ganze offensichtlich ein abgekartetes Spiel war."

„Natürlich, unter diesen Umständen ganz automatisch", antwortete McFate. „Aber das müssen sie natürlich beweisen können."

„Und für ein abgekartetes Spiel sind mindestens zwei Personen erforderlich, nicht wahr?"

„Ja, darüber ist man sich in der Rechtsprechung einig."

„Dann muß also nur Mr. Tinker gefunden werden."

„Genau."

„Würden Sie einem alten Mann einen Gefallen tun und ehrlich sagen, wie groß in diesem Fall Ihre Chancen sind?"

„Offiziell darf ich das nicht. Aber wenn Sie es schnell wieder vergessen, gern – eins zu hundert. Ach was, höchstens eins zu tausend."

Der dicke Jow und der Spuk

Eine entsetzliche Angst durchfuhr ihn und riß ihn aus den Tiefen des Schlafes. Ging das schon wieder los? Einige bange Herzschläge lang blieb der dicke Jow regungslos liegen, dann schlug er vorsichtig die Augen auf. Ein Seufzer der Erleichterung entfuhr ihm, als er feststellte, daß die Nacht völlig normal schien. Die gespiegelten Wände des ehemaligen Ballsaals schimmerten behaglich im Schein der Straßenlaternen. Da jetzt an Schlaf nicht mehr zu denken war, richtete er sich auf und setzte sich auf die Sofakante.

Aus dem anliegenden Schlafzimmer erklang ein leises Seufzen, als der kleine Hsiang Yuen sich im Schlaf streckte. Der dicke Jow hatte sich einen anderen Schlafplatz eingerichtet, seit sein Großneffe bei ihm wohnte; ein Junge mußte sein eigenes Zimmer haben.

Auf Zehenspitzen schlich Jow zur Schlafzimmertür und lauschte. Nur das gleichmäßige Atmen des Kindes war zu hören. Hatte er geträumt, einen kurzen Alptraum im Augenblick des Aufwachens? Wahrscheinlich.

Ein leises Klirren lenkte seine Blicke zur Decke. Dort begann der Kronleuchter aus Kristall zu wackeln, und das schwere Gehänge sandte kleine Lichtblitze aus.

Nein, das war kein Erdbeben, obwohl man zu dieser Jahreszeit in San Francisco damit rechnen mußte. Nur der Lüster – nicht das ganze Zimmer – war in Bewegung gekommen.

Das Klirren verklang, die tanzenden Lichter wurden langsamer, dann riß ihn ein donnerndes Geräusch im Zimmer auf die Füße. Der Schaukelstuhl und der Tisch waren umgekippt, daneben lag die Stehlampe. Die Wohnungstür, die Jow vor dem Schlafengehen abgesperrt hatte, war wie durch einen heftigen Stoß nach innen eingedrückt worden. Aber im Halbschatten des Korridors war niemand zu sehen.

Plötzlich einsetzender Lärm auf dem Flur und Schreie aus der anliegenden Wohnung der Hausbesitzerin rissen ihn aus seiner Trance. Schnell schlüpfte er in Morgenmantel und Sandalen und lief auf den Gang hinaus, wo ihm die aufgeregten Stimmen der anderen Hausbewohner entgegenschlugen.

„Wer hat geschrien?" rief ein Mann.

Adah Baxter, die Besitzerin, kam im Nachthemd und mit wehenden Haaren aus ihrer Wohnung gelaufen und warf sich dem dicken Jow, der einen Kopf kleiner als sie war, an den Hals. Aus der Wohnung war noch ein Splittern von Glas zu hören, dann war es wieder still.

„Ein leichtes Beben", meinte der dicke Jow beruhigend. „Ich glaube, es ist vorüber."

„Nein! Das war kein Beben! Sie und ich, wir wissen das genau!" flüsterte ihm Adah Baxter entsetzt zu.

„Alles in Ordnung, Miss Baxter?" rief eine Frauenstimme.

Verstört blickte Adah Baxter zu ihrer Wohnungstür. „Ja... schon gut", stotterte sie. „Ich... hatte nur Angst." Dann wandte sie sich wieder an Jow. „Ich kann nicht mehr da hinein. Darf ich vorerst mit zu Ihnen in die Wohnung kommen?"

Er deutete auf die Tür. „Bitte, an Schlaf ist ja jetzt nicht mehr zu denken", sagte er, griff an ihr vorbei zum Lichtschalter und knipste den Kronleuchter an.

Als Adah Baxter die umgestürzten Möbel sah, blieb sie wie angewurzelt stehen. „War... war es hier auch?"

„Ja, ich hatte den Eindruck, als hätte es hier angefangen", sagte er und stellte die umgefallenen Möbel wieder auf, „und wäre dann in ihre Wohnung gegangen... durch zwei verschlossene Türen."

„Mein Gott!" Erschöpft ließ sie sich in den Schaukelstuhl fallen. „Das Kind! Haben Sie nach dem Kind gesehen? Das arme Kind muß vor Angst gestorben sein!"

Er lauschte an der Schlafzimmertür und schloß sie leise. „Nichts kann Hsiang Yuen stören", verkündete er voller Stolz. Dann nahm er die Decke von der Couch und legte sie ihr über die Schultern.

„Es war nicht das, was ich dachte", sagte Adah Baxter verzweifelt.

„Was hatten Sie denn gedacht?"

„Daß es Grundstücksspekulanten sind, die mir solche Angst einjagen wollen, daß ich das Haus verkaufe. Ich wünschte, es wäre so... aber das war es nicht, nicht wahr?"

„Sehr fraglich", sagte der dicke Jow.

Sie kuschelte sich in die Decke und schüttelte den Kopf.

„Irgendwann mußte es ja so weit kommen."

Der dicke Jow nahm auf dem Sofa Platz und starrte auf den Fußboden. „Meinen Sie?"

„Sie etwa nicht?"

„Ich halte diese Sache mit den früheren Bewohnern für ein Mißverständnis, doch manchmal bin ich mir auch nicht ganz sicher. Wenn sie im Keller sind..."

„Aber wenn ich es doch sage..." Adah Baxter blickte durch die offene Tür in den Korridor hinaus. „Ich frage mich, wer von ihnen es war?" überlegte sie.

„Und wie viele?"

„Mein Gott, wie soll ich das noch wissen. Es ist jetzt mehr als sechzig Jahre her. Und mein Gedächtnis wird auch nicht besser mit der Zeit."

„Waren es lauter Herren aus dem Orient?"

„Ach nein. Nur die letzten zwei... oder drei? Ich hatte solches Pech mit diesen Leuten. Ich dachte, Leute aus dem Orient wären zuverlässiger, wenn Sie wissen, was ich meine."

„Überall in der Welt gibt es solche und solche", bemerkte der dicke Jow. „Jedes Volk hat seine Poeten und... Verrückten. Haben Sie, abgesehen von dem Lärm, auch eine große Angst verspürt, Miss Baxter?"

„Ja, nachdem der Lärm begann."

„Hat es hier schon vorher gespukt?"

„Nein! Ist es nicht komisch, daß sie bis jetzt gewartet haben?"

„Vielleicht vermuten wir nur das Scheinbare, weil es einfacher ist", sagte er mit schwacher Hoffnung.

„Aber wie können wir uns sicher sein?" klagte sie. „Wann wird es wiederkommen?"

„Was immer es ist, es scheint uns nicht böse gesinnt zu sein. Es besteht kein Verdacht, daß es uns etwas tun will." Er stand auf. „Kommen Sie. Sehen wir uns lieber an, was es in Ihrer Wohnung angerichtet hat."

Zögernd folgte sie ihm durch den Korridor und wurde erst dann mutiger, als er Licht gemacht hatte. Das Ölporträt ihres Vaters lag mit dem Rücken nach oben auf dem Teppich vor dem Kamin, und der kupferne Samowar, in dem sie ihren Junggesellinnentee braute, befand sich mitten unter den Schürhaken und Holzscheiten. Stühle waren umgekippt, und das Fenster ihres Schlafzimmers war nach außen eingedrückt.

„Ich möchte Sie um Erlaubnis bitten", sagte der dicke Jow, „einen echten Experten zu Rate zu ziehen."

„Wenn Sie meinen, daß das etwas hilft, bitte sehr." Sie nickte eifrig.

Er ging zur Tür. „Wollen Sie, daß ich bleibe?"

„Ich komme schon zurecht."

Er deutete eine Verbeugung an und verschwand im Flur.

Der dicke Jow eilte durch die Hallen und Gänge des buddhistischen Tempels und suchte einen Freund. Er fand den jungen Mönch beim Studium in der Bibliothek und bat ihn mit Gesten und Kopfbewegungen auf den Gang hinaus.

„Darf ich dich", sagte der dicke Jow, „zum Mittagessen einladen?"

Kwan Ho streckte seine steifen Glieder. „So wie ich dich kenne, steckt mehr als Gastfreundschaft dahinter."

„Du bist unter meinen Bekannten der einzige, der sich ernsthaft mit Parapsychologie beschäftigt."

„Endlich", lachte Kwan Ho, „zahlen sich meine zwei Semester an der Universität aus und bringen mir eine kostenlose Mahlzeit ein."

Bei einem vorzüglichen Essen in einem chinesischen Restaurant berichtete der dicke Jow von den mitternächtlichen Vorfällen.

Kwan Ho unterbrach ihn. „Jetzt erwähnst du schon zum zweitenmal die begrabenen Bewohner. Diese Symbolik verblüfft mich."

„Das ist keine Symbolik." Der dicke Jow sah sich um und senkte seine Stimme. „Wirst du darüber schweigen?"

„Wenn du willst, ja."

„Im Keller liegen einige Bewohner begraben... Das glaube ich zumindest. Ich bin mir nicht sicher, und ich will es auch nicht sein. Man muß Miss Baxter jedoch zugute halten, daß sie nicht wahllos zuschlägt. Sie knöpft sich nur jene vor, die hinter ihrem Ersparten her sind. Und wem diese ‚Ehre' zuteil wird, den behandelt sie sehr menschlich; ihr Gift wirkt einschläfernd und schmerzlos."

Kwan Ho hatte zu essen aufgehört und sah ihn mit großen Augen an. „Ist das dein Ernst?"

„Ja."

„Und die Polizei..."

„Sie meldet jeden Todesfall sofort bei den Behörden, aber es ist sozusagen Tradition, ihr keinen Glauben zu schenken. Man glaubt, sie habe sich das alles nur ausgedacht. Das kann auch der Fall sein, denn ihre Opfer sind stets Leute, die keine Freunde oder Verwandte haben, die ihr Verschwinden aufklären wollen."

„Aber *du* bist nicht der Überzeugung, daß sie sich das nur ausgedacht hat, oder?"

„Nein. Sie mag eine Massenmörderin sein, aber Adah Baxter ist so normal wie du oder ich."

Kwan Ho seufzte. „Jeder hat sein Hobby."

„Wenn es so etwas wie Heimsuchung durch Geister gibt, würdest du dann in der Lage sein, dem Spuk ein Ende zu bereiten?"

Kwan Ho kratzte sich am Kopf. „Heutzutage ist man immer weniger bereit, hinter solchen Phänomenen etwas Übersinnliches zu vermuten. Oft gibt es ganz einfache Erklärungen: lockere Fußbodenbretter, laute Wasserleitungen, Mäuse..."

„Ich bin sicher, wir können so etwas ausschließen."

„Ich ebenso. Hast du irgendeine Vermutung? Hinweise?"

Der dicke Jow nickte. „Miss Baxter meint, daß Bodenspekulanten diese Vorfälle inszenieren. Aber das ist von außen gar nicht zu machen."

Kwan Ho seufzte erneut. „Das Wort ‚Übersinnlich' ist fast schon ein Schimpfwort geworden. Das, was heute unsere Vorstellungskraft übersteigt, mag morgen bereits ganz alltäglich sein. Jenes kalte Angstgefühl, von dem du berichtet hast, mag direkt auf deine Freunde im Keller zurückzuführen sein. Aber das Bewegen von greifbaren Gegenständen, wie es im Labor als Experiment nachvollzogen werden kann. Telekinese also, ist ein ganz anderes Kapitel. Telekinese wird von lebenden Kräften verursacht. Früher, als darüber noch wenig bekannt war, nannte man das einen Poltergeist. Doch bevor ich mich näher dazu äußere, möchte ich mir den Ort des Geschehens selber anschauen."

„Das", sagte der dicke Jow strahlend, „ist genau das, was ich von dir erwartet habe."

Kwan Ho kam am nächsten Samstag, als Adah Baxter ihren täglichen Ausflug in die Stadt machte. Damit er sich voll auf seine Arbeit konzentrieren konnte, durchstreifte er Haus und Grundstück allein. Nichts entging ihm.

Nach fast einer Stunde kam er in die Wohnung des dicken Jow zurück. Er schloß bedächtig die Tür und lehnte sich dagegen. „Ich zählte sechzehn rechteckige

Betonflächen im Keller. Meinst du..." Er sprach den Satz nicht zu Ende.

Der dicke Jow ließ sich in seinen Schaukelstuhl zurückfallen und betrachtete den Lüster an der Decke. „Was ich nicht weiß, macht mich nicht heiß. Was hast du festgestellt?"

„Ich bin kein richtiges Medium, das übernatürliche Wahrnehmungen aufnehmen kann, aber wenn ich mich darauf konzentriere, kann ich doch hier und da ein paar Signale empfangen." Kwan Ho zögerte und rieb sich den Nacken. „Ich möchte deine Sorgen zwar nicht noch verschlimmern, aber die stärksten Signale, die ich spüre, sind direkt in diesem Zimmer hier."

„Und nicht im Keller?" Der dicke Jow war bestürzt.

„Keine Spur. Als Laie unterliegst du dem alten Aberglauben, daß die Überreste der Verstorbenen eine übernatürliche Kraft besäßen. Das stimmt nicht. Vielmehr tritt die Wirkung dort auf, wo der Tod eingetreten ist."

Der dicke Jow sah sich nervös im Zimmer um. „Dann würde es gar nichts nützen, die Überreste im Keller fortzuschaffen?"

„Vermutlich nicht. Es gibt nur eine sichere Methode, die Signale loszuwerden – nämlich das Gebäude zu zerstören."

Was der dicke Jow da zu hören bekam, gefiel ihm gar nicht. „Müssen wir dann mit diesen Signalen leben?"

Kwan Ho ging langsam im Zimmer umher und blieb immer wieder stehen, als würde er lauschen. „Hier sind eigentlich zwei verschiedene Phänomene vorhanden, die einander ergänzen und deshalb soviel Kraft besitzen. Die vorhandenen Auswirkungen früherer Ereignisse sind beschränkt und können nur eine Stimmung erzeugen, mehr nicht. Aber etwas anderes nimmt Einfluß auf sie und bringt sie so zum Vorschein." Er blieb in der Mitte des Zimmers stehen und vergrub die Hände in den Hosentaschen. „Unser Wissen ist auf diesem Gebiet zwar nicht überaus groß, aber meistens wird Telekinese von einem gestörten Kind verursacht, das im Unterbewußtsein Rache an einer feindseligen Welt übt, während es schläft."

Der dicke Jow hielt in seinen Schaukelbewegungen inne und starrte den jungen Mann an. „Wußtest du von dem Kind?"

„Von einem Kind sagtest du nichts."

„Mein Großneffe aus China wohnt bei mir." Der dicke Jow ging zum Fenster und sah zu den Kindern hinunter, die auf dem Gehsteig spielten. „Seine Eltern sind tot, und er war jahrelang in einem Waisenhaus."

„Da haben wir es! Warum hast du das nicht gesagt? Ein Kind, das ein solches Schicksal hinter sich hat, muß doch gestört sein!"

Der dicke Jow drehte sich um. „Hsiang Yuen ist ein liebes Kind, wohlerzogen und freundlich."

„Das sind die Schlimmsten – er verbirgt etwas. Du hast es mit einem chinesischen Poltergeist zu tun. Entweder du findest heraus, was den Jungen plagt, oder er reißt dir das Dach über dem Kopf ein. Er ist dazu fähig, muß du wissen."

„Kannst du das nicht in Erfahrung bringen?"

„Du stehst ihm näher. Ich bin gekommen, um gewisse Erscheinungen zu begutachten, nicht um dem Kind eine Psychoanalyse zu geben. Wenn du meinst, du schaffst es nicht, dann wende dich an einen Spezialisten."

„Es ist keine Schraube bei ihm locker!" sagte der dicke Jow kühl.

„Das habe ich auch nicht behauptet. Aber wenn das nicht von selbst vorbeigeht, wirst du wohl die Hilfe eines Fachmannes brauchen."

„Wie kann ein so kleines, zartes Wesen", fragte der dicke Jow traurig, „so große Probleme mit sich herumtragen?"

„Die große Veränderung... plötzlich findet er sich in einer total anderen Welt wieder. Das war zuviel für ihn."

„Aber er hat sich prima eingelebt. Er spielt mit den anderen, er geht in den Kindergarten..."

„Bevormundung!" sagte Kwan Ho und schnippte mit dem Finger. „Das ist selbstverständlich."

„Die Wunden der Kindheit mögen tiefgehen, aber sie heilen schnell. Ich würde eine einfachere, handfestere Erklärung suchen."

Kwan Ho zuckte die Achseln und verabschiedete sich. „Viel Glück! Deine Suche wird wohl lange dauern."

Als Hsiang Yuen vom Spielen zurückkam, nahm der dicke Jow ihn beiseite. Wie ein folgsamer Schüler stellte er sich vor seinen Großonkel, stützte die Hände in die Hüften und richtete seine Augen neugierig auf den Lüster an der Decke.

„Komm näher", sagte der dicke Jow und streckte die Hand aus.

Schüchtern kletterte der Junge auf den Schoß des dicken Jow und kuschelte sich gegen den warmen Körper des alten Mannes. Der dicke Jow legte einen Arm locker auf Hsiang Yuens Schulter. „Gefällt es dir hier bei mir?"

„Ja, Onkel." Die Augen des Jungen blieben auf den Lüster gerichtet. „Funkelt er auch in der Nacht, wenn das Licht aus ist?"

Der dicke Jow seufzte. Ich muß Geduld haben... die Aufmerksamkeit eines Kindes ist wechselhaft, manchmal oberflächlich und folgt ihrer eigenen Logik. „Ein bißchen", erwiderte er. „Aber nachts gibt es nur das Licht von der Straßenlampe, das sich in dem Glas brechen kann... Gibt es vielleicht noch etwas, das dir nicht gefällt? Etwas, von dem du dir wünschst, daß es anders wäre?"

Nach einigem Überlegen wanderten die Augen des Jungen vom Lüster zur Schlafzimmertür. „Nein, Onkel."

„Ich bin sicher, da gibt es etwas. Hat es etwas mit dem Kindergarten zu tun?"

Das Kind dachte nach und suchte nach den rechten Worten. „Ich kann Mrs. Yick nicht leiden", sagte es versuchsweise.

„Unsinn. Mrs. Yick ist klug und gescheit und weiß, was für Kinder am besten ist." Er konnte schlecht zugeben, daß er Mrs. Yick auch nicht sehr mochte.

Der Junge sah ihn mit flehender Miene an. „Onkel, zuerst durfte ich mit dir in den Kräuterladen. Warum schickst du mich jetzt weg?"

„Ich schicke dich nicht weg...", begann der dicke Jow, aber er sprach nicht weiter. Hatte Kwan Ho recht? „Du wirst viele Jahre in die Schule gehen müssen. Es ist besser, wenn du dich schon jetzt daran gewöhnst."

Hsiang Yuen sah ihn traurig an und kletterte von seinem Schoß herunter. „Mir gefiel es im Kräuterladen besser", murmelte er und ging hinaus.

Der dicke Jow erlaubte dem Jungen, am Montag mit ihm in den Kräuterladen zu kommen, wo er ihm kleine Aufgaben zuwies, die er auch eifrig und geschickt ausführte. Hsiang Yuen hörte aufmerksam zu, wenn er etwas erklärt bekam, sah seinem Onkel bei dessen Arbeit genau auf die Finger. Und am Abend fand der dicke Jow, daß dies auch so sein müsse – daß die Jungen von den Alten lernen. Denn war das nicht auch der eigene Wunsch des Kindes?

Nicht ganz unerwartet erschien am späten Nachmittag des Mittwochs Mrs. Yick bei ihnen, als sie gerade den Laden abschließen wollten. Von der Tür aus begutachtete sie mit kritischen Augen die Szene. Sie war so groß und wuchtig wie der dicke Jow, und ihr strenger Blick wurde durch die dunkle Hornbrille noch verstärkt. „Das Kind ist nicht krank", beschwerte sie sich. „Sie halten es absichtlich zurück."

„Der Junge will es so", sagte der dicke Jow. „Er ist hier glücklicher, er möchte hierbleiben. Ich kann ihm das nicht abschlagen."

„Für den Jungen wäre es viel besser, in den Kindergarten zu gehen und sich auf die Schule vorzubereiten, die er nächstes Jahr besuchen muß, anstatt in Ihrem Quacksalberladen seine Zeit zu vertrödeln."

Aber darauf wußte der dicke Jow sehr wohl eine Antwort zu geben. Er klärte Mrs. Yick darüber auf, welche Bedeutung die Naturheilkunde und die althergebrachte chinesische Medizin in der modernen Zeit hätten, daß bekannte medizinische Kapazitäten verschiedener Universitätskliniken seine Kunden wären und auf seine Empfehlungen zurückgriffen. Das konnte die modern eingestellte Sozialarbeiterin natürlich nicht wissen, und sie machte ein respektvolles Gesicht, als der dicke Jow ihr verschiedene Namen nannte.

„Jetzt bin ich sprachlos", sagte Mrs. Yick schließlich. Dann wurde ihre Stimme wieder strenger. „Aber ich bin trotzdem der Meinung, daß der Kindergarten gut für Hsiang Yuen wäre."

Der dicke Jow blickte zu seinem Neffen hinab, der genau zugehört hatte. „Es ist dein Leben, um das es hier geht. Würdest du mit mehr Freude in den Kindergarten gehen, wenn du einen Teil der Woche hier bei mir sein darfst?"

Hsiang Yuen bekam leuchtende Augen. „Ja, das wäre mir lieber", sagte er freudig.

„Ein Kompromiß?" fragte der dicke Jow Mrs. Yick.

„Ein Kompromiß", sagte sie und lächelte sogar.

Anschließend fuhr Mrs. Yick sie durch den Feierabendverkehr nach Hause. Der Junge hatte die erste Wochenhälfte im Kräuterladen verbracht, am kommenden Tag, so wurde ausgemacht, sollte er pünktlich im Kindergarten erscheinen. Der dicke Jow war sehr zufrieden mit dieser Lösung.

Nachdem zwei Wochen vergingen, ohne daß es in den Nächten zu außergewöhnlichen Vorfällen gekommen war, wagte er zu hoffen, daß er Hsiang Yuens unverarbeitetes Problem aus dem Weg geräumt hatte – falls dieser Umstand tatsächlich für den Spuk verantwortlich gewesen sein sollte. Er war stolz auf sich, denn er hatte es allein geschafft.

In einer Nacht in der dritten Woche wurde der dicke Jow von seinem eigenen Zittern wach. Er fror, denn er hatte sich im Schlaf aufgedeckt. Das war nichts Ungewöhnliches, ungewöhnlich war der Umstand, daß Decke und Leintuch langsam zurückgezogen wurden. Er packte das Bettzeug und wollte es festhalten, aber die Kraft, die daran zerrte, war übermenschlich groß. Als er losließ, fielen Decke und Leintuch neben dem Sofa auf den Boden.

Er setzte sich verblüfft auf und wußte nicht, was er tun sollte. Aber die Entscheidung wurde ihm abgenommen, denn plötzlich hob und senkte sich das Sofa und kippte und schaukelte, so daß der dicke Jow sich mit einem Sprung in Sicherheit bringen mußte, um nicht unter der Couch begraben zu werden. Als er jedoch das Sofa verlassen hatte, stellte es sich wieder an die Wand und rührte sich nicht mehr, als wäre es jetzt zufrieden, weil es den schweren Gast abgeworfen hatte.

Zwischen Angst und Enttäuschung schwankend, schlüpfte der dicke Jow in die Sandalen und warf den Morgenmantel über. Wieder stand ihm eine schlaflose Nacht bevor. Er ging einige Schritte auf das Sofa zu, doch sofort fing es wieder an zu schaukeln.

Mit einem Knall flog die Wohnungstür auf. Er erwartete ein Krachen in Adah Baxters Wohnung, aber es blieb still. Vorsichtig schlich der dicke Jow auf den Korridor hinaus und spähte in beide Richtungen. Nichts. Nur vom Speicher her hörte er ein leises Knarren. Dabei fielen ihm Kwan Hos Worte ein: „... oder er reißt dir das Dach über dem Kopf ein."

Der dicke Jow ging ein paar Schritte weiter und stand nun im Treppenhaus, das mit einer Glaskuppel überdacht war, weil es keine Fenster hatte. Auch hier glaubte er von oben ein sanftes Knistern zu hören. Es war ein altes Haus, und nicht das stabilste, so daß derartige Geräusche nicht außergewöhnlich waren, wenn draußen der Wind pfiff. Dennoch trat der dicke Jow schnell in den schützenden Korridor zurück, denn er war nicht der Typ des Abenteurers, schon gar nicht mitten in der Nacht.

Plötzlich vernahm er ein leises Klirren, das schnell in dem großen Treppenhaus verhallte. Eine kleine dreieckige Glasscherbe hatte sich aus dem Dach gelöst und war auf dem Treppenabsatz zersplittert. Wäre er in seiner Wohnung gewesen, hätte er es gar nicht gehört. Regungslos wartete er noch zehn Minuten, aber es blieb alles still, und niemand kam.

Warum nur eine einzige winzige Scherbe? Das schaurige Schauspiel der Nacht hatte aufgehört, noch ehe es richtig begonnen hatte.

Mit saurer Miene drehte er sich um und ging in die Wohnung zurück. Eine Aussprache mit Hsiang Yuen war überfällig. Kurzentschlossen machte er im Schlafzimmer das Licht an. Sollte das Kind doch aufwachen.

Sein Ärger verflog. Das Bett war leer, und außer ihm war niemand im Schlafzimmer. Ungläubig tastete er über die Kissen, blickte unter das Bett, sah im Kleiderschrank, hinter den Gardinen und im Bad nach. Er eilte zur offenen Wohnungstür und wollte schon das ganze Haus wecken, blieb aber plötzlich wie angewurzelt stehen. Das Bettzeug auf dem Sofa war wieder an Ort und Stelle, und unter der Decke lag Hsiang Yuen, der fest und ruhig schlief. Der dicke Jow betrachtete einen Moment lang das unschuldige Gesicht des Jungen und ging dann ins Schlafzimmer, wo er sich wieder aufs Ohr legte.

Es war ein herrlicher Morgen, als er erwachte, und er war frisch und ausgeschlafen, denn das Bett war bequemer als die Couch. Hsiang Yuen stand mit verstrubbelten Haaren und barfuß neben seinem Bett und sah seinen Onkel lächelnd an. „Ich lag auf dem Sofa, als ich wach wurde", verkündete er strahlend. „Der Kronleuchter macht kleine Regenbogen, wenn die Sonne ihn anstrahlt."

Der dicke Jow setzte sich auf. „Und das gefällt dir."

„O ja, Onkel."

„Aber ich habe nicht..." Der dicke Jow beschloß, es dabei zu belassen. „Warum hast du mir nicht gleich gesagt, daß du lieber auf dem Sofa schlafen willst?"

„Ich habe mich geschämt." Hsiang Yuen lächelte verlegen.

„Geschämt, einen kleinen Wunsch zu äußern?"

„Nein, Onkel... weil ich Angst vor der Dunkelheit habe." Der dicke Jow nickte ernst. Verschiedene Gedanken gingen ihm durch den Kopf, die er aber nicht laut äußern wollte. „Deshalb brauchst du dich doch nicht zu schämen. In deinem Alter war ich genauso."

Ein kleines Problem bedarf einer kleinen Lösung.

Eine Frau muß praktisch denken

Der Telefonanruf, den Lydia Hartmann den ganzen Tag erwartet hatte, kam in dem Augenblick, als sie gerade das Büro verlassen wollte. Sie blieb bei der Tür stehen, um zu sehen, ob der Anruf für sie war.

"Apex-Versicherung, Mr. Tremaine", murmelte ihr Chef in die Sprechmuschel. Dann hob er den Kopf und winkte eifrig.

Lydia durchquerte den Raum und nahm von Mr. Tremaine den Hörer entgegen. "Ja? Hartmann", meldete sie sich aufgeregt.

"Hier ist Jules", antwortete eine tiefe männliche Stimme. "Ich rufe aus Buffalo an."

"Buffalo?" erwiderte sie schroff.

"Du hast mich gebeten, ihm überallhin zu folgen." Jules Weygands Stimme klang leicht verärgert. "Als er in den Bus von Buffalo stieg, fuhr ich mit meinem Wagen voraus und erwartete ihn an der Bushaltestelle."

Lydia blickte kurz zu ihrem Chef hinüber. Mr. Tremaine war inzwischen aufgestanden und nahm gerade seinen Hut vom Kleiderständer.

"Weiß er, daß du ihm gefolgt bist?" fragte sie leise.

"Er hat mich nicht gesehen. Ich komme mir schon vor wie ein Privatdetektiv, der seinem Opfer von einer Stadt in die andere nachhetzt."

Mr. Tremaine ging zur Tür. „Guten Abend, Lydia. Schließen Sie ab, wenn Sie gehen."

Lydia legte ihre Hand über die Sprechmuschel. „Ist gut, Mr. Tremaine. Bis morgen."

„Ist mit ihm alles in Ordnung?" sagte sie, als sich die Tür hinter ihrem Chef geschlossen hatte.

„Natürlich ist mit ihm alles in Ordnung", antwortete Weygand noch gereizter. „Er ist im *Redmill Hotel* abgestiegen und hat sich seit Mittag schon zwei Flaschen Whisky aufs Zimmer bringen lassen. Ich sagte doch, daß er sich nur betrinken wollte, mehr nicht."

„Mein Gott!" Lydia war entsetzt. „Wenn er betrunken ist, dann ist er zu allem imstande. Ich fahre sofort hin."

„Das dachte ich mir", antwortete Jules verbittert. „Ich habe mich deshalb bereits erkundigt: Der nächste Zug geht um achtzehn Uhr und kommt hier eine Stunde später an. Eine Busverbindung gibt es erst wieder um zwanzig Uhr."

„Ich nehme den Zug."

„Und was willst du damit erreichen?"

Lydia seufzte. „Ich will verhindern, daß er etwas Schlimmes tut, Jules."

„Sich zum Beispiel etwas antut? Nein, Lydia, Alkoholiker begehen keinen Selbstmord."

„Jim ist kein Alkoholiker", wehrte sie ab. „Man kann ihm nicht übelnehmen, daß er so auf den Hund gekommen ist. Er hat alles verloren, was er besaß."

„Ich doch auch. Durch ihn ging alles den Bach hinunter. Ich war schließlich sein Partner!"
„Ich weiß", erwiderte Lydia zerknirscht. „Du warst sehr großzügig. Du hättest ihn ja auch verklagen können."
„Das tat ich nur dir zuliebe, Lydia. Du weißt, welche Gefühle ich für dich hege."
„Ich will nichts davon hören, solange ich mit Jim verheiratet bin", kam die empörte Antwort. „Und ich kann ihn gerade jetzt nicht verlassen, da er mich mehr denn je braucht."
„Das hört sich so an, als wolltest du das später tun, nachdem er sich wieder gefangen hat", stellte Weygand zufrieden fest. „Das ist die erste ausdrückliche Ermutigung, die ich von dir erhielt."
„Sei um halb acht am Bahnhof", sagte Lydia und legte auf.
Jules Weygand wartete bereits, als Lydia Hartmann in Buffalo aus dem Zug stieg. Wie er so am Bahnsteig stand, groß, schlank und gutaussehend, fiel ihr ein, daß noch vor einem Monat sein Anblick ihr Herz hatte schneller schlagen lassen. Allerdings war er damals noch ein erfolgreicher Geschäftsmann gewesen, heute war er bankrott. Es hätte ihr nichts ausgemacht, einen erfolgreichen Geschäftsmann gegen einen anderen einzutauschen, aber sie hatte keine Lust, einen Versager durch einen anderen zu ersetzen. Eine zweiunddreißigjährige Frau mußte anfangen, praktisch zu denken.

Sie gingen aufeinander zu, und er nahm ihr die kleine Reisetasche ab.

„Du solltest nicht so schön sein", sagte er, ergriff ihren Arm und führte sie durch die Menschenmassen zum Ausgang.

Sein Auto war ganz in der Nähe des Bahnhofs geparkt. Er warf die Reisetasche auf den Rücksitz, hielt ihr die Tür auf, ging um den Wagen herum und nahm hinter dem Steuer Platz.

Doch er startete den Motor nicht. „Was hast du jetzt vor?" fragte er statt dessen.

„Ich will mit ihm sprechen. Wenn er nicht mit mir nach Hause fahren will, dann bleibe ich hier."

„Um mit anzusehen, wie der Alkohol aus ihm ein Tier macht? Das kann noch eine ganze Woche so weitergehen."

„Dann werde ich eben eine Woche bleiben."

„Du würdest deinen Job verlieren."

„Ich kann morgen Mr. Tremaine anrufen. Er ist ein sehr verständnisvoller Mensch."

„Aber du arbeitest erst seit drei Wochen dort. Nicht einmal der verständnisvollste Chef hätte dafür Verständnis, wenn du schon nach drei Wochen eine Woche lang fehlst."

„Ich bin in dieser Firma nicht neu", entgegnete Lydia. „Ich arbeitete fünf Jahre bei dieser Versicherung, während Jim sein Geschäft aufbaute."

„Du warst auch fünf Jahre aus dem Beruf."

„Offenbar hat man mich nicht vergessen, sonst hätte man mich nicht eingestellt und gleich zur Chefsekretärin gemacht."

„Okay", murmelte Jules. „Aber für Jim war das ein weiterer psychologischer Tiefschlag. Du kehrst in deinen alten Beruf zurück und wirst sofort befördert, während er sein Geschäft kaputtmacht."

„Kaputtmacht?"

„Er hat Geld unterschlagen und die Firma ruiniert. Aber damit soll er selber fertig werden. Warum bemühst du dich so um ihn, Lydia? Vor einem Monat war ich dir wichtiger als er."

„Vor einem Monat war er nicht am Boden zerstört. Ich kann ihn jetzt nicht im Stich lassen."

„Du und dein verdammter Großmut!" murmelte er ärgerlich. „Er wird es nie mehr schaffen, sich wieder auf die eigenen Beine zu stellen, auch wenn du ihm noch so sehr hilfst. Der Mann ist völlig kaputt."

„Ich soll also ihn verlassen und zu dir gehen?" fragte sie feindselig. „Du bist genauso bankrott wie er."

„Aber nicht durch meine Schuld. Ich werde es ein zweites Mal schaffen, Jim nicht. Selbst wenn es dir gelingt, ihn wieder aufzurichten, wird er erneut versagen. Er ist schwach, Lydia."

„Schon möglich. Aber er ist mein Mann. Und im Augenblick sind die Aussichten mit dir ebenso schlecht wie mit ihm. Du bist dir anscheinend nicht im klaren darüber, Jim, daß ich sehr praktisch veranlagt bin.

Selbst wenn ich nicht mit Jim verheiratet wäre, kämst du im Augenblick nicht in Frage."

Er sah sie überrascht an. „Ist das dein Ernst?"

„Ganz und gar", nickte sie. „Vor zehn Jahren hätte ich diesen Schritt vielleicht gewagt. Wenn ich ehrlich bin, muß ich zugeben, daß die Umstände ähnlich waren, als ich Jim heiratete. Wenn man jung ist, macht es einem nichts aus, seinem Mann zu helfen, sich gemeinsam durchzubeißen und etwas aufzubauen. Ich habe das mitgemacht. Aber jetzt bin ich zweiunddreißig, und du bist fast vierzig. Ich habe keine Lust mehr, erneut von vorne anzufangen, wenn sich das vermeiden läßt. Ich sitze zwar mit Jim in einem Boot, doch will ich nicht vom Regen in die Traufe gelangen. Mein nächster Mann, falls es diesen geben wird, muß in gesicherten Verhältnissen leben, bevor ich mit ihm vor den Altar trete."

„Du widersprichst dir", knurrte er. „Mit Jim wirst du viel mehr zu kämpfen haben als mit mir."

„Du übersiehst, daß wir bereits verheiratet sind. Ich bin zwar praktisch veranlagt, aber auch treu. Wollen wir nicht in das Hotel fahren, in dem er abgestiegen ist!"

Wortlos ließ er den Motor an und fuhr los.

Das *Redmill Hotel* lag nicht gerade im besten Viertel der Stadt, aber Jules Weygand wußte zu berichten, daß es sich um ein vollkommen seriöses, wenn auch zweitklassiges Hotel handelte. Lydia ließ ihre Reisetasche im Auto, als sie ausstiegen und hineingingen.

Es war ein uraltes Haus. Die Einrichtung und die Teppiche im Foyer zeigten Spuren langjähriger Benutzung, waren aber sauber. Zwei alte Männer saßen in der Eingangshalle und lasen Zeitung. Hinter der Rezeption stand ein kahlköpfiger Mann und musterte neugierig die beiden Besucher.

Weygand ging zum Empfang und sprach mit dem kahlköpfigen Portier. „Ist er immer noch auf seinem Zimmer beim Saufen?"

Der Portier nickte nur. Jules führte Lydia zum Aufzug.

„Ich gab ihm einen Zehner, damit er ihn im Auge behält", erklärte er. „So erfuhr ich, daß er zwei Flaschen Whisky bestellt hatte."

„Ich erstatte dir alle Unkosten", antwortete Lydia.

„Unsinn. Bei 50 000 Dollar Schulden kommt es auf die paar Kröten nicht mehr an. Kleingeld habe ich genug."

Sie betraten den Aufzug. „Siebter Stock bitte", murmelte Weygand.

Im siebten Stock traten sie aus dem Aufzug in den Flur, und Weygand führte Lydia um eine Ecke zu der Tür mit der Nummer 714.

„Hier", sagte er leise.

Über der Tür befand sich ein Oberlicht, dessen Glasscheiben mit weißer Farbe übermalt waren. Da das Fenster leicht gekippt war, sah Lydia den schwachen Lichtschein, der aus dem Zimmer auf den Flur fiel. Sie klopfte leise.

Als sich nichts rührte, klopfte sie fester. Nach einigem Warten trat Weygand näher und hämmerte gegen das Türblatt.

„Er muß schlafen", stellte Lydia fest.

„Ich würde eher sagen, er ist sinnlos betrunken", knurrte Weygand. „Ich gehe nach unten und hole vom Portier einen Zweitschlüssel."

Lydia wartete vor dem Zimmer 714, während Weygand den Ersatzschlüssel besorgte. Kurz darauf kehrte er in Begleitung des Portiers zurück.

„Das ist Mr. Simms, Lydia", stellte Weygand den Mann mit der Glatze vor. „Ich sagte ihm, daß du Jims Frau seist. Mrs. Hartmann, Mr. Simms."

„Erfreut", sagte der Mann mit zweifelnder Miene. „Ich hoffe, daß es hier keine Schwierigkeiten geben wird."

„Ich mache mir Sorgen um meinen Mann, Mr. Simms. Wir hatten keinen Ehekrach, wenn Sie das meinen. Ich versichere Ihnen, daß er sehr erfreut sein wird, wenn Sie uns hineinlassen."

„Also schön", antwortete der Portier widerwillig.

Er steckte den Zweitschlüssel in das Schloß, drehte ihn herum und drückte auf die Klinke. Die Tür ging nicht auf.

„Er hat den Riegel vorgeschoben", erklärte Simms. Er klopfte laut an die Tür, bis mehrere Türen auf der Etage aufgingen und die Gäste neugierig herausschauten.

„Nur ein Siebenschläfer", verkündete Simms höflich.

„Entschuldigen Sie die Störung."

Die Leute verschwanden, und die Türen gingen wieder zu. Die drei vor der Tür 714 horchten auf Geräusche, aber drin rührte sich nichts.

Lydia war in Sorge. „Normalerweise schnarcht er, besonders wenn er getrunken hat."

Jetzt runzelte auch Simms besorgt die Stirn. Er probierte noch einmal den Zweitschlüssel, aber die Tür ließ sich nicht öffnen.

„Gibt es eine Feuerleiter?" wollte Lydia wissen.

Kopfschüttelnd zeigte Simms auf das Notausgang-Schild am Ende des Flurs. „Nur eine zweite Treppe auf jedem Flur. Vielleicht können wir durch das Oberlicht mehr sehen. Ich hole eine Leiter."

Er ging los und kam nach zehn Minuten mit einer etwa zwei Meter hohen Klappleiter zurück. In der Hand hielt er triumphierend einen kleinen, kurzen Schraubenzieher.

Er stellte die Leiter vor der Tür auf. „Ich weiß, daß wir den Verschluß nicht erreichen können, weil er zu tief unten sitzt. Aber ich kann vielleicht die Halterung der Kippvorrichtung abschrauben, so daß sich das Oberlicht nach unten kippen läßt."

Er kletterte hinauf und versuchte durch den V-förmigen Spalt des Oberlichts in das Zimmer zu blicken. „Man kann nur ein Stück der Decke sehen", teilte er den unten Wartenden mit.

Dann holte er den Schraubenzieher aus seiner Tasche,

nahm ihn in die rechte Hand, griff durch den Spalt und tastete die Innenseite des Rahmens und die Wand ab. Bald darauf zog er die Hand wieder heraus und kletterte hinunter.

„Die Metallplatte der Halterung ist auf der rechten Seite auf halber Höhe des Fensters", sagte er. „Mein Handgelenk ist zu dick, so daß ich sie nicht erreichen konnte. Wollen Sie es nicht versuchen, Mrs. Hartmann?"

„Klar", antwortete Lydia entschlossen und stieg mit dem Werkzeug bewaffnet die Leiter hinauf.

Sie hielt den Schraubenzieher in der linken Hand und tastete mit der freien rechten die Innenseite des Fensterrahmens ab, wie sie es bei Mr. Simms gesehen hatte. Dann erreichten ihre Finger mühelos die kleine Metallplatte, die mit zwei kleinen Schrauben befestigt war. Sie zog ihre Hand aus der Öffnung, nahm den Schraubenzieher in die Rechte und griff wieder hinein.

Da der Schraubenzieher sehr kurz war, konnte sie den Griff in der Handfläche halten und mit den Fingerspitzen die Schlitze der Schrauben ertasten. Nach mehreren Ausrutschern war die untere Schraube schließlich herausgedreht. Lydia zog ihre Hand zurück und überreichte das kleine Metallstück dem Portier.

„Mit der anderen Hand müssen Sie jetzt das Fenster festhalten, wenn Sie die zweite Schraube lockern, da es sonst hinunterkracht", warnte Simms.

Wieder schob Lydia ihre Hand durch den Spalt,

ertastete den Schlitz der zweiten Schraube und setzte das Werkzeug an. Bevor sie zu drehen begann, sicherte sie mit der Linken das Oberlicht. Als die zweite Schraube ganz herausgedreht war, spürte Lydia an dem jähen Ruck, daß das Fenster jetzt frei beweglich war. Sie reichte Schraube und Schraubenzieher nach unten und kippte das Oberlicht langsam und vorsichtig nach innen. Sprosse um Sprosse stieg sie dabei höher, bis ihr Arm bis zur Achsel ins Zimmer reichte. Schließlich hing das Fenster senkrecht an der Innenseite des Türblattes nach unten.

Erst jetzt warf sie einen ersten Blick durch den leeren Rahmen auf die regungslose Gestalt auf dem Bett. Lange starrte sie schweigend in das Zimmer.

„Ist alles in Ordnung mit ihm?" fragte Weygand.

Auf diese Frage hin glitt Lydia aus ihren Schuhen, ließ sie auf den Boden fallen, stieg auf der Leiter ganz hinauf und kauerte sich auf die obere Stehfläche. Um nicht das Gleichgewicht zu verlieren, klammerte sie sich an den Rahmen des Oberlichts und schob die Beine in das Zimmer.

„Was hast du vor?" fragte Weygand verwirrt.

„Ich will die Tür von innen aufschließen", kam ihre ruhige Antwort.

Lydia drehte sich um, stemmte sich mit Händen und Bauch auf die untere Leiste des Rahmens und ließ sich langsam hinab, bis ihre Füße die Bretter des Fußbodens berührten. Hastig ging sie zum Bett und beugte sich über die vertraute Gestalt.

Jules Weygand, der draußen auf dem Flur stand, war ungeduldig geworden. Da die Tür nicht geöffnet wurde, stieg er auf die Leiter und spähte durch den leeren Rahmen hinein. Sein Gesicht erschien in dem Augenblick über der Tür, als Lydia sich gerade vom Bett abgewandt hatte und mit versteinerten Zügen in Richtung Tür ging.

„Was ist los?" fragte er besorgt, als er ihren elenden Gesichtsausdruck sah. Lydia stand zwischen ihm und dem Bett, so daß er die dort liegende Gestalt nur teilweise erkennen konnte.

Wortlos ging Lydia zur Tür, schob den Riegel zurück und öffnete sie. Weygand kletterte von der Leiter herunter, stellte sie zur Seite und folgte dem kahlköpfigen Portier ins Zimmer. Lydia, die immer noch nichts gesagt hatte, ging langsam auf den Flur hinaus und zog ihre Schuhe an. Dann lehnte sie sich gegen den Türrahmen und schloß die Augen.

Drinnen betrachteten die beiden Männer fassungslos die Gestalt auf dem Bett. Es war ein etwa 35jähriger Mann mit einem sympathischen Gesicht, das aber etwas weichlich wirkte. Er war nur mit Socken und einer Hose bekleidet. Seine Schuhe lagen in einer Ecke, und die restlichen Kleidungsstücke waren schlampig über eine Stuhllehne gehängt worden. Auf dem Bett lag eine leere Flasche, eine weitere stand auf dem Fußboden. Seine Hände waren über dem Bauch gefaltet. Auf der linken Brustseite befand sich eine schmale, quer verlaufende Wunde, nach der die Finger der linken Hand ausgestreckt waren, als hätte er in der Stunde seines Todes danach greifen wollen, aber nicht mehr die Kraft gehabt, seine Hand so weit zu strecken.

Simms berührte zögernd die Wange des Toten und zog die Hand schnell wieder zurück. „Kalt", sagte er. „Muß schon einige Zeit tot sein."

„Und ich sagte ihr, Betrunkene würden keinen Selbstmord begehen", bemerkte Jules Weygand erschüttert.

Simms kniff die Augen zusammen. „Selbstmord? Wo ist das Messer?"

Lydia riß die Augen auf. Weygand machte ein entsetztes Gesicht. Er blickte sich schnell im Raum um und ließ sich dann auf Hände und Knie nieder, um unter das Bett zu sehen. Als er sich wieder aufrichtete, warf er dem Portier einen seltsamen Blick zu.

„Die Tür war von innen verriegelt", sagte er.

„Ja", nickte Simms und musterte das weit offenstehende Fenster.

„Wir sind im siebten Stock", meinte Weygand ratlos. „Und es gibt keine Feuerleiter, nicht wahr?"

Er ging schnell zum Fenster hinüber und warf einen Blick nach draußen. Danach zeigte er auf die geschlossene Badezimmertür. Lydia stockte der Atem, und der Portier schluckte mehrmals.

„Meinen Sie, der Mörder ist da drinnen?" flüsterte er.

Weygand sagte nichts, sondern ging zum Bett und

hob die leere Flasche auf, die daneben stand. Langsam näherte er sich der Badezimmertür – die Hand mit der Flasche hoch erhoben. Ruckartig riß er die Tür auf und verschwand in dem dunklen Raum.

Als er wieder herauskam, hielt er die Flasche nicht mehr hoch und machte ein verwirrtes Gesicht. Simms' Augen waren auf den geschlossenen Einbauschrank gerichtet.

Weygand hob erneut seine bewaffnete Hand und riß beide Schranktüren auf. Der Schrank war leer.

Mit einem Seufzer stellte Weygand die leere Flasche auf der Kommode ab und warf einen zweiten Blick aus dem offenen Fenster.

„Unter dem Fenster verläuft ein etwa dreißig Zentimeter breiter Sims entlang der Hauswand", stellte er fest. „Wer hat die Zimmer links und rechts von 714?"

„Das weiß ich nicht aus dem Kopf", kam die vage Antwort des Portiers. „Wir verschwinden lieber und holen die Polizei. Sollen die sich darum kümmern."

„Sie haben recht", stimmte Weygand zu.

Er ging zur Tür. Lydia tat einen Schritt zur Seite und geriet ins Taumeln. Er griff nach ihrem Arm und stützte sie.

„Es geht schon", sagte Lydia leise.

Simms schloß die Tür von 714 ab und ging den beiden zum Aufzug voraus. Weygand mußte Lydia auch jetzt noch stützen, da sie völlig benommen war.

Unten im Foyer saßen immer noch die beiden lesenden Herren. Simms eilte zum Telefon und rief die Polizei an. Weygand führte Lydia zu einem Sofa.

„Es geht schon wieder", sagte Lydia und schob seinen Arm zur Seite. „Ich will mich nicht hinsetzen."

Er machte große Augen. „Wirklich nicht?"

„Nein. Ich werd's überstehen." Sie machte einen tiefen Atemzug und zog ihre Schultern nach oben. „Wir können heute nicht mehr nach Rochester fahren, nicht wahr?"

„Kaum. Die Polizei wird mit uns sprechen wollen. Außerdem muß ich den Heimtransport der Leiche in die Wege leiten."

„Hast du hier schon ein Zimmer?"

„Natürlich nicht. Ich sollte Jim ja ins Auto setzen und sofort nach Rochester zurückfahren. Ich habe nicht einmal eine Zahnbürste dabei."

„Wir werden hier übernachten, wenn du nichts dagegen hast."

„Meinetwegen. Sauber ist es ja." Er zuckte mit den Achseln. „Ich werde gleich fragen, ob zwei Zimmer frei sind." Er ging zu Simms, der gerade sein Gespräch beendete hatte.

„Die Polizei ist unterwegs", sagte der Portier. „Sie und Mrs. Hartmann müssen warten."

„Das dachten wir uns schon", erwiderte Weygand. „Haben Sie vielleicht zwei Zimmer frei, die nicht zu weit voneinander entfernt sind?"

Während Simms in seinen Unterlagen nach geeigneten Zimmern suchte, ging Lydia unbemerkt hinaus. Als Weygand die Anmeldung hinter sich gebracht hatte, stand sie mit ihrer Reisetasche hinter ihm.

„Du hättest die Tasche nicht selbst zu holen brauchen", sagte er etwas entrüstet und nahm sie ihr ab.

„Sie ist nicht schwer", erwiderte sie. „Hast du die Zimmer bekommen?"

„Ja, im fünften Stock. Sie liegen sich gegenüber. Am besten warten wir gleich hier unten auf die Polizei. Mr. Simms sagt, die Beamten seien schon unterwegs."

Lydia ging zu der Couch, auf die sie sich zuvor nicht hatte setzen wollen, und nahm Platz. Weygand stellte die Reisetasche bei der Rezeption ab und ließ sich neben ihr nieder.

Fünf Minuten später trafen die Männer von der Mordkommission ein. Ein stämmiger Mann mittleren Alters stellte sich als Sergeant Charles Carter vor, der andere war ein schlanker junger Mann namens Harry Nicholson. Carter hatte ein volles, rötliches Gesicht mit dicken Tränensäcken unter den Augen, was ihm den Anschein eines Einfaltspinsels verschaffte, wenn nicht seine klugen Augen gewesen wären, die hinter den dichten Wimpern und herabhängenden Brauen aufmerksam hin und her flitzten.

Seine erste Frage war, ob Simms den Notarzt verständigt hätte.

„Ja, Sir", sagte Simms. „Er muß jeden Augenblick eintreffen."

"Gut", lobte der Sergeant, "dann wollen wir uns die Leiche ansehen. Sie, Harry, bleiben hier bei diesen Leuten und schicken den Doktor hoch, wenn er kommt."

Der Sergeant und Simms gingen zum Aufzug.

Harry Nicholson schien nicht die Absicht zu haben, Fragen über den Mord zu stellen, denn er lobte nur das schöne Wetter von Buffalo und hüllte sich dann in Schweigen. Nach weiteren fünf Minuten kam der Arzt mit seiner schweren Ledertasche. Nicholson wechselte einige Worte mit ihm und zeigte ihm den Weg zum Aufzug.

Lydia sah kurz auf ihre Armbanduhr und stellte erstaunt fest, daß es erst 20 Uhr 45 war. Seit ihrer Ankunft in Buffalo waren gerade eine Stunde und 15 Minuten vergangen.

Nicholson nahm wieder schweigend Platz. Offenbar war Sergeant Carter für die Vernehmungen zuständig. Weitere zwanzig Minuten verstrichen, bevor Simms, Carter und der Arzt aus dem Aufzug traten. Der ältere Doktor verließ das Hotel sofort wieder. Simms und Carter gingen zu dem Sofa, auf dem Lydia, Weygand und Nicholson saßen.

"Eindeutig Mord", klärte Carter seinen jüngeren Kollegen auf. "Jemand jagte ihm ein Messer zwischen die Rippen direkt ins Herz. Er starb so schnell, daß er nicht einmal geblutet hat. Komisch ist das schon."

"Was?" wollte Nicholson wissen.

„Simms sagt, die Tür sei von innen verriegelt und das Oberlicht nur einen Spalt offen gewesen." Er deutete mit dem Daumen auf Lydia. „Sie schraubte die Halterung los und kletterte durch das Oberlicht hinein, um die Tür zu öffnen."

Nicholson musterte Lydia.

„Nur ich konnte mit meinen schmalen Händen durch den Spalt hineingreifen und die Schrauben lösen", erklärte sie.

Nicholson blickte wieder zu seinem Kollegen. „Floh der Täter über die Feuerleiter?"

„Es gibt keine", kam die trockene Antwort.

„Hmm. Dann müßte er noch im Zimmer gewesen sein, als die Leiche gefunden wurde. Vielleicht war er im Bad versteckt und hat sich davongeschlichen, während die anderen die Polizei alarmierten."

Carter schüttelte den Kopf. „Simms sagt, sie hätten im Bad und im Schrank nachgesehen, aber niemanden gefunden." Er blickte zu Weygand. „Stimmt das, Mister?"

Weygand nickte. „Ich schaute sogar unter das Bett."

„Also ein Mord ohne Täter hinter verschlossenen Türen?" meinte Nicholson argwöhnisch.

„Nein", sagte Carter. „Es gibt einen Fluchtweg. Der schmale Sims verläuft unter den Fenstern an der gesamten Außenmauer entlang. Es ist gut möglich, daß jemand, der schwindelfrei ist, über den Sims in ein benachbartes Zimmer gelangte."

„Wer ist in den angrenzenden Zimmern?" fragte Nicholson.

„Sie sind beide frei", kam Simms' Antwort wie aus der Pistole geschossen.

„Ich habe sie mir angesehen", erklärte Carter weiter. „Beide Fenster waren nur angelehnt. Die Schlösser der Türen schließen selbsttätig, auch ohne Schlüssel. Es läßt sich also nicht nachprüfen, ob jemand in den Zimmern war oder nicht."

„Was meint der Doktor?" fragte Nicholson.

„Tot seit drei bis vier Stunden, Tatzeit also zwischen halb vier und halb sechs. Vermutlich eher halb sechs."

„Wieso?"

„Um zwölf ließ Simms eine Flasche Whisky auf das Zimmer des Toten bringen. Eine zweite Flasche folgte um halb drei. Für die erste brauchte er zweieinhalb Stunden und für die zweite bestimmt mindestens ebenso lang – also bis fünf. Beide Flaschen waren ja leer."

Nicholson nickte. „Das ist logisch. Wie geht es jetzt weiter?"

„Sie rufen den Leichenwagen und die Spezialisten von der Spurensicherung. Bleiben Sie hier und zeigen Sie ihnen alles. Auch von den Fenstern in den anliegenden Zimmern sollen Fingerabdrücke genommen werden. Ich fahre mit diesen beiden Leuten auf die Wache, um ihre Aussagen festzuhalten."

Jules Weygand stand auf. „Dann muß ich mir einen

anderen Parkplatz für meinen Wagen suchen. Er steht vor dem Lieferanteneingang."

„Ich erledige das für Sie, Mr. Weygand", sagte Simms. „Ich stelle ihn auf dem Gäste-Parkplatz ab. Sie können sich die Schlüssel dann bei mir abholen."

Weygand überreichte Simms den Autoschlüssel. „Ich bringe auch Mrs. Hartmanns Gepäck in ihr Zimmer", erklärte sich der Portier bereit. „Es ist 521, Mrs. Hartmann."

„Danke", sagte Lydia.

Sergeant Carter klatschte in die Hände. „Also, Leute, machen wir einen kleinen Ausflug aufs Revier."

Die Polizeistation lag in derselben Straße, nur zwei Blocks vom Hotel entfernt. Bald darauf saßen Lydia und Weygand vor einem Schreibtisch, an dem sich der Sergeant niedergelassen hatte.

„Rauchen Sie?" fragte Carter und hielt ihnen eine Zigarettenpackung hin.

Lydia und Weygand schüttelten beide den Kopf. Carter steckte sich eine an, lehnte sich zurück und musterte Lydia aus seinen tiefliegenden Augen unter den herabhängenden Brauen.

„Der Tote war also Ihr Mann, Mrs. Hartmann. Ist das richtig?"

Lydia nickte.

„Und Sie kamen aus Rochester?"

„Stimmt. Jules hier ebenfalls."

„Was hat Ihr Mann hier getan?"

„Er wollte sich nur betrinken", antwortete Lydia und wurde leicht rot im Gesicht. „In letzter Zeit hat er das oft getan. Bisher aber versteckte er sich immer in den Hotels von Rochester."

„Trank er früher nicht?"

„Erst seit einigen Wochen. Er hatte berufliche Schwierigkeiten und war sehr niedergeschlagen."

„Aha! Schwierigkeiten welcher Art?"

„Jim und Jules hier waren Partner. Sie hatten gemeinsam ein Immobilienbüro. Vor drei Wochen machte die Firma bankrott. Es war alles Jims Schuld."

„Wieso?" bohrte Carter weiter.

„Er... zweckentfremdete Gelder. Als Jules ihm auf die Schliche kam, war es schon zu spät, die Firma noch zu retten. Jules hat sich sehr anständig verhalten: Er hätte Jim anzeigen und ins Gefängnis bringen können."

„Das hätte auch nichts mehr genutzt", bemerkte Weygand trocken.

Carter wandte sich jetzt an Weygand. „Waren Sie auf Ihren Partner nicht sehr sauer?"

„Das ist noch milde ausgedrückt", bemerkte Weygand, ohne sich aufzuregen. „Ich hätte ihn auch ins Kittchen gebracht, wenn Lydia nicht gewesen wäre. Es war schon schlimm genug für sie, und ich wollte es nicht noch schlimmer machen."

„Oh? Warum diese Rücksichtnahme?"

„Sie hatte nichts verbrochen", kam Weygands schlagfertige Antwort. „Und zufälligerweise mag ich sie."

Carter studierte eingehend Weygands Gesichtsausdruck, dann blickte er wieder zu Lydia. „Woher wußten Sie, daß Ihr Mann sich in Buffalo aufhielt?"

„Jules rief mich um etwa siebzehn Uhr an. Ich hatte ihn gebeten, meinen Mann im Auge zu behalten. Ich befürchtete, er könnte sich etwas antun, da er so verzweifelt war. Als ich durch Jules erfuhr, daß mein Mann im *Redmill Hotel* abgestiegen war und bereits die zweite Flasche Whisky bestellt hatte, stieg ich sofort in den nächsten Zug um achtzehn Uhr und kam eineinhalb Stunden später in Buffalo an, wo Jules mich am Bahnhof erwartete."

„Hmmm. Wenn Sie um siebzehn Uhr noch in Rochester waren, dann kommen Sie als Tatverdächtiger nicht in Frage." Er wandte sich wieder an Weygand. „Stimmt das, was die Dame sagt?"

„Natürlich stimmt das", erwiderte Weygand verblüfft. „Sie haben doch wohl nicht etwa sie der Tat verdächtigt, oder?"

„Ganz automatisch wird die Frau verdächtigt, wenn der Ehemann ermordet wird. Nur Routine, mein Lieber. Und jetzt zu Ihnen. Sie fuhren ihm von Rochester nach Buffalo nach, nicht wahr?"

„Ja, ich beobachtete, wie er in den Bus nach Buffalo stieg, also fuhr ich mit dem Wagen voraus und hängte mich an der Endstation wieder an ihn. Er schrieb sich im *Redmill* ein und bestellte sogleich die erste Flasche. Das erfuhr ich von Simms. Als er die zweite Flasche hochbringen ließ, verständigte ich Lydia."

„Aha. Wie ich höre, haben Sie für diesen Kerl, der Sie bankrott gemacht hat, sehr viel auf sich genommen. Ist das nicht komisch?"

Weygand bekam rote Wangen. „Ich tat das nicht für ihn, ich tat es für Lydia."

„Sie haben wohl ein Auge auf sie geworfen, mh?"

Weygand errötete noch mehr. „Worauf wollen Sie hinaus, Sergeant?"

„Denken Sie mal nach, mein Lieber. Hartmanns Brieftasche war in seinem Jackett und enthielt dreiundsechzig Dollar, also war nicht Diebstahl das Motiv. Er war hier ein Fremder, also ist es unwahrscheinlich, daß er hiesige Feinde hatte. Sie geben zu, daß Sie einen Groll gegen ihn hegten und seine Frau mögen. Sind Sie verheiratet, Mr. Weygand?"

Nachdem er Carter eine Zeitlang fassungslos angestarrt hatte, wurde Weygand heftig. „Nein, aber wenn Sie mich verdächtigen..."

„Ich verdächtige noch niemanden", unterbrach ihn der Sergeant. „Ich mache nur deutlich, daß Sie ein paar gute Motive hätten und ihm bis nach Buffalo gefolgt sind."

„Aber das geschah doch ausdrücklich auf meine Bitte hin", wehrte Lydia ab. „Ich befürchtete, Jim könnte Selbstmord begehen."

„Vielleicht befürchtete Ihr Freund, daß er das nicht tun würde", sagte Carter höhnisch. „Solange wir keinen anderen Verdächtigen haben, müssen wir Sie wahrscheinlich festhalten, bis die Ermittlungen abgeschlossen sind, Mr. Weygand."

Jules Weygand sprang erregt auf, aber bevor er den Mund öffnen konnte, ging eine Tür auf. Harry Nicholson kam in das Büro. In der Hand trug er eine kleine Tüte.

Nicholson trat auf den Schreibtisch zu. „Was rausgefunden?" fragte Carter.

„Die Labor-Knaben sind noch bei der Sicherung der Fingerabdrücke. Die Leiche ist abtransportiert." Er legte die Tüte auf den Schreibtisch. „Kümmern Sie sich darum. Wurde schon überprüft, sind aber keine Fingerabdrücke drauf."

Sergeant Carter schaute kurz in die Tüte, griff hinein, und äußerst behutsam zog er ein aufgeklapptes Taschenmesser mit einer schmalen Klinge von ungefähr zehn Zentimeter Länge heraus. Die Klinge war blutverschmiert.

Er hielt das Messer hoch. „Kennt jemand dieses Messer?"

Lydia überwand ihren Ekel vor den dunkelroten Flecken und sah genauer hin. In den metallisch glänzenden Griff waren die Anfangsbuchstaben „J. H." eingraviert.

„Es gehört meinem Mann", flüsterte sie. „Er trug es immer bei sich."

Carter blickte zu Nicholson auf. „Also wurde er mit seinem eigenen Messer erstochen. Vermutlich war er schon so betrunken, daß er den Mörder nicht bemerkte."

„Dachte ich mir auch", antwortete Nicholson. „Wir müssen natürlich erst testen lassen, ob die Blutgruppe mit der Hartmanns identisch ist, aber ich wette ein Bier, daß sie übereinstimmen."

„Keine Wetten", sagte Carter streng. „Wo haben Sie es gefunden?"

„Ich habe routinemäßig Weygands Wagen überprüft", antwortete Nicholson ganz beiläufig. „Es lag im Handschuhfach."

Es war fast Mitternacht, als Lydia endlich ihr Hotelzimmer betreten konnte. Sie hatte Jules verteidigt und versucht, die beiden ungläubigen Kriminalbeamten von seiner Unschuld zu überzeugen. Dann hatte sie einen Rechtsanwalt angerufen und sein Eintreffen abgewartet, um ihm alles ausführlich zu erzählen. Nichts hatte genutzt. Für einen Mordverdächtigen gab es keine Freilassung gegen Kaution, so daß Jules sofort in Untersuchungshaft gekommen war.

Ihr Verhalten hatte ihrem eigenen Fall genutzt, wenn auch Jules dadurch in einer mißlichen Lage war. Es wäre unangenehm gewesen, wenn die Polizei ein Verhältnis zwischen ihr und Jules vermutet hätte, obwohl es ein solches nie gab. Aber die Beamten waren keinesfalls mißtrauisch. Vielmehr hatten sie Respekt vor ihr, die sie bis zum bitteren Ende treu zu ihrem Mann gehalten hatte. Immerhin hatte sie sogar einen Freund damit beauftragt, ihren Mann im Auge zu behalten, falls dieser sich etwas antun wollte.

Natürlich kam niemand – auch Jules nicht – darauf, daß sie sich nur deswegen um ihren Mann sorgte, weil sie befürchtete, er könne sich etwas antun, bevor sie einen geeigneten Unfall hätte vortäuschen können.

Lydia schlüpfte aus ihrem Kleid und hängte es ordentlich über einen Bügel in den Schrank. Als sie den linken Strumpf hinunterschob, rümpfte sie die Nase beim Anblick der Blutflecken im Nylongewebe und auf dem Oberschenkel. Der Strumpf hatte eine Laufmasche bekommen, da der scharfe Stahl ein Loch in das Gewebe gerissen hatte, als sie das Messer hastig dort versteckt hatte.

Bevor sie den rechten Strumpf auszog, ging sie ins Bad und wusch die Blutflecken ab. Dann griff sie mit der Hand in den anderen Strumpf und förderte einen kleinen gefalteten Zettel zutage. Jetzt ergab sich zum erstenmal die Gelegenheit, seinen Inhalt zu lesen. In Jims Zimmer war dafür natürlich keine Zeit gewesen, sie hatte gerade gereicht, um alles verschwinden zu lassen.

Die wenigen Sätze waren schwer zu entziffern, da sie in einem Zustand tiefster Trunkenheit geschrieben worden waren. Am leserlichsten waren die ersten Zeilen: „Verzeih mir, Lydia, daß ich diese Lösung wählen mußte, aber..." Der übrige Text war völlig unleserlich, aber es war auch so klar, daß es sich um den Abschiedsbrief eines Selbstmörders handelte.

Lydia zerriß den Brief in kleine Fetzen, die sie in der Toilette fortspülte.

Nur gut, daß sie für die Gesellschaft arbeitete, bei der Jim seine Lebensversicherung abgeschlossen hatte, dachte sie. Sonst wäre ihr womöglich entgangen, daß die Fünfzigtausend-Dollar-Versicherung eine Selbstmordklausel enthielt, die die Auszahlung des Geldes im Falle eines Freitodes hinfällig machte.

Es war nur recht und billig, daß sie etwas von der Ehe haben sollte, in die sie zehn Jahre ihres Lebens investiert hatte, dachte Lydia. Und wenn sie nicht das Messer aus seiner Brust gezogen und den Brief aus seiner Hand genommen hätte, dann wären die ganzen zehn Jahre völlig umsonst gewesen.

Unterm Birnbaum traf ich sie...

Es war genau zehn Minuten vor drei, als Loren nach Hause kam. Sie ging mit schnellen Schritten durch die Eingangshalle des großen Wohnhauses und durchbrach die Stille mit dem Klappern ihrer Absätze auf den Fliesen und dem Rauschen ihres schwarzen Mantels. Schwarz für die Dunkelheit, schwarz zur Tarnung. Loren betrat den automatischen Aufzug und drückte auf den Knopf für den siebzehnten Stock. Die Tür schloß sich, und der Lift fuhr leise hinauf. Nun atmete sie ein wenig ruhiger, gleich würde sie in Sicherheit sein.

Ihre Angst erreichte den kritischen Höhepunkt, wo jedes Ding und jeder Ort zu einer Bedrohung wurden. Loren trug ihre Angst mit Fassung. Ein Beobachter – wäre ein unsichtbarer Beobachter im Aufzug gewesen – hätte nichts davon bemerkt. Er hätte nur eine überaus attraktive Frau gesehen – reif, ausgeglichen, mit dem ersten Anflug von Grau in dem ansonsten pechschwarzen Haar. Die Abgespanntheit in Gesicht und Augen konnte er mit totaler Übermüdung erklären. Und die leichte Ungeduld, die sie immer wieder auf die Stockwerkanzeige über der Tür schauen ließ, hätte er für den ganz normalen Wunsch gehalten, endlich den überlangen, anstrengenden Tag zu beenden.

In gewisser Hinsicht stimmte das auch. Der Lift öffnete sich im siebzehnten Stock, und Loren trat in den leeren Korridor. Sie überzeugte sich kurz, ob wirklich niemand da war, und eilte dann zu ihrer Wohnungstür. Den Schlüssel hielt sie bereits in der Hand, bevor sie noch die Tür erreicht hatte. Sie sperrte auf, zog die Tür hinter sich zu und lehnte sich dagegen, denn eine plötzliche Schwäche überkam sie. Doch bald straffte sich ihr Körper wieder.

Es war acht Minuten vor drei. Die Arbeit rief. Das große lange Zimmer hinter dem Flur war voller grauer und schwarzer Schatten, die sich deutlich von den etwas helleren zugezogenen Vorhängen der Fensterfront absetzten, aber auf halber Höhe zwischen Flur und Fenstern durchschnitt ein schmaler Lichtstreifen das Grau. Das Licht kam aus dem Schlafzimmer. Loren ging darauf zu und hörte die wohlklingende weibliche Stimme, die immer noch Briefe diktierte...

„An Axel Torberg und Söhne
Kungsgatan 47
Stockholm – Schweden
Sehr geehrte Herren,
bezüglich Ihrer Anfrage vom 11. Februar dieses Jahres verweise ich Sie auf unser Schreiben vom 5. Januar und muß Ihnen leider mitteilen, daß die Begleichung der Rechnung für die letzte Lieferung erst veranlaßt werden kann, wenn die beschädigten Waren ersetzt worden sind.

Da wir nun schon seit über zwanzig Jahren eine ausgezeichnete Geschäftsverbindung miteinander pflegen, bezweifle ich nicht, daß Sie alles Nötige sofort veranlassen werden.
Mit freundlichen Grüßen
Loren Banion
Stellv. Geschäftsführer
John O. Banion, Inc."

Loren betrat das Schlafzimmer. Wieder sprach die Stimme, aber freundlicher und nicht so steif.
„Katy, das muß per Luftpost morgen früh raus. Der arme Axel wird allmählich vergeßlich. Okay?
Nächster Brief:
Signor Luigi Manfredi
Via Prosconsola
Florenz..."
Das Schlafzimmer war mit einem flauschigen Teppichboden ausgelegt. Loren verursachte kein Geräusch, als sie schnell zur Balkontür hinüberging und kaum auf das Tonbandgerät blickte, das auf dem Sekretär neben dem Bett stand. Die Balkontür war nur angelehnt. Um nicht gesehen zu werden, zog Loren den Vorhang nur einen Finger breit zur Seite und spähte hinaus und hinunter. Auf dem Balkon des darunterliegenden Stockwerks sah Loren deutlich die schlanken Beine Cherry Morgans, die ausgestreckt auf einem Liegestuhl lagen. Daneben befand sich ein zweites Beinpaar in Ho-

sen. Cherry hatte eine sturmfreie Wohnung, da ihre Eltern im Ausland waren, und sie schien das auszunützen.

Hinter Loren diktierte die Stimme Loren Banions weiter. Loren lauschte und atmete tief durch. Sie ließ den Gardinenstoff los und ging zum Bett – nicht mehr hastig, sondern langsam, als hätte sie eine sehr lange Strecke laufend zurückgelegt und wäre jetzt müde. Langsam ließ sie sich auf der Bettkante nieder. Die laute Tonbandstimme war jetzt lästig, aber ein notwendiges Übel. Cherry Morgan konnte sie hören, und das allein war wichtig.

„... Wirklich, Mrs. Banion, hatte Cherry erst unlängst gesagt, ich verstehe nicht, wie man so lange arbeiten kann. Manchmal höre ich Sie die ganze Nacht diktieren."

„Nicht die ganze Nacht, Cherry. Höchstens bis drei Uhr. Auf Anordnung meines Arztes."

„Ach du meine Güte, bin ich froh, daß ich keinen solchen Arzt habe. Ich verbringe die Nächte lieber auf meine Art als mit dem Diktieren von langweiligen Geschäftsbriefen!"

Und weil Cherry Morgan die Nacht gerade auf ihre Art verbrachte, lief das Tonbandgerät. Es war jetzt sechs Minuten vor drei. Loren hatte gute Arbeit geleistet. Sie hatte gelernt, ihre Zeit einzuteilen, denn seit einem Jahr arbeitete sie mit einem straffen Terminplan, mußte Flugzeuge und Züge bekommen und Verabredungen exakt einhalten. Jetzt war alles vorüber, und sie war in Sicherheit. Sie konnte erleichtert aufatmen und sich entspannen. Aber das war gar nicht so einfach. Sie war nicht zu mehr imstande, als ihre schwarze Handtasche zu öffnen und die Pistole herauszunehmen. Sie sah sich im Zimmer nach einem geeigneten Versteck für die Pistole um, aber selbst das war ihr jetzt zu anstrengend. Also steckte sie sie wieder in die Tasche, die sie dann halb offen auf den Sekretär legte. Fünf Minuten vor drei. Das war genug. Loren schaltete das Tonbandgerät ab und zog Handschuhe, Schuhe und Mantel aus. Sie ging ins Badezimmer, ließ aber die Tür offen, denn die Dusche konnte man um diese Zeit weit hören, und kam genau fünf Minuten später im Nachthemd zurück. Sie legte sich ins Bett und knipste das Licht aus. Aber nun wurden ihre Blicke von einem glänzenden Gegenstand angezogen, der sie nicht wieder losließ. Es war ein kitschiges Telefon im französischen Stil mit Goldbesatz. Der Apparat besaß eine geradezu magnetische Anziehungskraft, so daß sie ihn wie gebannt anstarrte. Er kam ihr fast wie ein Lebewesen vor, aber von einem Lebewesen konnte man sich abwenden.

„Heute nicht", sagte Loren halblaut. „Heute wirst du nicht anrufen."

Mit einem Telefonanruf hatte alles begonnen, mit einem Ferngespräch von Kairo nach New York City.
„Mr. Banion ruft Miss Loren Donell... danke, ich verbinde."

Preisrätsel
400 Bücher zu gewinnen!

Lieber Schneider-Buch-Leser!
Schicke mir diese Karte mit der richtigen Lösung und du nimmst an der nächsten monatlichen Verlosung teil. 400 Schneider-Bücher werden jeden Monat verlost! Und hier die Preisfrage:

Welches der vier abgebildeten Bücher hat Matthias Martin geschrieben? Kreuze das richtige Buch an!

Viel Spaß und herzliche Grüße! Dein

Franz Schmidt

Hier abtrennen

 **Preisrätsel**

400 Bücher zu gewinnen!

Postkarten-Porto

Postkarte

Schneider-Buch

D-8000 München 100

Als Geschmacksmuster geschützt.

Name: _____

Straße: _____

Postleitzahl: _____ Ort: _____

Achtung:

Absender nicht vergessen! Nur mit Schreibmaschine oder mit Kugelschreiber in Blockbuchstaben ausfüllen!

Ich bin _____ Jahre alt.
Ich bin ☐ ein Junge
Ich bin ☐ ein Mädchen

Es werden nur ausreichend frankierte Rätselkarten angenommen. Benachrichtigt werden nur die Gewinner. Der Rechtsweg ist ausgeschlossen. Die Beteiligung ist nicht an den Kauf eines Schneider-Buches gebunden. Du bekommst die Karte auch lose in deinem Buchgeschäft.

 Hier abtrennen

Und dann kam Johns Stimme, die die große Entfernung spielend übertönte.

„Loren? Hör gut zu. Ich habe eine Frage: Willst du mich heiraten?"

Das war wieder typisch für ihn gewesen. John verschwendete weder Zeit noch Worte. Sie hatte sich an den Hörer geklammert und kam sich wie ein Schulmädchen vor.

„Aber John, was ist mit Celeste?"

„Was mit ihr ist? Ihr lief ein spanischer Stierkämpfer über den Weg, der sie recht teuer kommt. Wir konnten uns schließlich einigen. Derzeit ist sie in Paris und läßt sich scheiden."

„Unglaublich!"

„Ja, unglaublich, aber wahr. Ich dachte, ich würde diese... ich meine Celeste, meine liebe Gemahlin, nie loswerden." Und dann wurde Johns Stimme ernst. „Du weißt, was ich in den letzten Jahren durchgemacht habe, Loren. Ich bin auf Celeste hereingefallen, das gebe ich offen zu. Sie wollte Ansehen und Geld und bekam beides. Und ich? Immerhin bin ich sie jetzt los und habe meine Lektion gründlich gelernt. Loren, ich bin nicht gut in solchen Dingen, aber ich möchte dir sagen, daß ich dich liebe."

In diesem Moment war das Telefon ein Rettungsseil gewesen, das Loren aus dem Treibsand der Einsamkeit gezogen hatte. Sie klammerte sich daran, bis Johns Stimme ihr Schweigen brach.

„Loren, ich will eine Antwort! Willst du mich heiraten?"

Sie lachte und weinte zugleich. „Ja, ja, ja, ja..."

„Halt!" unterbrach sie John. „Während du redest, könnte ich schon im Flugzeug sitzen. Bis morgen."

Morgen...

Am Flughafen regnete es in Strömen, aber Loren schien das gar nicht zu bemerken, als sie ihren John abholte. Es gab noch so viel zu erledigen, bevor die Mitteilung aus Paris eintreffen würde, daß die Scheidung ausgesprochen sei. Auch im Geschäft mußten Änderungen vorgenommen werden. Loren stellte eines Morgens fest, daß ihr altes Büro ausgeräumt war und an der Tür neben Johns Büro ein neues Schild prangte:

STELLV. GESCHÄFTSFÜHRER
LOREN BANION

„Nur etwas verfrüht", erklärte er, „aber du mußt dich sowieso bald an den neuen Namen gewöhnen."

„Es ist nicht der Name... es ist der Titel!" meinte Loren.

„Der Titel? Aber diese Arbeit machst du doch schon seit Jahren. Nun hast du die Stellung endlich, wenn auch etwas verspätet, ganz offiziell. Verspätet", fügte er hinzu, „auch dies..." Und er gab ihr schüchtern den Ring. „Oh, Loren, warum dauert es so lange, bis man lernt, das Echte vom Falschen zu unterscheiden? Du meinst es ehrlich, Loren, nicht wahr? Du gehörst nicht zu jenen Frauenzimmern, die ständig Ränke schmieden?"

„O doch, mein Lieber. Seit Jahren versuche ich, dir unter die Nase zu kommen."

John hatte gelacht. Unter die Nase bedeutete im Moment nur eines. Schnell küßte er sie.

„Ja, das gefällt mir. Das war gut. Aber das meinte ich nicht. Ich meinte, du gehörst nicht zu jenen leichtlebigen Frauenzimmern, die nur eine Schau machen, aber nichts zu bieten haben. Mit dir will ich alt werden, Loren. Du bist die einzige..." Er zögerte und suchte nach dem rechten Wort. „... die einzige reine Frau, die ich kenne."

Bei diesen Worten hatte John so ernst dreingeblickt, daß Loren ihm schnell den Rücken kehrte.

„Bitte – kein Podest für mich. Es ist so kalt da oben."

„Aber hier ist es nicht kalt!" sagte er und nahm sie in die Arme. Ja, es war warm, endlich eine Schulter, gegen die sie sich lehnen konnte. Aber dann drückte er immer fester, und seine Finger gruben sich in ihre Arme, so daß sie am liebsten aufgeschrien hätte. Das war der erste Anflug ihrer bevorstehenden Angst.

„Du bist echt", sagte er. „Du mußt eine echte Frau sein. Ich könnte es nicht ertragen, wieder an der Nase herumgeführt zu werden."

„Das könnte ich nicht ertragen!"

Loren starrte auf das Telefon auf dem Sekretär. Es war still, aber Johns Worte erklangen in ihrem Kopf. Sie warf einen Blick auf die Uhr. Schlafen war unmöglich, aber in dieser Nacht durfte nichts außergewöhnlich sein, und Loren schaltete das Licht immer zehn Minuten nach dem letzten Diktat ab. Die Dunkelheit... zuerst pechschwarz... dann tasteten sich ein paar Mondstrahlen durch die offene Balkontür über den weichen Teppich. Von unten drang helles Mädchenlachen herauf, das aber bald gedämpfter wurde, als eine Männerstimme darauf hinwies, daß es schon spät war.

Spät. Doch waren von der späten Stunde erst zehn Minuten vergangen, von der langen Stunde vor vier Uhr...

Die Flitterwochen hatten sie in Miami verbracht. John war Sportfischer – kein guter, aber mit Leib und Seele dabei. Montag, Dienstag und Mittwoch vergingen ohne einen Fang. Kein Wunder, daß Sam McGregor, ein Anwalt aus Atlanta, den sie in ihrem Hotel kennengelernt hatten, auf einer Stunde Nichtstun bestanden hatte. Sie gingen in eine Bar am Strand, wo die Drinks süffig und die Schatten kühl waren. Es herrschte eine ungezwungene Atmosphäre, und die meisten Gäste hatten nur kurze Hosen oder Badeanzüge an. Für Kurzweil sorgte ein Pianist in Jeans und T-Shirt, dessen Finger eifrig über die Tasten des kleinen Klaviers huschten, das er von Tisch zu Tisch rollte. Loren bemerkte ihn zuerst gar nicht, aber plötzlich wurde Johns und Sams schallendes Gelächter von einer Melodie übertönt, die Loren aufhorchen ließ. Hinter dem Klavier, das jetzt direkt vor ihrem Tisch stand, saß ein Mann, von dem sie nie geglaubt hatte, daß sie ihn je wiedersehen würde.

„Unterm Birnbaum traf ich sie..."

Er spielte das Lied nur mittelmäßig, hatte aber Spaß an seinem Job. Sein lächelndes Gesicht zeugte davon. Sein Lächeln...

„Loren – fehlt dir etwas?"

Johns Stimme brachte Loren aus der Vergangenheit zurück, in die ihre Phantasie sie versetzt hatte.

„Du siehst schlecht aus, Schätzchen. Sag bloß, du bist heute seekrank geworden..."

John konnte zu jenem Zeitpunkt noch nicht viel gewußt haben. Das war ausgeschlossen. Aber er schien doch zu spüren, daß der Mann am Klavier an Lorens verstörtem Verhalten schuld war. Er zog einen Geldschein aus seiner Tasche und legte ihn mit einer lässigen Geste auf das Klavier.

„Und jetzt lichten Sie den Anker, Seemann", sagte er. „Ich fürchte, wir sind an diesem Tisch nicht allzu musikalisch."

Das Lächeln des Klavierspielers wurde breiter, als er den Geldschein einsteckte. „Wie Sie wollen, Mr. Banion. Ich hielt es nur für eine nette Geste, den Jungvermählten aufzuspielen."

„Sie kennen mich?" wollte John wissen.

„Wer kennt Sie nicht, Mr. Banion? Sahen Sie nicht Ihr

Bild in der Zeitung, als sie nach Miami flogen? Ein netter Fang, Mr. Banion." Und dann, mit einem Lächeln für Loren: „Netter Fang, Mrs. Banion. Ein sehr netter Fang."

Er rollte das Klavier zum nächsten Tisch und spielte eine andere Melodie. Sam, der gemerkt hatte, daß etwas nicht stimmte, schlug einen heiteren Ton an.

„Lustiger Bursche. Hier probiert man es mit allen Tricks. Wollen wir noch eine Runde trinken?"

Loren stand auf. „Ihr beide, ja", sagte sie. „Ich will nichts mehr. Ich gehe zurück ins Hotel."

„Loren, warum denn? Was ist denn los?"

John durfte diese Frage nicht stellen, und er durfte vor allem nicht so treuherzig dreinblicken.

„Ich wurde heute nachmittag tatsächlich seekrank, und schon dieser eine Drink steigt mir zu Kopf." Sie lachte betont übermütig. „Aber es ist nicht so schlimm, du kannst ruhig hier bei Sam bleiben. Ich gehe etwas an die frische Luft."

Frische Luft, Wind und ein langer Spaziergang am Strand entlang – nichts ließ sie Ted Lockard vergessen. Er sollte tot sein. Im Krieg starben die Männer. Sie schrieben keine Briefe mehr und kamen nie mehr zurück. Man rechnete damit, daß sie tot waren. Aber nicht Ted. Ted lebte, und immer noch hatte seine tiefe Stimme einen so aufregenden Klang für ein weibliches Ohr. Es gab Männer, die von ihrem Charme lebten, ebenso wie manche Frauen.

„Ein netter Fang, Mrs. Banion. Ein sehr netter Fang."
Loren fühlte sich jetzt tatsächlich krank. Ein Mädchen hatte einst leidenschaftliche Briefe geschrieben, und Ted Lockard hatte sie vermutlich aufbewahrt, wie andere Männer Jagdtrophäen oder Wertpapiere sammeln. Er würde versuchen, mit ihr in Verbindung zu treten, dessen war sie sich ganz sicher. Und sie war verwundbar, nicht wegen ihrer Jugendsünden, sondern weil John sie verwundbar gemacht hatte. Sie mußte ihm eine perfekte Frau sein, um nach der Enttäuschung, die Celeste ihm bereitet hatte, seinem Stolz zu genügen.

Das Glück war auf ihrer Seite. In jener Nacht rief ein Telegramm John nach Mexiko, und Loren kehrte nach New York zurück. Aber aufgehoben war nicht aufgeschoben.

Kurz vor Weihnachten kam Celeste von Europa nach New York, ohne Stierkämpfer und ohne Geld. Ihre Telefonate und Telegramme wurden ignoriert, aber eines Tages kreuzte sie persönlich im Büro auf, und John empfing sie notgedrungen. Loren erfuhr von dem Treffen erst, als es schon beendet war. Mit einem Vorwand hatte John sie in den Hafen geschickt, um die Zollabfertigung von Signor Manfredis Lieferung zu überwachen, eine Aufgabe, die gewöhnlich von einem ganz normalen Angestellten übernommen wurde. Aber Loren wurde erst mißtrauisch, als sie in die Firma zurückkam und Celeste gerade Johns Büro verließ.

Celeste war kühl und hochnäsig.

„Gratuliere, Mrs. Banion", sagte sie. „John sieht prächtig aus. Sie waren schon immer eine gute Kraft."

Sie hatte nicht zu viel gesagt, aber es war genug. Aus ihrem Mund hörte sich ein Gebet wie eine Beleidigung an.

John sah gar nicht prächtig aus, als Loren ihn aufsuchte. Er war in Gedanken versunken und hatte eine versteinerte Miene aufgesetzt.

„Was wollte Celeste hier?" wollte Loren wissen.

„Uns frohe Weihnachten wünschen", antwortete John verbittert.

Loren blickte auf den Schreibtisch. Dort lag Johns Scheckheft.

„John... hast du ihr Geld gegeben?"
Er antwortete nicht.

„Aber wieso? Hat sie dich nicht schon genug gekostet? Du schuldest ihr keinen roten Heller."

„Aus Treue", erwiderte John.

Seine Stimme klang eigenartig.

„Was?" fragte Loren.

„Es ist ein Wort", erklärte John, „nur ein Wort."

Dann wandte er sich plötzlich ihr zu, packte sie mit beiden Händen an der Schulter und drückte sie so fest an sich, daß sie an damals denken mußte, als er ihr den Ring gab. Im ersten Augenblick hatte sie Angst, und dann lächelte er traurig und ließ sie los.

„Vergiß Celeste", sagte er. „Weihnachten ist das Fest der Geschenke, und ich war gerade in der Stimmung für ein Almosen."

Loren vergaß nichts. Auf der Stelle machte sie kehrt und verließ Johns Büro. Aber Celeste war nirgends zu sehen. Nur Katy saß an ihrer Schreibmaschine.

„Mrs. Ban...", begann Loren und verbesserte sich dann. „Die frühere Mrs. Banion... wohin ist sie gegangen?"

„Hinaus", antwortete Katy.

Katy, das süße, naive, unschuldige Ding. Was wollte Loren von Katy erfahren? Sie ging auf den Flur hinaus und sah gerade noch, wie Celeste sich vom Liftboy in den Aufzug helfen ließ. Sie war in Begleitung eines Mannes. Kurz bevor sich die Aufzugtür schloß, erkannte Loren Celestes neueste Errungenschaft: ein lächelnder und blendend aussehender Ted.

Fröhliche Weihnachten, Loren! Fröhliche Weihnachten und ein glückliches neues Jahr. Der Weihnachtsmann war früh dran. Jetzt begann für sie eine lange Wartezeit, da sie nicht wußte, was Ted Celeste oder diese John erzählt haben mochte, oder wann Ted zuschlagen würde. John sagte kein Wort. Ihre eigene Unruhe war die einzige Änderung zwischen ihnen.

Dann, Mitte Januar, nahm John die Nachtmaschine nach Cleveland.

„Du könntest morgen früh fliegen und trotzdem rechtzeitig zu der Sitzung kommen", sagte Loren.

Doch John war unnachgiebig.

„Ich fliege gern während der Nacht. Da ist es ruhiger,

und ich kann den ganzen Flug über schlafen."

„Dann werde ich mich mit der Korrespondenz beschäftigen."

„Du arbeitest zu viel, Loren. Warum läßt du das nicht Katy tun?"

„John, bitte. Ich kenne diese Leute. Ich habe schon die Post für diese Leute erledigt, als die liebe Katy noch nicht einmal Schreibmaschine schreiben konnte. Weißt du denn nicht, daß ich eifersüchtig über meine Arbeit wache?"

„Doch", erwiderte John. „Ich bin auch eifersüchtig – auf dich. Aber ich brauche mich nicht zu sorgen, nicht wahr?" Sachte fuhr er mit der Hand über ihre Wange. „Nein, ich brauche mir keine Sorgen zu machen – nicht um Loren."

In jener Nacht hatte sie bis kurz vor drei gearbeitet, ein Bad genommen und war zu Bett gegangen. Innerhalb von Minuten war sie fest eingeschlafen. Als das Telefon klingelte, fiel es ihr schwer, wach zu werden. Der kleine Wecker neben dem Bett zeigte vier Uhr. Zu dieser nachtschlafenden Zeit rief man nur an, wenn etwas Schreckliches passiert war.

„John...?"

Sie war auf einmal glockenwach und hielt den Atem an. Niemand meldete sich. Und dann begann es... munter und fröhlich: das alte Lied „Unterm Birnbaum traf ich sie..."

Und das war alles.

Die Uhr war immer leise gewesen. Warum tickte sie jetzt so laut? Loren wälzte sich unruhig auf den Kissen, drehte den Kopf und starrte den lästigen Wecker an. Schlafen war ausgeschlossen. Sie bettete den Kopf höher. Bis auf das Ticken der Uhr war es mucksmäuschenstill im Zimmer. Auch das Lachen in der Wohnung unter ihr war verstummt. Das Mondlicht malte gespenstische Schatten an die Wand. Loren fingerte eine Zigarette aus der halbleeren Packung, zündete sie an und setzte sich auf.

Sie hatte John von dem nächtlichen Anruf nichts erzählt. Eindeutig steckte Ted dahinter, das war ganz seine Art. Aber was wollte er damit bezwecken? Die Tage und Nächte nach dem Anruf verbrachte sie mit Warten. Sie wartete auf seinen nächsten Zug. Aber nichts geschah. Als John aus Cleveland zurückkam, fand er eine nervöse und blasse Frau vor.

„Du arbeitest viel zuviel", tadelte er. „Loren, ich dulde nicht, daß es so weitergeht! Katy wird zumindest einen Teil deiner Arbeit übernehmen."

Sie wollte ihm von dem Anruf erzählen. Aber das ging nicht, denn dann hätte sie ihm alles erzählen müssen. *Dann sag ihm alles, Loren,* redete sie auf sich selbst ein. *John ist ein vernünftiger und erwachsener Mann. Er wird nur darüber lachen, und Ted hätte ausgespielt.*

„Erinnerst du dich an die McGregors?" fragte John plötzlich. „Miami... Flitterwochen?"

Loren erinnerte sich. In Gedanken war sie soeben in derselben Gegend gewesen.

„Ich traf Sam in Cleveland. Er ist fertig, vollkommen kaputt. Seine Frau ging nach Remo, ließ ihn sitzen. Dieser Mann hat sich schon durch Situationen gekämpft, wo selbst Supermann gezaudert hätte. Aber das mit seiner Frau hat ihn geschafft. Ihr Frauen wißt ja gar nicht, was ihr einem Mann antun könnt."

„Remo?" wiederholte Loren. „Wieso?"

Johns Züge verhärteten sich. „Aus dem üblichen Grund. Sam ist ein vielbeschäftigter Mann. Er hat wenig Zeit, den Casanova zu spielen. Es gibt zwar keine Stierkämpfer in Atlanta, aber es laufen dort Casanovas herum. Man sollte meinen, eine Frau kennt den Unterschied zwischen Liebe und Schwärmerei, nicht wahr? Aber dem ist nicht so, es scheint, sie haben alle dieselbe Schwäche." Aber dann verschwand die Verbitterung in Johns Stimme. „Außer einer", fügte er hinzu.

Loren sagte nichts.

Sie wartete auch weiterhin, aber Ted ließ nichts von sich hören. Anfang Februar flog John nach Denver... wieder mit der Nachtmaschine. Loren arbeitete bis drei Uhr nachts an den Geschäftsbriefen und ging dann zu Bett, konnte aber kein Auge zutun. Eine unbestimmte Unruhe zerrte an ihren Nerven, bis es vier Uhr war und das Telefon klingelte. Jetzt war die Unruhe nicht mehr unbestimmt.

Der Anruf war genau wie zuvor. Niemand meldete

sich, nur das lustige Klavierstück klang aus dem Hörer...

In den nächsten Monaten mußte John häufig verreisen. Zu dieser Jahreszeit war im Geschäft am meisten los. Als er das nächstemal unterwegs war, versuchte sie erst gar nicht zu schlafen. Um vier Uhr läutete das Telefon.
„Unterm Birnbaum traf ich sie..."
Loren versuchte, den Anrufer ausfindig machen zu lassen. Ohne Erfolg, der Anrufer war zu gewitzt. Dennoch verfolgte er kein bestimmtes Ziel. Ihre Nerven begannen zwar darunter zu leiden, aber davon abgesehen waren die Anrufe harmlos. Ted war ein viel zu praktisch denkender Mensch, als daß er ohne bestimmtes Ziel jemanden gequält hätte. Dieser sadistische Trick trug schon mehr die Handschrift einer eifersüchtigen Rivalin.
Celeste!

Eine Minute nach drei, als John gerade nach Omaha unterwegs war, legte Loren den Hörer auf. Sie war überzeugt, ihren Quälgeist jetzt durchschaut zu haben. Ted war cleverer, als sie gedacht hatte. Nicht an John Banions Frau, sondern an seine Ex-Frau hatte er sich gewandt. Er hatte ihr seine Geschichte erzählt, und jetzt versuchte Celeste, Johns Ehe zu zerrütten, indem sie seine Frau in einen Nervenzusammenbruch trieb. Eine Minute nach vier, soeben hatte sich der Peiniger zum vierten Mal gemeldet, war für Loren der Fall klar. Man wollte sie verunsichern, beunruhigen, sie soweit bringen, die Nerven zu verlieren, und dann...

Was Celeste dann vorhatte, war ihr nicht ganz klar. Loren nahm sich vor, nicht so lange zu warten. Mit denselben Waffen wollte sie zurückschlagen!

Sie überlegte. Die Anrufe kamen nur in der ersten Nacht von Johns Abwesenheit. Der Grund dafür war klar: Wäre John zu Hause gewesen, hätte er den Anruf abfangen können. Außerdem war es nie vorherzusagen, wie lange seine Geschäftsreisen dauerten. Die einzige Möglichkeit, John zu umgehen, war in der Nacht unmittelbar nach seiner Abreise gegeben. Das bedeutete, daß Celeste Zugang zu seinen Terminplänen hatte.

Am nächsten Morgen sprach Loren mit Katy.

„Erinnern Sie sich an den Tag, als die frühere Mrs. Banion Mr. Banion in seinem Büro aufsuchte?" fragte sie.

„Natürlich, Mrs. Banion."

„War sie allein gekommen?"

Jetzt überlegte Katy etwas länger.

„Das weiß ich nicht... doch, sie wurde von einem Mann begleitet. Er wartete draußen."

Offenbar Ted.

„Haben Sie ihn seither gesehen?"

„Nein, Mrs. Banion."

Aber es gab andere junge Mädchen im Büro. Ideale Opfer für Teds Charme.

„Katy, ich möchte, daß Sie mir einen Gefallen tun. Fragen Sie die anderen Mädchen, ob eines einen neuen tollen Freund hat, aber natürlich so, daß keine mißtrauisch wird."

Katy lachte.

„Was ich so höre, hat jedes Mädchen jede Woche einen tollen neuen Freund."

„Das meinte ich nicht! Ich meine einen *bestimmten* Freund.

Und noch etwas, Katy. An dem Tag, als die frühere Mrs. Banion sich mit Mr. Banion unterhielt, konnten Sie da zufällig etwas von dem hören, was gesagt wurde?"

„Hören, Mrs. Banion?"

Lorens Geduld war erschöpft, manche Leute stellten sich absichtlich dumm.

„Zufällig oder sonstwie", zischte sie. „Ach, schauen Sie nicht so gekränkt. Ich hatte diesen Job vor Ihnen, und ich war ehrgeizig und auch nur ein Mensch. Ich lauschte, ich spionierte. Ich weiß, was in einem Büro gespielt wird. Das ist für mich sehr wichtig, Katy. Ich werde mich erkenntlich zeigen, wenn Sie mir etwas sagen können... irgend etwas."

Es war dumm von ihr, leichtsinnig und typisch weiblich, das zu sagen, und Loren bedauerte ihre Worte sofort. Hätte Katy sauer reagiert, wäre es nicht so schlimm gewesen, aber ein winziges, höhnisches Lächeln huschte über ihr Gesicht. Loren mußte sich wirklich zusammennehmen, um ihr keine Ohrfeige zu geben.

Du wirst weich, Loren. Die Nerven gehen mit dir durch!

Loren riß sich zusammen und sah Katy eindringlich an. Katy lächelte nicht mehr.

„Es tut mir leid, Mrs. Banion, aber ich habe nichts gehört. Sollte ich jedoch etwas erfahren, werde ich Ihnen natürlich Bescheid geben."

Loren ging in ihr Büro zurück. Sie war erschüttert, weil sie ihre Grundsätze derart verleugnet hatte. Celeste konnte die ersten Erfolge verbuchen. Wie immer ihr teuflischer Plan auch aussehen mochte, es zeichnete sich ein Erfolg ab. Noch nie hatte sie so mit einer Angestellten gesprochen wie eben mit Katy. Noch nie...

Als John aus Omaha zurückkehrte, mußte seine Frau das Bett hüten.

„Es ist nichts", beharrte Loren. „Nur eine kleine Erkältung."

„Du bist total überarbeitet, meine Liebe", erwiderte John. „Und ich habe dich gewarnt, Loren. Jetzt werde ich dich in Urlaub schicken."

Damit Celeste freie Bahn hat. Das ist ihr Spiel. Das muß es sein.

„Nein!" entgegnete Loren. „Nicht jetzt. Nicht zu diesem Zeitpunkt!"

Johns Gesicht wurde sehr ernst. Er setzte sich auf die Bettkante, ohne vorher seinen Mantel auszuziehen.

Aktenkoffer und Zeitung legte er neben sie aufs Bett.

„Du hast es also schon erfahren", sagte er. „Loren, das ist kein Grund zur Aufregung. Wirklich, sie bedeutet mir nichts – sie bedeutet mir schon seit Jahren nichts mehr." Es gab Zeiten, da wurde seine Miene so verbissen, daß er richtig grausam aussah. „Ja, ich müßte lügen, wenn ich sagen würde, daß ich es bedaure."

Die Zeitung war offen auf das Bett gefallen. Während sie noch über Johns Worte rätselte, fiel ihr Blick auf das Foto eines bekannten Gesichts. Celeste. Sie zog die Zeitung näher heran, bis sie den Text lesen konnte. Celeste hatte einen Autounfall. Sie war tot.

Loren konnte nichts gegen das Glücksgefühl tun, das plötzlich in ihr aufstieg. Die Bedrohung war weg. Celestes teuflischer Plan würde nie verwirklicht werden.

Schon nach wenigen Tagen war Loren ganz die alte.

Drei Wochen später flog John nach San Francisco. Loren arbeitete die halbe Nacht lang, ging dann zu Bett und schlief sofort ein. Doch sie schlief nicht lange, um vier Uhr morgens läutete das Telefon.

Die Serenade ging weiter...

Eine Sirene heulte irgendwo in den Straßen. Das schrille Geräusch brachte Loren in die Wirklichkeit zurück. Sie drückte ihre Zigarette in einem mittlerweile randvollen Aschenbecher aus und blickte erneut auf die Uhr. Fünfzehn Minuten vor vier. Loren saß aufrecht mit klopfendem Herzen im Bett. Warum hatte sie Angst? Ihr Vorgehen war systematisch, effektiv und entschlossen gewesen, vor allem... entschlossen!

„Im Geschäftsleben, Miss Donell, geht es darum, daß man als Führungskraft Entscheidungen fällen und an ihnen festhalten muß. Ob Sie recht haben oder nicht – auf jeden Fall müssen Sie eine Entscheidung fällen!"

Das hatte John Banion damals seiner neuen Sekretärin ans Herz gelegt, einer ehrgeizigen, fleißigen Sekretärin, die – warum soll man das verheimlichen – bereits in ihren Chef verliebt war. Er brauchte sechs Jahre, um diese Liebe zu erkennen und sie zu erwidern, als er endlich entdeckt hatte, was alle längst über seine Frau Celeste wußten. In der Zwischenzeit hatte Loren gelernt, entschlossen zu sein.

Entschlossen. Die ersten Anrufe nach Celestes Tod beseitigten alle Zweifel: Es war Ted. Jetzt war sie am Zug. Aber wo fand sie Ted? Es wäre nicht schwer gewesen, Celeste aufzuspüren, aber mit Ted verhielt sich das anders. Sie wollte keinen Privatdetektiv einschalten und somit eine Spur hinterlassen, die man später finden und der man nachgehen könnte. Der Anstoß zur Lösung des Problems kam ganz überraschend... von Katy.

„Mrs. Banion, können Sie sich erinnern, daß Sie mich über einen Mann befragten, der mit der früheren Mrs. Banion kurz vor Weihnachten in unser Geschäft kam?"

Das war zwei Wochen später nach Celestes Tod

gewesen. Loren, die an ihrem Schreibtisch saß, sah nicht auf, um ihre Neugier nicht zu verraten.

„Was ist mit ihm?" fragte sie, als ob nichts wäre.

„Ein komischer Zufall, aber ich mußte gestern in der Stadt für Mr. Banion etwas erledigen und sah diesen Mann. Er ging in ein kleines Hotel, *The Lancer*. Ich denke, er wohnt dort, da er ein Paket unter dem Arm trug, das wie ein Wäschepaket aussah."

„Sehr aufmerksam", sagte Loren trocken.

„Aber Sie baten doch..."

Loren blickte lächelnd auf.

„Alte Geschichte", sagte sie. „Längst vergessen, aber trotzdem besten Dank."

Loren war nicht so gelassen, als sie einige Zeit später zum *Lancer-Hotel* fuhr, den Wagen auf der gegenüberliegenden Straßenseite parkte und den Eingang so lange beobachtete, bis sie Ted herauskommen sah. Das *Lancer* war ein schäbiges Hotel in einer schäbigen Gegend, Celeste hatte offenbar nicht sehr viel zu Teds Lebensunterhalt beigetragen. Diesen Zustand würde Ted nicht lange aushalten, dachte Loren. Ted ging vom Hotel zu einem Kegelpalast am Ende des Häuserblocks. Loren wählte von einer Telefonzelle aus die Nummer des Hotels und erhielt die Auskunft, daß Ted dort tatsächlich wohnte. Dann machte sie sich ans Werk.

Zuerst mußte sie sich eine Platte mit einer Klavierfassung von Teds Lied besorgen. Die bekam sie für wenig Geld in einem Kaufhaus. Eine größere Summe mußte sie in ein kleines Tonbandgerät investieren, das von Batterien gespeist wurde und in ihrer Handtasche Platz hatte. Zu Hause überspielte sie die Schallplatte und fügte zum Schluß eine persönliche Botschaft hinzu.

„Wir können uns arrangieren, wenn du mich heute um zwei Uhr nachts hinter dem Kegelpalast erwartest."

Sie vernichtete die Schallplatte und wartete die nächste Geschäftsreise ihres Mannes ab. Am ersten Donnerstag im März nahm John die Nachtmaschine nach Chicago. Sobald Loren davon erfuhr, tat sie zwei Dinge: sie nahm zwei Stunden Diktat auf das Tonbandgerät auf und bestellte zwei Karten für ein Theaterstück.

Katy mußte leider absagen.

„Ich würde Sie gern begleiten, Mrs. Banion, aber heute geht es nicht. Mein Freund..."

„Okay, bleiben Sie bei Ihrem Freund. Es ist nicht leicht, einen guten Mann zu finden. Ich frage jemand anderen."

Ein Kunde aus einer anderen Stadt hatte für jenen Abend noch nichts vor und nahm die Einladung dankend an. Wer mit ihr ging, war völlig egal, Hauptsache sie hatte eine Begleitung. Loren fuhr mit dem eigenen Wagen ins Theater. Während der ersten Pause entschuldigte sie sich und ging in die Telefonzelle im Foyer. Sie nahm das Tonbandgerät aus ihrer Handtasche, wählte die Nummer von Teds Hotel und wartete, bis sie seine vertraute Stimme hörte. Dann schaltete sie das Tonband ein und hielt den Lautsprecher an die Sprechmuschel.

Als die Aufzeichnung abgespielt war, hängte sie ein, verstaute das Gerät wieder in der Handtasche und kehrte an ihren Platz im Theater zurück.

Es war halb eins, als Loren zum erstenmal in ihre Wohnung kam. Sie ließ ihren Wagen auf der Straße stehen, was sie häufig tat, wenn der Parkhauswächter nicht mehr im Dienst war. Das Auto stand dort sicher, denn jede volle Stunde drehte Wachtmeister Hanlon seine Runde. Außerdem wollte sie, daß der Wagen gesehen wurde. Im Flur traf sie auf andere Bewohner, die aus dem Theater oder Kino heimkamen, und fuhr mit ihnen zusammen im Aufzug nach oben. Sie ging auf direktem Weg in ihre Wohnung und packte als erstes das Tonbandgerät aus. An seiner Stelle verstaute sie eine Pistole in der schwarzen Handtasche. Dann legte sie das präparierte Diktat-Band in das Gerät ein, öffnete die Balkontür, so daß ihre Stimme im Stockwerk darunter gehört werden konnte, wartete, bis es ein Uhr war und setzte das Gerät in Gang. Es war Zeit zu gehen.

Über den Aufzug im rückwärtigen Teil des Gebäudes verließ sie das Haus ungesehen. Sie nahm nicht ihren Wagen, sondern ging durch eine Seitenstraße bis zur nächsten Kreuzung, wo sie ein Taxi anhielt. Bis auf sechs Häuserblocks ließ sie sich an Teds Hotel heranfahren und ging den Rest des Weges zu Fuß. Schlag zwei Uhr wartete sie im Schatten eines Baumes hinter dem Kegelpalast. Ted kam nur wenige Minuten zu spät. Sie ließ ihn bis auf ein paar Meter herankommen und drückte ab. Durch den Lärm aus den Kegelbahnen fiel der Schuß nicht weiter auf. Auf Teds Gesicht zeigten sich Schreck, Schmerz und Überraschung. Dann stürzte er schwer zu Boden und blieb regungslos liegen. Nachdem sie sich vergewissert hatte, daß er auch wirklich tot war, ging sie davon – nicht schnell, sondern ganz normal und unauffällig. Sie begegnete in dieser späten Stunde nur wenigen Menschen, und nach ein paar Häuserblocks bekam sie ein Taxi, von dem sie sich bis auf einige hundert Meter an ihre Wohnung heranfahren ließ. Den Rest ging sie zu Fuß.

Es war genau zehn Minuten vor drei, als Loren nach Hause kam...

Das Heulen der Sirene wurde immer schwächer, aber nicht ihr Herzklopfen. Es war, als ob sie wie ein Schlafwandler in Trance gewesen wäre, denn erst jetzt fiel es ihr wie Schuppen von den Augen: sie war eine Mörderin. Das Schreckliche daran war nicht, daß Ted tot war – das bekümmerte sie ebensowenig, wie John Celestes Tod bedauerte. Es war etwas anderes: Angst! Aber was konnte jetzt noch schiefgehen? Sie war in Begleitung im Theater gewesen, als im Hotel der Anruf an Ted weitervermittelt worden war. Sie hatte die Balkontür offengelassen, so daß Cherry Morgan ihre Stimme hören konnte. Sie hatte ihr Auto auf der Straße stehenlassen und war mit Nachbarn im Aufzug nach oben gefahren. Sie hatte die Platte vernichtet... das

Tonband! Binnen einer Sekunde war Loren aus dem Bett gesprungen. Sie tauschte die Bänder in dem Gerät aus und löschte den Schlußsatz hinter der Melodie. Es gab jetzt keinen Beweis mehr, und die Polizei konnte sie unmöglich mit der Leiche in Verbindung bringen, die man in einer dunklen Gasse hinter einer Kegelbahn in einem verrufenen Stadtviertel auffinden würde. Trotzdem mußte sie auf der Hut sein. Sie spulte beide Bänder zurück und machte sich daran, die Aufnahmen zu löschen. Was sonst noch? Katy hatte ihr erzählt, wo sie Ted finden könnte. Aber Katy wußte nicht einmal seinen Namen. Und John? Ganz egal, was Celeste ihm über Ted gesagt haben mochte, er würde sie nie mit seiner Ermordung in Verbindung bringen.

Aber die Pistole. Sie mußte die Pistole loswerden! Loren riß das Ding aus ihrer Handtasche und schaute sich im Zimmer nach einem Versteck um. Die verdammte Pistole war der einzige Beweis, der gegen sie sprach. Mit der Pistole in der Hand stand sie da, drehte sich herum, ging ziellos umher... da klingelte es an der Tür.

Gerade noch rechtzeitig fiel ihr ein, das Ding unter einem Sofakissen zu verstecken, dann öffnete sie. Der bullige Wachtmeister Hanlon stand vor der Tür und blickte freundlich zu ihr herunter.

„Mrs. Banion", sagte er, „es tut mir leid, daß ich Sie so spät stören muß, aber unten ist keiner mehr."

Sie brachte kein Wort über die Lippen. Nimm dich

zusammen, Loren, er hat keine Ahnung!

„Ich wußte nicht, was ich mit den Dingern machen sollte."

Er hielt einen Schlüsselbund hoch und ließ ihn vor Lorens Nase tanzen. Es dauerte einige Sekunden, bevor sie die Schlüssel als ihre eigenen erkannte.

„Sie haben sie in Ihrem Wagen liegengelassen, Mrs. Banion. Die Scheiben waren heruntergedreht, und so entdeckte ich die Schlüssel. Das ist sehr unvorsichtig, Mrs. Banion."

Ganz automatisch streckte Loren die Hand aus und nahm die Schlüssel entgegen.

„Danke", sagte sie, „war das alles?"

„Ja, das ist alles, Mrs. Banion. Entschuldigen Sie, daß ich Sie aus dem Schlaf gerissen habe, aber ich wußte nicht, was ich sonst tun sollte."

Loren schloß hinter ihm die Tür und blieb lauschend stehen, bis sie den Aufzug hörte, mit dem der Wachtmeister wieder nach unten fuhr. Nur wegen der Schlüssel? Sie wollte lachen und weinen zugleich. Aber am dringendsten wollte sie John. Sie wollte sich an ihn klammern, ihren Kopf an seine Schulter legen, ihr Gesicht in seinen Händen vergraben. Die Wochen des Terrors waren vorüber, und Hanlon hatte ihr nur die Schlüssel gebracht!

John war nicht da, aber sein Schlafzimmer lag neben ihrem. Sie hastete in sein Zimmer, machte das Licht an und ging zu dem Sessel hinter seinem Schreibtisch. Als sie sich in das weiche Leder sinken ließ, fühlte sie sich besser. Plötzlich stutzte sie, das Ticketkuvert der Luftfahrtgesellschaft lag auf der ledernen Schreibunterlage. War John ohne sein Ticket geflogen? Sie sah hinein. Nein, der Flugschein war nicht drin. Ich bin eine neurotische Frau, die sich über alles den Kopf zerbricht, dachte sie. Und dann fiel ihr Blick auf das Datum und die Abflugzeit, die auf dem Kuvert standen: 6. 3., 8 Uhr.

Der sechste war Freitag. 8 Uhr war am Morgen. Heute morgen, nicht Donnerstag abend.

Das mußte ein Irrtum sein. Das Büro der Luftfahrtgesellschaft war Tag und Nacht offen. Schnell wählte Loren die Nummer.

John Banion?... Welcher Flug, sagten Sie? Nein, ein John Banion war nicht an Bord der 21-Uhr-Maschine nach Chicago... der 8-Uhr-Flug von heute?... Ja, da haben wir eine Reservierung für John Banion... Mit wem spreche ich?... Oh, Mrs. Banion. Ihr Mann fliegt häufig mit uns. Er bucht aber stets die Tagesflüge. Er fliegt nie nachts."

Loren legte den Hörer zurück auf die Gabel. Im Geist hörte sie Johns Worte von damals, als er seine Finger in ihre Arme gebohrt hatte.

„Ich könnte es nicht ertragen, wieder an der Nase herumgeführt zu werden!"

Und was hatte er an jenem Tag gesagt, als Celeste ihn besuchte?

„Treue ist nur ein Wort. Nur ein Wort."
„O nein, John", flüsterte Loren.
„Ich fliege während der Nacht, da ist es ruhiger und ich..."
„John, nein..."
Aber es mußte John sein. Er hatte ihren Gesichtsausdruck gesehen, an jenem Tag in Miami, als Ted eine alte Melodie spielte. Er hatte von Celeste einige Dinge erfahren – genug, um ihn dazu zu bewegen, ihr Schweigen mit Geld zu kaufen. Und unmittelbar danach hatten die Anrufe begonnen. Und wo war John, wenn er nicht die Nachtmaschine nahm, wie er behauptete? Loren wußte es genau, und ein kalter Schauer lief ihr über den Rücken. Das Leben der Männer bewegte sich immer in denselben Bahnen. Alte Gewohnheiten legt man nicht so einfach ab. Schon einmal hatte er sich an seine Sekretärin gewandt, und jetzt... war nicht Katy es gewesen, von der sie erfahren hatte, wo Ted sich aufhielt? Katy, die nicht mit ihr ins Theater gehen konnte, da sie einen Freund erwartete? Katy, das ach so naive Ding, das *doch* heimlich an Türen lauschte...

Und Ted Lockard war tot. Daran mußte sie in dem Moment denken, als das Telefon zu läuten begann. Loren wandte ihre Schritte zur Tür und ging gehorsam in ihr Schlafzimmer. Sie nahm den Hörer ab und lauschte mit ausdruckslosem Gesicht der Melodie. Es war vier Uhr, Zeit für Johns Ständchen.

Fünf Mille

Als Rechtsanwalt hätte er eigentlich wissen müssen, daß es eine gefährliche Sache ist, einen Menschen kaufen zu wollen. Einem Klienten hätte er auf jeden Fall abgeraten, das zu tun, was er selber gerade tat. Aber es ist natürlich leicht, hinter dem Schreibtisch zu sitzen und kluge Ratschläge zu erteilen, wenn man nicht selbst betroffen ist. Ganz anders verhält es sich, wenn einen die Sache persönlich angeht, wenn man jemanden beschützen und decken will, der einem sehr viel bedeutet. Und vor allem, wenn dieser jemand eine Frau ist.

„Fünftausend in Hundertern, habe ich Sie richtig verstanden, Mr. Hannon?" fragte die Kassiererin, ein unscheinbares Mädchen mit einer dicken Hornbrille auf der Nase. Diese Summe in bar von einem Konto abzuheben, auf dem nicht mehr als fünftausend waren, passierte nicht alle Tage.

„Richtig, fünfzig Scheine", erwiderte er. Sie zählte sorgfältig das Geld, steckte dann die Scheine in ein braunes Kuvert und reichte sie unter den Gitterstäben zu Mr. Hannon durch. Dieser bekam fast ein schlechtes Gewissen, als er das Päckchen in seine Brusttasche steckte und die Bank schnell verließ.

Von dort war es nur ein kurzer Fußmarsch zu

Dominic's Bar, einem kleinen Lokal mit Mahagonitäfelung, dem typischen Tagestreffpunkt für Geschäftsleute. Sein Mann erwartete ihn an einem Tisch im hinteren Ende des Lokals. Hannon ging auf ihn zu, setzte sich aber nicht, sondern griff nur in seine Brusttasche. „Ich habe das Geld, Trask."

Der andere Mann lächelte. „Wollen Sie etwas trinken, Mr. Hannon?"

„Nein, danke."

Der Mann machte ein beleidigtes Gesicht, sein Lächeln war jetzt weniger herzlich. „Hannon", sagte er, „ich tue Ihnen einen großen Gefallen. Entweder wir vertragen uns, oder aus dem Geschäft wird nichts."

Hannon nahm Platz. Er wollte keine Aufmerksamkeit erregen.

„Was trinken Sie, Mr. Hannon?" erkundigte sich der andere.

„Whisky."

Mel Trask gab den Wunsch an eine wartende Kellnerin weiter und lehnte sich dann grinsend zurück. In seinem sonnengebräunten Gesicht glänzten braune Augen, sein dunkles Haar war gewellt, und die strahlend weißen Zähne blitzten jedesmal auf, wenn er lächelte. Ein schöner Mann also. Zudem war er groß und muskulös, hatte breite Schultern und kein Gramm zuviel an seinem athletischen Körper.

Ein Typ, der bei Frauen ankam. Ein kleiner Ganove, dessen Intelligenz sich in Grenzen hielt, der seine

Wirkung auf Frauen jedoch auszuspielen wußte.

„Nun, Mr. Hannon, Sie sind also der Ansicht, daß Ihnen Ihre geliebte Gemahlin fünftausend Dollar wert ist." Seine Stimme war so glatt und sanft wie sein Aussehen. „Aber ich hoffe, daß Ihnen eine Sache klar ist. Diese fünf Mille garantieren nur, daß ich aus dem Leben Ihrer Alix verschwinde. Sie garantieren nicht, daß sie zu Ihnen zurückkehren wird."

„Ja. Das ist mir schon klar."

„Sie gehen also ein Risiko ein."

„Ja, das sagte ich Ihnen bereits."

Die Kellnerin brachte Hannons Whisky. Trask hob sein eigenes Glas, als wolle er anstoßen, und nahm einen Schluck. „Aber es lohnt sich, dieses Risiko einzugehen", fuhr er fort, „auch wenn alles nicht so rosig ausschaut. Alix ist eine tolle Frau. Die fünf Mille sind nicht schlecht angelegt, wenn ich dafür das Feld räume, so daß Sie es noch einmal probieren können."

„Zerbrechen Sie sich nicht über meine Angelegenheiten Ihren Kopf, Trask."

„Okay, Hannon. Über einen Punkt haben wir uns allerdings noch nicht geeinigt. Wie lange gilt diese Abmachung?"

Hannon biß sich auf die Lippen. „Was meinen Sie damit?" fragte er vorsichtig.

„Nun, wenn ich nicht mehr im Weg bin, werden Sie ja versuchen, Ihre Frau zurückzugewinnen. Angenommen, Sie schaffen es nicht? Angenommen, sie will nicht? Wenn ich Ihnen drei Monate gebe, und Sie sind immer noch keinen Schritt weitergekommen, dann hatten Sie die Chance, für die Sie bezahlten. Und ich kann mich wieder an Alix ranmachen."

Hannon mußte jetzt deutlicher werden. „Sie mißverstehen mich, Trask. Ich kaufe Ihnen nicht Alix für fünftausend ab. Ich zahle Ihnen das Geld, damit Sie sie in Ruhe lassen. So als hätte sie Zahnweh, und ich gäbe einem Zahnarzt das Geld, damit er sie davon befreit."

Trask zuckte mit den Achseln, leerte sein Glas und legte dann beide Hände offen auf den Tisch. „Geben Sie mir die fünf Mille, Hannon", sagte er freundlich.

Die Übergabe des Geldes geschah schnell und unauffällig. Trask steckte das braune Kuvert ebenfalls in die Brusttasche. Dann schob er seinen Stuhl zurück und stand auf. „Aber manchmal kommt das Zahnweh wieder", sagte er im Gehen.

Hannon blieb mit der Getränkerechnung, seiner Wut und dem unangenehmen Gefühl zurück, das er schon zuvor hatte. Wahrscheinlich wäre es doch besser gewesen, die Dinge so zu belassen, wie sie waren. Denn jetzt hatte er sich auf eine Sache eingelassen, von der er nicht wußte, wie sie ausgehen würde.

Natürlich war es ganz und gar sein Fehler gewesen. Das mußte er mit Verbitterung am nächsten Morgen feststellen. Es war immer das gleiche: jeder Morgen begann mit diesem schrecklichen Gefühl. Vielleicht war es nur so schlimm, weil sein hartnäckiges Unterbewußtsein ihm ständig einredete, daß Alix' Weggang nur ein böser Traum war, und daß sie in Wirklichkeit neben ihm im Bett läge.

Das Schlafzimmer, ja die ganze Wohnung, schien immer noch von ihr, seiner geliebten Alix, erfüllt zu sein. Er hatte nichts angerührt oder verändert, seitdem sie fort war. Zunächst hatte er damit gerechnet, daß sie ihren Schritt bald bereuen und zurückkommen würde. Später dann wollte er sich mit der ständigen Erinnerung an sie bestrafen, die Erinnerung, die in der vertrauten Umgebung wach würde. Sie hatte ihn nicht darum gebeten, ihr alle persönlichen Sachen nachzuschicken, die sie bei der übereilten Abreise vergessen hatte, und so ließ er alles, wie es war... Die Wäschestücke, die in offenen Schubladen lagen und ihn anklagend anstarrten, wenn er zufällig hinsah, die Frisierkommode, deren Spiegel immer leer blieben, die Döschen und Parfümfläschchen, deren Duft er gelegentlich aus ihrem Gefängnis ließ, damit ihn wenigstens etwas an Alix erinnerte... ach, da waren tausend Dinge, die zu ihr gehörten. Zu seiner Frau.

Er vermißte sie. Nach wie vor liebte er sie. Und er wollte sie wieder bei sich haben. Er mußte verrückt gewesen sein. Ganz gleich, wie es dazu kam. Ganz gleich, welche besonderen Umstände vorgelegen hatten. Okay, Alix war verreist gewesen, als er zusammen mit Chrys Waring so ausdauernd am McCalmon-Fall gearbeitet hatte. Okay, er konnte ja nicht wissen, daß sich die hübsche Chrys in ihn verliebt hatte. Sie war eine ausgezeichnete Sekretärin und beim McCalmon-Fall eine große Hilfe gewesen. Dann wurde McCalmon freigesprochen, und um das zu feiern, war er mit Chrys zum Essen gegangen. Nach mehreren Drinks hatte er mit ihr eine Spazierfahrt gemacht. Mehr war nicht gewesen. Aber er hätte es gar nicht so weit kommen lassen dürfen. Und vor allem war es dumm und leichtsinnig, sich mit Chrys Waring an einem Ort zu treffen, wo er gesehen und erkannt werden konnte.

Auch diese Sache mit Trask war sein Fehler. Zwar nur indirekt, aber dennoch sein Fehler. Wäre in den folgenden Wochen Alix nicht aus Rache ein paarmal allein ausgegangen, hätte sie nie einen anderen Mann kennenlernen können und sich vor allem nie mit einem so halbseidenen Kerl wie Mel Trask eingelassen. Alix hatte ihren Unabhängigkeitstrip damit begonnen, mit kleinkarierten Typen auszugehen, einem Haufen Idioten, die es sehr aufregend und reizvoll fanden, in Lokalen zu verkehren, wo sich zwielichtiges Volk herumtrieb. Und Alix war genau die Frau, die die Blicke eines Mel Trask auf sich lenken mußte, denn sie war attraktiv und selbstsicher und zudem die Frau eines sehr tüchtigen Strafverteidigers.

Ja, es war ausschließlich seine Schuld. Und jetzt versuchte er, mit einer etwas ungewöhnlichen Methode seinen „Fall" zu lösen.

Lustlos stand er auf, zog sich an und rasierte sich. Während der Fahrt ins Büro überlegte er, was er als nächstes tun sollte. In der Kanzlei wurde er von Nancy Dillon begrüßt, die ihn schüchtern und vorsichtig anlächelte. Nancy war ein sehr unscheinbares Mädchen und äußerst tüchtig, und genau aus diesem Grund hatte sie auch die Stelle bekommen. Sie legte ihm sofort die Overton-Akte auf den Tisch, mit der er sich den ganzen Vormittag über beschäftigte. Zumindest versuchte er, sich darauf zu konzentrieren. Um eins ging er zum Lunch.

Und jetzt bekam er zum erstenmal die heutige Zeitung zu Gesicht. Eine knallige Schlagzeile auf Seite drei verkündete, daß Mel Trask, ein hiesiger aktenkundiger Gauner, erschossen worden war.

Hugh Hannon lebte an den folgenden beiden Tagen von Zeitungen. Einerseits war er natürlich froh, Mel Trask los zu sein. Ein toter Mann stellte keine Geldforderungen mehr. Und es war ihm egal, wer Trask ermordet hatte. Das einzige, worüber er sich den Kopf zerbrach, war Alix.

Aber in den Zeitungen wurde ihr Name nicht erwähnt. Die Presse brachte einen ziemlich vollständigen Lebenslauf von Trask, erwähnte seine drei Gefängnisstrafen, seine Verurteilung wegen Erpressung, seine Verbindung mit der Rossiter-Bande und seine Liebschaften mit Nachtclubtänzerinnen. Hätte irgendein

Reporter Alix Hannons Beziehung zu dem Verstorbenen aufgedeckt, so wäre diese Tatsache mit großer Genugtuung verbreitet worden. Denn dieser politische Skandal hätte eine gute Extra-Schlagzeile ergeben. Die Frau von Hugh Hannon, einem der vielversprechendsten Strafverteidiger und vielleicht neuem Staatsanwalt – die Frau von diesem Hugh Hannon hatte ein Verhältnis mit einem billigen Ganoven! Da hierüber aber nichts in der Zeitung stand, hatte die Presse davon noch nicht Wind bekommen.

Und das bedeutete, daß Trask nirgendwo mit seiner neuen Freundin Alix angegeben hatte. Darüber war Hannon erstaunt. Er konnte es sich nur so erklären, daß Trask an eine politische Karriere des Anwaltes glaubte. Denn sollte Hugh Hannon es tatsächlich weit bringen, dann würde es sich für Trask als äußerst vorteilhaft erweisen, mit Mrs. Hannon einmal befreundet gewesen zu sein. Daraus konnte man leicht Kapital schlagen, allerdings nicht, wenn alle Welt über die Freundschaft Bescheid wußte. Deshalb hatte er sie nicht an die große Glocke gehängt. Das wäre auch typisch für Trask gewesen. Er verstand es immer, kräftig abzusahnen.

Wo aber waren die fünftausend Dollar? Das Geld wurde in der Presse mit keinem Wort erwähnt. Dennoch tippte die Polizei auf einen Raubmord, weil bei dem Opfer kein einziger Cent gefunden worden war.

Aus diesem Grund bekam er jetzt Gewissensbisse. Wenn Trask das Opfer eines Raubmords war, dann hatte er zufälligerweise das Motiv für Trasks Ermordung geliefert. Letztlich wäre es dann auf dasselbe herausgekommen, wenn er gleich für fünftausend Dollar einen berufsmäßigen Killer auf Trask gehetzt hätte.

Am dritten Tag nach dem Verbrechen stand in den Zeitungen, daß die Polizei einen Mordverdächtigen verhaftet hätte, einen gewissen Phil Cooley, ebenfalls ein kleiner Fisch.

Am Nachmittag jenes Tages erhielt Hannon einen Anruf. Phil Cooley bat ihn, ins Gefängnis zu kommen. Er wollte mit ihm sprechen.

Hannon hatte den Namen Phil Cooley zum erstenmal in der Zeitung gelesen und vorher noch nie von dem Mann gehört. Als der Wärter in Uniform ihn zur Zelle führte, war er deshalb ziemlich gespannt auf den Mann, den man des Mordes an Mel Trask angeklagt hatte. Cooley war nur eine halbe Portion, klein und mager, mit einem schmalen Gesicht, traurigen grauen Augen und strähnigem braunem Haar, das beide Ohren bedeckte. Das heißt, er sah wohl normalerweise so aus, – zur Zeit wies sein Gesicht eine Reihe von Schrammen auf, die Lippen waren geschwollen, und das linke Auge zierte ein Veilchen.

„Ich bin Hugh Hannon", stellte Hannon sich vor.

Cooley hielt ihm eine schlaffe Hand hin. „Klar, weiß ich doch", sagte er katzbuckelnd. „Ich habe Ihr Bild in der Zeitung gesehen."

„Aber ich kenne Sie nicht", antwortete Hannon.

„Ich bin Phil Cooley. Ich erschoß Mel Trask."

Hannon gab sich Mühe, seine Verblüffung über die Offenheit seines Gegenübers nicht zu zeigen. „Sie wurden als Verdächtiger verhaftet", verbesserte er.

„Schon, schon, aber ich habe Mel Trask erschossen."

„Nun gut, wenn Sie meinen."

„Ich brauche einen Anwalt, Mr. Hannon. Und Sie sind der beste weit und breit."

„Sie brauchen keinen Anwalt, wenn Sie ihn erschossen haben und das auch zugeben."

„Aber ich will nicht dafür brummen. Es war Notwehr."

Der kleine Mann lächelte seltsam. Nicht nur, weil die Schwellungen und Schrammen sein Gesicht beim Lächeln zur Fratze werden ließen. Nein, es steckte mehr in diesem Lächeln – etwas Geheimnisvolles und Überlegenes. Was immer es auch war, Hannon gefiel es gar nicht.

„Wollen sie mich nicht darüber aufklären, was vor sich ging, Mr. Cooley?" fragte er.

„Sind Sie mein Anwalt oder nicht?"

„Ich behalte mir das Recht vor, das erst zu entscheiden, wenn ich weiß, was auf mich zukommt. Das muß sein."

Sie saßen Seite an Seite auf Cooleys Bettgestell. Cooley rauchte, doch Hannon lehnte dankend ab.

„Beginnen wir bei mir", begann Cooley. Im Gegensatz zu seinesgleichen war er nicht ungebildet. Er könnte sich sein Brot auf ehrliche Weise verdient haben, wenn er sich Mühe gegeben hätte. Aber er war einer jener Männer, die anscheinend schon mit einer verschrobenen Mentalität auf die Welt kommen und ganz selbstverständlich auf die schiefe Bahn geraten. „Ich bin vorbestraft, Mr. Hannon, das ist der Haken bei der Sache. Einbrüche, Diebstahl, Handlangerjobs für die großen Fische, illegales Glücksspiel. So schuldete Mel Trask mir zweihundert Dollar."

„Spielschulden?"

„Genau. Er schuldete mir das Sümmchen seit etwa einem Monat. Ich mahnte ihn ein paarmal, und er sagte jedesmal, er hätte keinen Kies. Er ließ sich Zeit, weil er das Geld nur mir schuldete, nicht den großen Haien. Kürzlich traf ich ihn dann abends in einer Kneipe, und seine Taschen waren voll. Voller Kies, meine ich. Er leugnete das nicht, zeigte das Geld sogar herum und gab großzügig Drinks aus. Ich wollte meine zweihundert, aber er sagte, ich solle Leine ziehen. Nun, wenn er pleite war, dann störte mich das nicht so sehr, auch wenn er nur so tat, als hätte er kein Geld. Aber er nervte mich, da er es hatte und dennoch nicht damit rausrücken wollte. Ich ließ nicht locker. Ja, ich heftete mich an seine Fersen und ging mit in seine Wohnung. Ich wollte mir die zwei Scheine unter den Nagel reißen, wenn er im Rausch umgekippt wäre. Er hatte nämlich irre Mengen geschluckt."

„Nur die zwei Scheine?" fragte Hannon streng.

Cooley lächelte wieder. Von der Seite gesehen wirkte sein Lächeln sogar noch grotesker. „Wer weiß, was gewesen wäre, wenn ich die Chance gehabt hätte?" meinte er. „Aber die hatte ich nicht. Trask klappte nicht zusammen. Er blieb hartnäckig und wies mir die Tür. Aber ich wollte nicht eher verschwinden, bevor ich nicht mein Geld hatte. Dann ging er auf mich los."

Cooley drückte seine Zigarette aus und wandte Hannon sein Gesicht zu. Er hatte wirklich eine Menge Prügel bezogen, daran gab es keinen Zweifel.

„Trask war viel stärker als ich", fuhr Cooley fort. „Und er konnte mit seinen Fäusten umgehen. Zuerst versuchte ich mich zu verdrücken, aber Trask ließ mich nicht gehen. Er zerrte mich ein paarmal in die Wohnung zurück und vermöbelte mich nach allen Regeln der Kunst. Ich sah mich nach einer Verteidigungswaffe um, aber er war immer schneller als ich. Dann entdeckte ich die Pistole, die er in seinem Jackett hatte. Ich schnappte sie mir und wollte ihn damit in Schach halten. Ich habe nicht im Traum daran gedacht, ihn zu erschießen. Aber als ich die Knarre herauszog, packte er sie ebenfalls. Da sie auf ihn gerichtet war, als der Schuß sich im Handgemenge löste, bekam er das Blei ab, und er war tot."

Hannon wandte den Blick von dem entstellten Gesicht ab und überlegte kurz. Cooleys Story entsprach in etwa den Presseberichten. In Trasks Wohnung waren alle Anzeichen eines heftigen Kampfes gewesen. Es stand auch fest, daß Trask mit seiner eigenen Pistole erschossen worden war, die neben der Leiche auf dem Teppich lag.

„Wie hat man herausgefunden, daß Sie der Täter sind, Cooley?" wollte Hannon wissen.

„Meine Fingerabdrücke waren auf der Pistole. Ich war so durcheinander, daß ich vergaß, sie abzuwischen. Sie überprüften ihre Kartei und fanden die Übereinstimmung der Abdrücke heraus."

„Versuchten Sie nicht abzuhauen?"

„Ich versteckte mich nur. Aber sie fanden mich."

„Erzählten Sie ihnen von dem Kampf mit Trask?"

„Ich habe ihnen gar nichts gesagt. Sie hätten mir sowieso nicht geglaubt."

„Nun gut, Sie haben ja die Verletzungen, die ein Beweis für die Auseinandersetzung sind."

„Richtig, ich sehe entsetzlich aus." Cooley grinste.

„Es sollte also kein Problem sein, Mr. Cooley, mit Selbstverteidigung durchzukommen."

„Es gibt da noch was, Mr. Hannon." Cooley steckte langsam eine zweite Zigarette an.

„Wie bitte?"

„Na, das Geld!"

„Welches Geld? Ihre zweihundert?"

„Nein, die fünftausend."

Hannon bekam ein flaues Gefühl im Magen. Das mit den fünftausend hatte er ganz vergessen.

„Sie meinen Trasks fünftausend?" fragte er unüberlegt.

„Wieso sagen Sie *Trasks* fünftausend?"
„Sie sagten doch, Trask hatte volle Taschen."
„Aber nicht, wieviel."
„Okay, stimmt."

Cooley lächelte. „Ich weiß nicht, wieviel Trask bei sich hatte."

„Okay, das wissen Sie also nicht."

Cooley lächelte nicht mehr. „Ich meinte meine fünftausend Dollar, Mr. Hannon. Diese Summe hatte ich nämlich bei mir, als die Polizei mich aufgriff."

„Woher haben Sie die fünf Mille? Sie sagten doch, der Streit drehte sich nur um zweihundert Dollar."

„Schon richtig, aber mir war selbst ein gutes Geschäft gelungen, außerdem hatte ich gespart. Es ist doch nicht verboten, fünftausend Dollar zu besitzen, nicht wahr? Das allein ist doch kein Verbrechen."

„Nein, das ist es nicht."

„Aber solche Sachen sind geeignet, die Bullen mißtrauisch zu machen."

„Was ist denn mit dem ganzen Geld, das Trask hatte? Was geschah damit?"

„Ich habe es nicht angerührt, Mr. Hannon."

„In der Presse wurde nicht erwähnt, daß der Tote eine große Geldsumme bei sich hatte. Es ist also anzunehmen, daß er überhaupt kein Geld besaß. Und doch behaupten Sie, er hätte mit einem dicken Bündel in einer Kneipe geprahlt. Was geschah mit dem Geld?"

„Woher soll ich das wissen? Sehen Sie, Mr. Hannon,

als ich die Wohnung des toten Trask verließ, war es etwa zwei oder drei Uhr. Gefunden wurde die Leiche erst um acht. Es liegen also fünf oder sechs Stunden dazwischen. Da kämen viele in Frage, die in jener Zeitspanne Trasks Taschen leerten. Zum Beispiel auch die Putzfrau, die ihn fand. Oder sogar einer der Bullen."

Hannon mochte solche Vermutungen gar nicht, aber er konnte nicht das Gegenteil behaupten. „Belassen wir es vorübergehend dabei", sagte er. „Gibt es noch etwas, das Sie mir sagen möchten?"

Cooley verzog sein geschwollenes Gesicht zu einem nachdenklichen Ausdruck. „Was zum Beispiel, Mr. Hannon?"

Hannon bemühte sich, seine nächste Frage nüchtern und unbeteiligt zu stellen. „Hat Trask Ihnen gesagt, wo er das viele Geld überhaupt herhatte?"

Ein zurückhaltendes Lächeln huschte über Cooleys Gesicht. „Nun, in etwa schon. Als wir nämlich in seine Wohnung gekommen waren, begann er nicht sofort, mich zu verdreschen. Wie ich schon andeutete, war er angetrunken und fing an zu prahlen. Eine neue Masche hätte er, sagte er. Nichts für einen häßlichen Wurm wie mich. Für seine neue Masche müßte man gut aussehen und Hirn haben."

„Und was war seine Masche?"

„Frauen. Ehefrauen. Er sagte, er hätte mehrere Ehefrauen an der Leine, und einer der Gatten habe soeben gezahlt. Ihn sozusagen gekauft, damit er die Finger von der Frau ließe."

Hannon holte tief Luft und verschränkte die Arme über der Brust, damit der andere seine zitternden Hände nicht sehen konnte. „Nannte er den Namen dieses Gatten?"

Cooley antwortete nicht sofort. Die beiden Männer blickten einander abwägend an. Hannon versuchte, in den grauen Augen des anderen zu lesen, doch das, was er zu sehen glaubte, behagte ihm gar nicht.

„Nein, er nannte keinen Namen", antwortete Cooley schließlich.

„Dann hilft uns das nicht weiter", kommentierte Hannon die Aussage. „Mit dem großen Unbekannten können wir nichts anfangen. Aber dieser Geldaspekt ist ein Problem, Trasks verschwundene Scheine und Ihre fünf Mille."

Cooley grinste verschmitzt. „Ich weiß", sagte er. „Wenn es so einfach wäre, hätte ich nicht nach Ihnen gerufen, Mr. Hannon. Aber ich habe fünftausend Dollar. Sie gehören Ihnen, wenn Sie den Fall übernehmen. Jeder Cent."

Wieder spürte Hannon jenes prickelnde Gefühl der Unruhe. Er hatte fünftausend an Hannon gezahlt, und Cooley, der Trask zugegebenermaßen erschossen hatte, bot ihm jetzt fünftausend an. Doch es mußte ja nicht dasselbe Geld sein.

★

Hannon verabschiedete sich von Cooley, ohne ihm eine feste Zusage zu geben. Er müsse das Ganze wohl noch einmal überschlafen, sagte er dem kleinen Mann wahrheitsgemäß.

Hannon brauchte Zeit zum Nachdenken. Zuerst mußte er sicher sein, ob Cooley nicht gelogen hatte. War es tatsächlich Selbstverteidigung gewesen? Nun ja, Cooley war ganz schön zusammengeschlagen worden, und solange niemand das Gegenteil beweisen konnte, kam nur Trask als Täter in Betracht. Mel Trask war immerhin ein rauher Kerl gewesen, dem man alles zutrauen konnte.

Aber das eigentliche Problem war die Frage, ob er Cooley überhaupt verteidigen sollte. Moralisch gesehen, schon. Denn alles sprach dafür, daß Cooley in Notwehr gehandelt hatte. Und deshalb war Cooley – juristisch gesehen – unschuldig.

Die Polizei wußte noch immer nichts von dem Verhältnis zwischen Alix und Trask. Was wäre, wenn das ans Tageslicht käme? Zum einen würde es sich sicherlich nachteilig auf Hannons Laufbahn auswirken. Außerdem könnte Alix als Zeugin in den Gerichtssaal geladen werden. Hannon hatte Feinde im Büro des Staatsanwaltes. Und die würden schon irgendeinen Grund finden, Alix in den Zeugenstand zu schicken. Hannon schauderte bei dem Gedanken an die peinlichen Fragen, die man ihr stellen würde – und die peinlichen Antworten, die sie zu geben hätte.

Und jetzt fiel ihm plötzlich ein, daß der Fall Cooley ein Grund wäre, sich nach langer Zeit wieder einmal mit seiner Frau zu treffen. Also griff er schnell zum Telefon, bevor ihn der Mut wieder verließ.

Alix hatte eine eigene Wohnung bezogen. Ihre Telefonnummer stand noch nicht im Fernsprechbuch, aber er kannte sie auswendig, da er sie schon tausendmal anrufen wollte, es aber nie gewagt hatte. Jetzt wählte er die Nummer, es läutete dreimal am anderen Ende der Leitung, dann nahm sie ab. „Hallo?" hörte er ihre Stimme.

„Hier Hugh", sagte er schnell. „Ich muß sofort mit dir reden. Über Mel Trask. Es ist äußerst wichtig."

Einige Sekunden lang sagte sie gar nichts. Und zum erstenmal fragte er sich, wie wohl ihre Reaktion auf Mel Trasks Tod gewesen sein mochte. Vielleicht hatte sie ihn wirklich gern gehabt und trauerte um ihn?

„Was ist mit Mel?" Ihre Stimme war wie Musik in seinen Ohren, aber die Wahl ihrer Worte traf ihn hart. Sie sagte nicht „Trask" oder „Mel Trask", sondern „Mel"!

„Ich kann dir das nicht am Telefon sagen", entgegnete er. „Aber es ist wichtig für dich, Alix, also stell dich um Gottes willen nicht so an."

Wieder schwieg er. Er wußte, was in ihr vorging.

„Wenn es sein muß", sagte sie schließlich widerwillig.

„Ich komme sofort zu dir", antwortete er.

Er hängte schnell ein, eilte auf die Straße und hielt ein

Taxi an. Zehn Minuten später stieg er am Shelley Plaza aus. Auf dem Weg zu ihrer Wohnung legte er sich die Worte zurecht, die er zu ihr sagen wollte. Aber dann ließ er es wieder bleiben, weil es zwecklos war. Sobald er sie sähe, würde er alles vergessen, was er sich vorgenommen hatte.

Alix wohnte im dritten Stock. Er wartete nicht auf den Aufzug, sondern stürmte die Treppe hinauf. Vor ihrer Wohnungstür mußte er einige Augenblicke verschnaufen, um ihr nicht völlig atemlos und erhitzt gegenüberzutreten. Schließlich drückte er auf den Klingelknopf, und fast gleichzeitig ging die Wohnungstür auf.

Er hatte nicht vergessen, wie seine Frau aussah, aber jetzt war ihm, als würde er sie zum erstenmal sehen. Der zarte Teint, die undurchdringlichen blaugrünen Augen, das kupferrote Haar, feurig wie ein Sonnenuntergang in der Wüste – all das war für ihn so neu, so wunderbar.

„Komm herein, Hugh", sagte sie. Ihre Stimme war leise, gequält, ganz anders als früher.

Er ging in das kleine Wohnzimmer und blieb mitten im Raum stehen. Alix schloß die Tür und blickte ihn an, näherte sich ihm aber nicht weiter als auf drei Meter.

„Was mußt du mir denn sagen?" fragte Alix. Sie legte keinen Wert auf einen Austausch von Höflichkeiten, sondern kam gleich zur Sache. Er blickte sie an und überlegte. Er war ihr Mann. Ließ sie das Wiedersehen völlig kalt? Sie war so reserviert, so abweisend und in sich gekehrt. Fürchtete sie sich vor ihrer eigenen Schwäche?

„Du wußtest", sagte er und versuchte ihren Tonfall zu treffen, „daß ich über dich und Trask im Bilde war."

„Ja, Mel sagte mir, daß er mit dir gesprochen hätte. Er sagte, du hättest herausgefunden, wo ich wohne und ihn gesehen, als er mich heimbegleitete."

„Ich nehme an, du mochtest Trask sehr", sagte er.

Sie sah ihn voller Verachtung an. „Mel war ein guter Freund. Und damit lassen wir dieses Thema. Nun, weshalb wolltest du mich sehen?"

„Du hast bestimmt gelesen, daß ein gewisser Phil Cooley verhaftet wurde, weil er des Mordes an Mel Trask verdächtigt wird. Cooley bat mich, ihn zu verteidigen."

„Und du willst meine Erlaubnis dazu, oder was?"

„Nein, ich will dich nur etwas fragen. Es tauchten Namen in den Zeitungen auf, Namen von Leuten, die mit Mel Trask zu tun hatten. Aber deiner nicht. War deine Freundschaft mit Mel ein Geheimnis?"

„Ja, sie war geheim. Mel wollte es so. Er sagte, es gäbe da eine andere Frau, die hinter ihm her sei. Aber er erwähnte keine Einzelheiten. Deshalb sahen wir uns nicht allzuoft." Sie tat so, als würde sie das nur ungern zugeben. Hannon wunderte sich, daß sie es überhaupt zugab. Hatte er der Freundschaft zwischen Alix und Mel zuviel Bedeutung beigemessen? Vielleicht war es gar nichts Ernstes gewesen? Vielleicht hatten Trasks

Andeutungen und seine eigene Phantasie ihn mehr dahinter vermuten lassen, als überhaupt war. Ein Dutzend neue Erklärungen kamen ihm in den Sinn. Weil Trask anders war... und sie sich langweilte... deshalb wollte sie ihrem Mann einen Denkzettel verpassen... und mit dem Feuer spielen... ohne sich aber auf etwas Ernstes einzulassen. Es war nicht schwer, die Gedankengänge einer Frau nachzuvollziehen, die den Alltagstrott satt hatte. Vielleicht bestand noch Hoffnung...

„Schau", platzte er heraus, „wenn ich Cooleys Verteidigung übernehme, dann nur, um deinen Namen aus der Sache rauszuhalten."

Sie lachte plötzlich. Ihr Lachen verblüffte ihn. Daß sie überhaupt lachte... spöttisch und geringschätzig...

„Liebling", sagte sie, „du kannst mir nichts vormachen. Es liegt dir nur deshalb soviel an meinem guten Namen, weil er – für kurze Zeit noch – auch dein Name ist. Du sorgst dich um deine Karriere bei Vater Staat, und nichts könnte dir mehr in die Quere kommen als dein heiliger Name in Zusammenhang mit einer zweideutigen Situation."

Ihr Vorwurf verschlug ihm die Sprache. „Du deutest alles zu meinem Nachteil, nicht wahr?" sagte er schließlich. „Und du willst einfach nicht wahrhaben, daß ich dich immer noch liebe."

Ihre Augen blitzten auf. „Sprich nicht von Liebe", fauchte sie ihn an. „Du bist gerade dabei, einen Mann zu verteidigen, der denjenigen umbrachte, der mich liebte."

Jetzt ging Hannon das Ganze zu weit. „Weißt du was?" sagte er. „An dem Tag, als Mel Trask erschossen wurde, kassierte er von mir fünftausend Dollar mit der Auflage, die Finger von dir zu lassen."

Er hatte es ihr eigentlich nicht sagen wollen. Aber es war ihm über die Lippen gekommen, weil er verärgert war und... ja... weil er sie liebte. Aber jetzt bereute er seine Worte sofort wieder. Sie war geschockt, denn sie hatte wirklich geglaubt, daß Mel Trask es ehrlich mit ihr meinte. Einer schönen Frau fällt es nicht schwer, zu glauben, daß irgendein Mann sie mag. Doch jetzt fühlte sie sich betrogen. Vielleicht hatte sie Mel Trask geliebt?

„Fünftausend", wiederholte sie leise und benommen. „Du wolltest mich für fünftausend Dollar kaufen?"

„Nein", erwiderte er. Aber wie sollte er es erklären? „Es stimmt schon, ich habe Trask fünftausend Dollar bezahlt. Aber du solltest davon nichts erfahren. Entschuldige, es tut mir leid. Anscheinend können wir nicht anders, als uns gegenseitig wehzutun. Leb wohl, Alix! Ich werde nicht versuchen, dich wiederzusehen."

Während er auf die Straße hinunterging, überlegte er, ob er sie in ihrem Stolz gekränkt hatte, weil die Summe, auf die Trask und er sich geeinigt hatten, so niedrig war – nur fünftausend Dollar.

„Fünftausend Dollar sind kein Pappenstiel, Mr. Hannon", sagte Cooley und blies den Zigarettenrauch aus. Er hatte sich zurückgelehnt und die Augen zusammengekniffen. Beinahe gelangweilt wirkte er. Er schien sich seiner Sache ziemlich sicher zu sein.

„Ich habe schon größere Honorare kassiert", entgegnete Hannon.

„Das ist seltsam, Mr. Hannon. Ich dachte, fünftausend sei eine Summe, die Sie interessieren könnte."

Es lag ein leicht drohender Unterton in Cooleys Stimme. Was wußte er? Er war zu clever, um Hannon ganz offen zu erpressen, denn ihm war klar, daß Hannon als Anwalt den Fall nicht übernehmen durfte, wenn dies unter Druck geschah. Cooley war also im Bilde und würde versuchen, Hannon „durch die Blume" zu sagen, daß er besser daran täte, den Fall anzunehmen, ohne darüber viele Worte zu verlieren.

Aber war es wirklich Erpressung? Woher sollte er das wissen? Hannon überlegte hin und her, während Cooley ihn aus zusammengekniffenen Augen musterte. Vielleicht war es besser, zuzustimmen, bevor es zu einer offenen Drohung käme. Er wollte den Fall ja sowieso übernehmen, um Alix aus der Sache herauszuhalten, nicht wahr?

„Nun gut", sagte er schließlich. „Ich übernehme Ihre Verteidigung, Cooley. Für fünftausend Dollar."

Oberstaatsanwalt Vince Barrioz, der die Anklage selbst übernahm, stellte nicht in Frage, daß der Angeklagte von dem Verstorbenen körperlich attackiert worden war. Es waren zwar inzwischen einige Monate vergangen, und die Wunden in Phil Cooleys Gesicht waren verheilt, aber entsprechende Fotos und die Aussagen zweier Ärzte bewiesen diese Tatsache zur Genüge. Unbestritten war auch der Punkt, daß die Leiche außer der tödlichen Schußwunde keinerlei Verletzungen aufwies.

„Wir räumen ein", sagte Barrioz, an das Gericht gewandt, „daß der verstorbene Mel Trask dem Angeklagten Philip Cooley in der Nacht vom vierzehnten April jene Verletzungen zugefügt hat."

Einig war man sich auch darüber, daß die tödliche Kugel aus Trasks eigener Pistole abgefeuert wurde, und daß die Fingerabdrücke auf besagter Waffe von Philip Cooley stammten. Streitpunkt auf beiden Seiten war das Geld.

Es war am zweiten Verhandlungstag, als Hugh Hannon unter den Zuschauern im Saal seine Frau – inzwischen seine Ex-Frau – sah. Seit jenem furchtbaren Tag, als ein Richter die Scheidung aussprach, hatte er sie nicht mehr gesehen. Wie ein Magnet zog ihr kupferroter Haarschopf seine Blicke an, so daß er zeitweise gar nicht hörte, was Barrioz und die Zeugen sagten.

An diesem Tag wurde ein lange Reihe von Zeugen aufgerufen, die Barrioz ausführlichst verhörte – Kellner, Trunkenbolde, kleine Ganoven –, aber alle sagten dasselbe: Mel Trask hatte am Abend seines Todes in verschiedenen Lokalen mit einer dicken Brieftasche geprahlt. Hugh Hannon nahm keinen dieser Zeugen ins Kreuzverhör. Auch die Aussage der Polizisten bestritt er nicht, die die Leiche untersucht und leere Taschen vorgefunden hatten.

Hannon hatte eine eigene Zeugenparade, die er am nächsten Tag der armen Jury vorführte – ähnliche Gestalten wie die des Staatsanwalts am Tag zuvor. Sie sagten aus, daß Philip Cooley über eigene Geldquellen verfügte, daß sie ihm an bestimmten Tagen bestimmte Summen gezahlt hätten, und daß sie ihn an bestimmten Tagen mit bestimmten Geldsummen in der Tasche gesehen hätten. Auf diese Weise wollte Hannon dem Gericht die Möglichkeit verdeutlichen, daß der Angeklagte über fünftausend Dollar verfügen konnte, ohne sie dem Opfer gestohlen haben zu müssen.

Am vierten Tag der Verhandlung war Alix wieder zugegen. Auch heute war Hannon nicht in Bestform. Er ließ Cooley in den Zeugenstand treten, der haargenau dieselbe Geschichte wie damals in der Zelle erzählte und sich auf Notwehr berief. Als Barrioz seine Fragen stellte, konnte er in Cooleys Aussagen keine Widersprüche feststellen. Mehr Erfolg hatte der Staatsanwalt, als es darum ging, zu klären, woher Cooley das viele Geld hatte. Dabei kam heraus, daß Cooleys Methoden der Geldbeschaffung nicht sehr legal waren, was ihn als

Zeugen ziemlich fragwürdig erscheinen ließ. Mehrmals beschwerte sich Hannon über die Fragestellung des Staatsanwalts, aber er verpaßte die strategisch günstigsten Augenblicke. Er war, wie gesagt, nicht in guter Form. Und daran hatte Alix schuld.

Als er an diesem Tag den Gerichtssaal verließ, war er durcheinander und niedergeschlagen. Er befürchtete Schlimmes, obwohl er nicht wußte, von welcher Seite oder in welcher Form es eintreten würde. Als er dann Alix im Flur auf sich warten sah, ahnte er bereits, was auf ihn zukam.

„Hugh, ich will mit dir sprechen", sagte sie.

„Gut", antwortete er. „Wo willst du mit mir sprechen, hier oder woanders?" Sie war am Zug. Er gab sich ganz passiv.

„Nun, in irgendeinem Café, dachte ich. Natürlich nur, wenn es dir nichts ausmacht."

„Es macht mir nichts aus. Ein Gläschen wird mir guttun."

Auf der Suche nach einem geeigneten Ort gingen sie ein paar Straßen weiter und saßen sich schließlich in einem ruhigen Lokal gegenüber.

„Hugh", sagte sie, „so wie es jetzt steht, wird Barrioz seinen Schuldspruch bekommen."

„Das sollte dich zufrieden stimmen", erwiderte er.

„Tut es aber nicht", gestand sie.

Er war so überrascht, daß er zunächst keinen klaren Gedanken fassen konnte. Er versuchte, aus ihrer Miene zu lesen, und sie versuchte, ihre Gedanken vor ihm zu verbergen. „Warum nicht?" fragte er und starrte sie über den Tisch an.

„Auch wenn du jetzt sagst, daß du das von Anfang an gewußt hast... dieser Prozeß hat mir die Augen geöffnet, was Mel Trask betrifft."

Eigentlich hätte er über dieses Geständnis glücklich sein müssen. Aber sie war nicht mehr seine Frau, und er machte sich keine falschen Hoffnungen. „O ja, Trask war ein mieser Typ", nickte er.

„Und jetzt verstehe ich auch, warum du ihn kaufen wolltest. Eigentlich bin ich an allem schuld: daß er tot ist, daß Cooley einen Mordprozeß auf dem Hals hat und daß du ihn verteidigen mußt."

Er wollte über den Tisch greifen, ihre Hand nehmen und sie trösten, unterließ es aber. „Was geschehen ist, ist geschehen. Es hat keinen Zweck, darüber zu spekulieren, wie es gekommen wäre, wenn das Schicksal es anders gewollt hätte. Es wäre überhaupt nicht zu all diesen Dingen gekommen, wenn ich nicht diese dumme Spazierfahrt mit Chrys Waring unternommen hätte."

Sie blickte vor sich hin und verbarg ihre Augen vor ihm. „Ich will auch gar nicht mit dir über die Vergangenheit reden", sagte sie schließlich.

Er wartete ab. Sie hatte bereits mehr gesagt, mehr zugegeben, als er sich hätte träumen lassen.

„Ich fürchte mich vor diesem Cooley", begann sie vorsichtig.

„Aber warum denn?" Wieder war er überrascht.
„Er ist ein durchtriebener Kerl, Hugh." Jetzt sah sie auf, und ihr Blick war sehr ernst. „Weiß er, wo Trask das Geld herhatte? Weiß er, daß Trask dich um diese Summe erpreßte?"
„Er sagt, er wisse es nicht."
„Aber du bist dir nicht sicher. Deshalb hast du den Fall übernommen, nicht wahr? Du hattest Angst, daß Cooley Bescheid weiß, und wolltest verhindern, daß er plaudert. Wahrscheinlich willst du es nicht wahrhaben, aber Cooley hat dich mehr oder weniger gezwungen, seine Verteidigung zu übernehmen. Was wird er tun, wenn er merkt, daß es schlecht um seinen Fall steht, wenn er verurteilt wird? Er wird reden. Das weiß ich ganz genau, Hugh. Ich will nicht, daß deine Karriere darunter leidet."
„Weil es das letzte ist, was ich zu verlieren habe?"
„Bitte... bitte, bleib sachlich."
„Ich würde lieber über uns als über Cooley reden."
„Im Augenblick ist Cooley das Problem. Und darüber möchte ich mit dir sprechen."
Er wollte so tun, als wäre sie gar nicht schön, als wäre sie gar nicht seine Frau gewesen, als würde er sie gar nicht lieben. Er wollte so tun, als sei sie eine Kollegin, mit der man einen Fall bespricht, sachlich und nüchtern.
„Nun gut", sagte er, „was sollen wir in bezug auf Cooley tun?"

„Du brauchst einen Freispruch. Wenn du das schaffst, wird er nicht reden. Er ist zwar auch ein mieser Typ, aber er hat Trask in Notwehr getötet."

„Aber das versuche ich doch die ganze Zeit schon."

„Du hast dir nicht viel Mühe gegeben."

„Was mache ich falsch? Ich möchte deine ehrliche Meinung hören."

„Ich war zu lange die Frau eines Strafverteidigers, um nicht einige Dinge bemerkt zu haben. Du verstößt gegen eine Hauptregel!"

„Wie bitte?"

„Ein Mann gilt so lange als unschuldig, bis man ihm das Gegenteil beweisen kann. Das ist Barrioz' Aufgabe. Mach die Jury darauf aufmerksam, daß Barrioz die Schuld des Angeklagten nicht bewiesen hat. Aber die Beweise für eine Notwehrsituation sind vorhanden und sprechen eine deutliche Sprache. Außerdem ist Cooley des Mordes, nicht eines Diebstahls angeklagt."

„Was meinst du damit?"

„Sogar wenn es Barrioz gelänge – was er nicht kann –, zu beweisen, daß Cooley tatsächlich Trasks Geld nahm, dann heißt das nicht, daß Cooley Trask mit der Absicht umbrachte, an sein Geld zu kommen. Nach wie vor bleibt es Notwehr. Cooley mag zwar ein kleiner Gauner sein, der krumme Sachen macht, ein Mörder ist er deswegen aber noch lange nicht. Selbst wenn jemand Geld aus der Tasche eines Toten nimmt, dann hat er deshalb keinen Raubmord begangen."

Er blickte sie voller Bewunderung an. „Am liebsten möchte ich dich küssen", rief er erfreut aus.

Aber sie senkte wieder ihren Blick, obwohl sie nicht ausdrücklich sagte, daß sie keinen Kuß von ihm wollte.

Nachdem die Jury die ganze Nacht beraten hatte, verkündete sie um zehn Uhr des folgenden Morgens den Urteilsspruch. An jenem Nachmittag suchte Phil Cooley als freier Mann Hugh Hannon in seiner Kanzlei auf. Hugh versuchte gerade, seine Ex-Frau anzurufen und ihr die gute Nachricht mitzuteilen, erreichte sie aber nicht. Enttäuscht legte er den Hörer auf die Gabel, als Nancy Dillon ihren Kopf durch die Tür steckte und den Besuch ankündigte.

Cooley spazierte mit einem breiten Lächeln herein und schloß sorgfältig die Tür hinter sich. Dann griff er in seine Tasche, förderte ein braunes Kuvert zutage und schleuderte es auf den Schreibtisch. „Die Bullen haben mir meine fünftausend wiedergegeben", sagte er.

Hannon war in diesem Augenblick weder an Cooley noch an seinem Geld sonderlich interessiert. Aber er gab sich ruhig und überlegen. „Das können Sie meiner Sekretärin aushändigen", sagte er. „Sie wird das Geld zählen und alles regeln."

„Rufen Sie sie noch nicht", sagte Cooley plötzlich.

Hannon zog die Hand von der Wechselsprechanlage zurück. Cooleys scharfer Ton hatte ihn verwirrt. Er lehnte sich in seinen Drehstuhl zurück und wartete.

„Bevor Sie dieses Geld ausgeben, Mr. Hannon", fuhr Cooley fort, „muß ich Ihnen ein paar Dinge sagen." Ungebeten setzte er sich in einen der Ledersessel und strich mit der Hand über die Armlehne, als wollte er das teure Leder prüfen und liebkosen. Dann sah er sich kurz im Raum um. „Schön haben Sie es hier", meinte er.

„Also", sagte Hannon, „nun haben Sie gezeigt, wie höflich Sie sein können. Worum geht es? Was wollen Sie mir sagen?"

„Sie wollen also nicht um den Brei herumreden?"

„Richtig, heraus mit der Sprache. Ich habe noch andere Klienten."

„Okay, Mr. Hannon, ich werde Ihre kostbare Zeit nicht überbeanspruchen. Als ich Mel Trask tötete, war es nicht Notwehr."

Hannon war plötzlich hellwach. Also doch! Seit seinem ersten Besuch in der Gefängniszelle hatte er auf diesen Satz gewartet, denn er konnte den Gedanken nicht verdrängen, daß Cooley log. Jetzt war es heraus. Und nun wollte er alles wissen – er war auf das Schlimmste gefaßt.

„Wieso war es keine Notwehr, Cooley?" Er stellte die Frage ganz ruhig und sachlich. Bloß nicht die Nerven verlieren!

Aber die gelassene Haltung seines Gegenübers beeindruckte Cooley wenig. „Soll ich ganz von vorne anfangen?" fragte er.

„Bitte sehr."

„Nun gut. Wie Sie wissen, folgte ich Mel Trask in seine Wohnung, um meine zweihundert Dollar zu bekommen, und er verprügelte mich. Soweit stimmt es mit der Wahrheit überein, aber der Rest war gelogen."

„Inwiefern?"

„Nun, ich wehrte mich nicht, als ich die Hiebe bezog. Ich sagte ihm, ich würde auf die zweihundert Mäuse verzichten. Aber er hörte mir nicht einmal zu. Er schlug so lange auf mich ein, bis er erschöpft war. Hören Sie, Mr. Hannon? Bis er fertig war. Dann setzte er sich hin und soff ein paar Gläser. Aus der letzten Kneipe hatte er eine volle Flasche mitgebracht. Ich lag auf dem Boden und ruhte mich aus, weil ich mich bald aus dem Staub machen wollte. Etwa eine Viertelstunde lag ich da, während Trask ein Glas ums andere kippte, bis er schließlich völlig besoffen war und im Sessel einschlief. Schließlich stand ich auf und sah mich etwas um. Ich hatte zwar wahnsinnige Schmerzen, konnte aber gehen. Und Trask lag mit weit aufgerissenem Mund im Sessel und schnarchte abscheulich."

„Also nahmen Sie das ganze Geld, das er bei sich hatte", meinte Hannon.

„Genau." Cooley grinste. „Wie ich schon erwähnte, konnte jeder x-beliebige hereingekommen sein und dem Toten die Taschen geleert haben. Ich fand es nur gerecht, da mir für die gehörige Tracht Prügel, die ich bekommen hatte, das Geld mehr als jedem anderen zustand."

„Vielleicht stand es Ihnen auch zu", sagte Hannon vorsichtig. „So nahmen Sie also das Geld, als er betrunken war. Dabei wurde er wach und..."

Cooley brach in lautes, gehässiges Gelächter aus. „Man merkt schon, daß Sie Strafverteidiger sind, Mr. Hannon. Immer versuchen Sie, Ihre Klienten besser zu machen, als sie sind. Aber Sie irren. Als ich seine Taschen durchsuchte, fand ich dort seine Pistole. Also habe ich ihn erschossen."

Lange fiel kein einziges Wort. Cooley kicherte und grinste und fand sich sehr witzig. Hannon dachte angestrengt nach und versuchte, Ordnung in seine verwirrten Gedanken zu bringen. Er war sich zwar sicher gewesen, daß Cooley die Leiche beraubt hatte, aber nie hätte er sich träumen lassen, daß der Schuß nicht im Laufe eines Handgemenges abgefeuert worden war.

„Sie haben ihn kaltblütig erschossen?"

„Genau, Mr. Hannon, so könnte man es nennen. Vorsätzlich und kaltblütig."

„Aber warum denn? Warum? Haßten Sie ihn so sehr, weil er Sie verprügelt hatte?"

„Wieder spricht der Strafverteidiger aus Ihnen, Mr. Hannon. Wir wollen es nicht verharmlosen. Klar, ich habe ihn gehaßt. Aber nicht so sehr, daß ich ihn dafür umbringen mußte. Nein, das gehörte alles zu meinem kleinen Plan."

Hannon wagte nicht zu fragen, was das für ein Plan

war. Er wartete und machte sich auf das Schlimmste gefaßt.

„Wissen Sie", fuhr Cooley fort, „Trask erzählte mir von seiner neuen Masche mit verheirateten Frauen. Aber er meinte, ich wäre zu häßlich und dumm, um so ein Ding drehen zu können. Und er hatte recht. Ich bin häßlich und konnte sein Spiel nicht spielen. Da stand ich nun wie ein begossener Pudel und ärgerte mich, weil ich nie an so viel Geld rankam, weil ich nie so gute Ideen hatte. Bis Sie mir einfielen..."

„Ich?" Hannon riß die Augen auf.

„Richtig, Sie. Habe ich vergessen, Ihnen zu sagen, daß Trask mir erzählte, er hätte von Ihnen die fünf Mille bekommen? Nun, dann sage ich es Ihnen jetzt. Also: Sie haben fünf Mille von Ihrem Konto abgehoben und sie Trask gegeben, damit er die Finger von Ihrer Frau läßt. Und ich wußte, wer Sie waren. Vor allem wußte ich etwas, von dem Sie nicht wollten, daß alle Welt es erfuhr. Nichts Umwerfendes, aber immerhin. Wenn ich nun in Ihr Büro gekommen wäre und Ihnen erzählt hätte, ich wüßte über Trask und die fünf Mille Bescheid, dann hätten Sie mich doch hochkant hinausgeworfen. Ebenso wäre es mir bei anderen Leuten ergangen – man hätte nichts auf mein Gerede gegeben. Wenn ich Sie also erpressen wollte, Mr. Hannon, mußte ich mir etwas Besseres einfallen lassen. Angenommen, Sie hätten mir die fünf Mille gegeben, um Trask aus dem Weg zu schaffen? Das hört sich doch schon besser an. Und genau das kann ich jetzt den Leuten erzählen, Mr. Hannon. Daß Sie mir fünftausend Dollar gaben, um diesen Trask umzubringen, der eine Affäre mit Ihrer Gattin hatte, und daß Sie meine Verteidigung übernehmen würden, falls ich geschnappt werden sollte. Was ja dann auch der Fall war."

Hannon hatte sich halb erhoben. „Und ich kann der Polizei sagen, daß Sie einen Mord gestanden haben", sagte er.

Cooley rutschte tiefer in den Sessel, und sein Lächeln wurde breiter. „Klar können Sie das den Bullen erzählen, aber wer will das beweisen? Wenn Aussage gegen Aussage steht, kann ich nicht verurteilt werden. Als Anwalt sollten Sie das wissen. Außerdem kann man nicht zweimal wegen derselben Sache vor Gericht gestellt werden."

Hannons Gedanken überschlugen sich, er suchte krampfhaft nach einem Ausweg, einer Lösung. „Na, machen Sie schon!" schrie er fast. „Hängen Sie das ruhig an die große Glocke! Meinen Sie wirklich, daß man Ihnen glauben wird? Bilden Sie sich allen Ernstes ein, man würde mich vor Gericht stellen, weil ich Sie angeblich für einen Mord bezahlt habe?"

Cooley fuhr sich mit der Zunge über die Lippen. „Nun ja, womöglich würde es nicht zu einer Verhandlung gegen Sie kommen. Aber klingt das nicht sehr seltsam? Sie verteidigen ausgerechnet den Mann, der den Kerl umbrachte, der was mit Ihrer Frau hatte! Sehr verdächtig. Ob es nun zu einer Verhaftung käme, weiß ich nicht; soviel aber weiß ich: Ihre Karriere wäre beim Teufel. Auch Sie müßten sich eine neue Beschäftigung, eine neue Masche suchen."

Cooley erhob sich flink aus dem Sessel. „Das ist der kleine Plan, den ich mir ausgedacht hatte, bevor ich Trask erschoß. Natürlich war ein Risiko dabei. Doch ich wußte, wenn ich Sie zum Verteidiger bekäme, dann könnte mir nicht viel passieren. Sie haben einen wahnsinnig guten Ruf."

Hannon erhob sich ebenfalls, um seinem Feind gegenüberzutreten, aber er hatte keine Waffen mehr. „Rein interessehalber, Cooley", fragte er, „wie hoch ist Ihr Preis?"

Der kleine Mann ergriff das braune Kuvert auf dem Schreibtisch und steckte es wieder ein. „Fünftausend als Anzahlung", sagte er. „Und dann ab und zu wieder ein kleines Sümmchen. Eine Art Leibrente oder Rate. Sie sind sehr begabt, Herr Anwalt, und können genug für uns beide verdienen."

Mit diesen Worten marschierte Cooley zur Kanzlei hinaus, und Hannon hatte keine Möglichkeit ihn aufzuhalten.

Hannon fuhr sofort zu Alix und erzählte ihr alles.

„Ich wußte, daß ich einen Fehler machte", schloß er, „als ich Trask das Geld gab. Und ich wußte, daß ich einen Fehler machte, als ich Cooley als Klienten annahm. Das waren zwei Fehler – unüberlegt und unmoralisch. Und jetzt erhalte ich, was ich verdiene. Es gibt kein Zurück mehr. Ich sitze in der Falle. Und du mit mir."

„Auch ich verdiene die Strafe."

Sie saß weinend auf dem Sofa, vergrub das Gesicht in ihren Händen und schluchzte so erbärmlich, daß ihre Schultern bebten. Er wollte sie trösten, aber er hatte keinen Trost anzubieten.

„Ich wollte zu dir zurück", sagte er verbittert. „Ich wollte dich wegen der Sache mit Chrys Waring erneut um Verzeihung bitten und dann noch einmal um deine Hand anhalten. Aber was habe ich dir jetzt noch zu bieten? Einen Mann, der sich jeden Tag fragen muß, ob er morgen die Forderungen seines Erpressers noch erfüllen kann? Ein großartiges Leben, nicht wahr? Ständig mit der Angst leben..."

Plötzlich sah sie ihn an. Ihr Gesicht war tränenüberströmt, aber ihre Augen blickten grimmig. „Du mußt der Sache sofort ein Ende bereiten, Hugh", sagte sie.

„Wie...?"

„Du hast an Trask gezahlt. Du hast an Cooley gezahlt, und das genügt. So kann es nicht weitergehen. Besser du machst sofort Schluß damit... besser heute als morgen oder nächsten Monat oder nächstes Jahr..."

„Aber was soll ich denn tun? Es hat keinen Zweck, zur Polizei zu gehen und Cooley anzuzeigen. Es fehlen Beweise."

„Gib ihm kein Geld. Sag ihm, er bekäme von dir keinen roten Heller mehr. Sag ihm, er tue ja nur so als ob."

„Alix, dieser Mann beging einen Mord, um seinen teuflischen kleinen Plan zu verwirklichen. Er blufft nicht."

„Meinetwegen. Soll er doch seine Geschichte erzählen. Man wird dich nicht vor Gericht stellen, doch mit deiner Karriere ist es aus. Wir müßten noch einmal von vorne beginnen. Und es ist besser, wir tun das gleich."

Sie hatte „wir" gesagt. Vielleicht hatte sie sich nur versprochen, aber ihr Blick verriet, daß es ihr Ernst war. Gemeinsam mußten sie diese Sache zu Ende bringen. Alles andere war nebensächlich. Sie waren wieder vereint, und das Vergangene war nur ein böser Traum und längst vergessen. Trask und Cooley und all das war ebenfalls nur ein böser Traum. Sie hatten beide Fehler gemacht und mußten jetzt dafür bezahlen.

Er war darauf erpicht, den Preis zu erfahren und ihn zu zahlen. Also mußte er Cooley finden, denn er konnte nicht warten, bis Cooley von sich aus zu ihm kam.

Er begann seine Jagd nach Feierabend, und gegen Mitternacht war er immer noch auf der Suche. Er kam durch Stadtbezirke, die ihm völlig fremd waren, aber er ließ nicht locker. Irgendwo war Cooley. Irgendwo würde er ihn finden.

Er kannte den Namen der letzten Kneipe nicht. Er

war schon in so vielen gewesen, daß er die Namen durcheinanderbrachte. Vielleicht war er sogar im Kreis gegangen und hatte einige Lokale zum zweitenmal aufgesucht. Sie sahen ohnehin alle gleich aus: gedämpftes Licht, verqualmte Luft, teilnahmslose Gespräche und müde Gesichter, einschläfernde Musik... Nur die letzte Kneipe war anders, denn dort befand sich Cooley.

Er saß mit zwei hübschen Mädchen an einem kleinen Tisch. Welch ein Zufall, dachte Hannon. In jener Nacht, in der Mel Trask erschossen wurde, saß dieser auch mit hübschen Mädchen beisammen, als Phil Cooley ihn traf. Allerdings litt Trask nie an Frauenmangel. Aber jetzt war Trask tot, und Cooley, den Trask als dumm und häßlich bezeichnet hatte, saß hier mit zwei Mädchen. Und das würde sich auch in Zukunft nicht ändern, denn mit den fünf Mille in der Tasche, die nur eine „Anzahlung" waren, und den kommenden Raten konnte Cooley eine Menge hübscher Mädchen freihalten. Ja, Cooley war nicht auf den Kopf gefallen, und im Augenblick glaubte er, das Spiel gewonnen zu haben.

Hannon ging hinüber zu dem kleinen Tisch. Er setzte sich nicht. Was er zu sagen hatte, war kurz und endgültig. Keine Diskussion heute. Cooley sah ihn erst, als er schon vor ihm stand. Er blickte zu Hannon hinauf und leckte sich nervös die Lippen.

„Cooley", sagte Hannon, „das Spiel ist aus."

Zuerst war Cooley nur erstaunt. Dann traten Haß,

Verzweiflung und Abscheu in seinen Blick. „Dann gehe ich zur Polente", murmelte er.

„Gehen Sie doch!" erwiderte Hannon. Er zitterte, nicht vor Angst, sondern aus dem Gefühl der Gewißheit heraus, daß er jetzt endlich das Richtige tat. Seine Stimme war unnatürlich laut.

„Ich tue es, das schwöre ich!"

Hannon betrachtete kurz Cooleys haßverzerrtes Gesicht, dann wandte er seine Schritte zur Tür. Er war kaum einige Meter gegangen, als Cooley ihm nachrief: „He, kommen Sie zurück!"

Hannon blieb stehen und drehte sich um, aber er kam Cooleys Aufforderung nicht nach. Dieser war jetzt aufgestanden, das braune Kuvert schaute zur Hälfte aus der Innentasche seines Jacketts hervor.

„Sie können die fünftausend Dollar behalten", sagte Hannon. „Ich will das Geld nicht mehr. Es ist Blutgeld, Cooley, und bringt nur Pech."

Hastig und verlegen stopfte der kleine Mann das Kuvert wieder in die Tasche zurück und blickte sich verstohlen in dem düsteren Lokal um. Als Hannon schon längst gegangen war, hatte Cooley immer noch seine rechte Hand in der Jackettasche stecken und hielt ängstlich das Kuvert fest.

Die Zeitung lag ausgebreitet auf dem Frühstückstisch. Hannon warf ab und zu einen Blick auf die Schlagzeile, während er unruhig im Zimmer auf und ab ging. Alix saß stumm und steif auf dem Sofa und folgte ihm mit den Augen, wenn sie nicht gerade auf die Zeitung starrte.

„Wir müssen uns mit den Tatsachen abfinden", sagte er schließlich. „Ich habe ihn umgebracht, weil ich in diese Kneipe ging und laut und deutlich gesagt habe, daß Cooley fünftausend Dollar in der Tasche hätte. Natürlich hat er selbst mit dazu beigetragen, da er so verstört und hastig reagierte. Aber es ist meine Schuld. Jemand ist ihm gefolgt und hat ihn in einer dunklen Seitenstraße niedergeschossen. Ja, so muß es gewesen sein. Eine leichte Beute, dieser Cooley. Bestimmt waren Leute in dem Lokal, die für viel weniger Geld jemanden umbringen würden. Mein Gott, ich habe das Todesurteil über den armen Kerl gesprochen. Gerechtigkeit hin, Gerechtigkeit her, ich habe ihn umgebracht."

Alix nickte. „Du hast wahrscheinlich recht", sagte sie. „Nimm nicht die ganze Schuld auf dich, wir hatten beide die Hand im Spiel. Was werden wir jetzt tun?"

„Du weißt, was ich tun werde."

„Ja, ich denke schon."

„Ich muß der Polizei alles sagen, was ich weiß. Vielleicht könnte ich die beiden Mädchen identifizieren, die bei ihm waren. Vielleicht wissen die etwas. Aber ich muß der Polizei meine volle Unterstützung anbieten. Ja, es wäre sogar besser, wenn ich erzähle, wie alles begonnen hat."

„Auch dein Name würde fallen", fuhr er fort. „Es würde genau das eintreten, was ich von Anfang an verhindern wollte. Dein guter Name..."

Sie unterbrach ihn, indem sie aufstand. Sie trat zu dem Tisch, auf dem die Zeitung lag. Dann ging sie auf ihn zu, zuerst etwas schüchtern, doch plötzlich lag sie weinend in seinen Armen und küßte ihn und flüsterte in sein Ohr.

„Ich habe nur einen Namen, ob gut oder schlecht... Mrs. Hannon... und ich will dich begleiten, wenn du es ihnen sagst..."

Die Seelenqualen des Ruby Martinson

Ich war immer der Ansicht, daß mein Cousin Ruby Martinson mich mit nichts mehr überraschen könnte. Im zarten Alter von dreiundzwanzig hatte er bereits 1. einen verwegenen Einbruch begangen, 2. als Hochstapler fungiert, 3. einen Raubüberfall versucht und sich 4. eine Reihe genialer Verbrechen ausgedacht, die sämtliche krummen Tricks der amerikanischen Unterwelt übertrafen. Sein Profit allerdings war immer gleich Null gewesen, und die meisten seiner teuflischen Pläne wanderten in den Papierkorb. In meinem schnellschlagenden achtzehnjährigen Herzen wußte ich jedoch, daß Ruby Martinson das Verbrechergehirn des Jahrhunderts war, und als einziger Vertrauensmann und Mitwisser seiner schuldbeladenen Geheimnisse ahnte ich, daß es keine schiefe Bahn gab, die Ruby nicht zu beschreiten bereit war.

Doch ich hätte es nie für möglich gehalten, daß Rubys steinernes Herz wegen einer Frau weich werden würde. Ich wußte, daß Dorothy, sein Mädchen, unheimlichen Einfluß auf ihn hatte. Aber ich hätte mir nie träumen lassen, daß sie ihn dazu bringen könnte, auf den größten Coup seiner Verbrecherlaufbahn zu verzichten. Denn genau das ist eingetreten – und jedesmal, wenn ich daran denke, bekomme ich Kopfschmerzen, und der Mittelfinger meiner linken Hand pocht wie eine Negertrommel. Warum, wird schnell klar, wenn ich die ganze Geschichte erzähle.

Es begann an einem ganz normalen Tag, als Ruby und ich uns in *Hector's Cafeteria* am Broadway trafen. Ich freute mich auf diese Zusammenkünfte, auf Ruby mit seinem übergroßen Kopf und dem gewaltigen roten Haarschopf, mit der dicken Brille, die auf seiner kleinen Nase klebte und die Sommersprossen auf seinen Wangen wie durch eine Lupe vergrößerte. Ich freute mich darauf, etwas über seine neuesten Pläne zu erfahren, zum Beispiel eine Bank auszurauben oder R. H. Macy zu entführen oder Merrill, Lynch, Pierce, Fenner und Smith übers Ohr zu hauen – zuerst einzeln und dann alle auf einmal. An jedem Tag sah er besonders aufgeregt aus, aber es war auch etwas Fremdes an ihm. Ich wußte nicht gleich, was es war, bis wir uns hinsetzten. Da bemerkte ich, daß er Kaugummi kaute.

„He", sagte ich, „seit wann kaust du Kaugummi?"

Er kicherte und kaute weiter. Dann fingerte er ein Kaugummipäckchen aus seiner Tasche und steckte sich noch einen Streifen zwischen die Zähne. Er kaute wie eine Kuh, die es eilig hat.

„Was ist, Ruby?" fragte ich, weil ich wußte, daß Methode hinter diesem Wahnsinn stecken mußte.

Ruby gab immer noch keine Antwort. Dann griff er sich in den Mund, nahm die rosarote Kaugummikugel heraus und klebte den Batzen unter die Tischkante. Ziemlich schlechte Manieren, dachte ich und sagte ihm das auch.

Er kicherte. „Meinst du? Du wirst es zwar nicht für möglich halten, Knäblein, aber diese kleine Geste wird uns viel Kies bringen."

„Welche kleine Geste?"

„Die mit dem Kaugummi. Du und ich, wir werden damit zuschlagen. Die Sache ist geritzt."

„Welche Sache?" piepste ich. Obwohl ich gern die Rolle des Zuhörers übernahm, wenn Ruby verbrecherische Pläne schmiedete, so behagte mir nicht, daß er mich diesmal zu seinem Komplizen machen wollte. „Ich laß mich nicht mehr in ein krummes Ding hineinziehen", sagte ich. „Ich sitze bereits in der Klemme. Ich muß einen Job finden und..."

„Du wirst keinen Job brauchen." Ruby grinste höhnisch. „Für lange Zeit nicht." Er beugte sich vor. „Du und ich, wir überfallen einen Juwelierladen", flüsterte er heiser.

Ich sperrte den Mund auf.

„Tu nicht so entsetzt. Es kann gar nichts schiefgehen. Idiotensicher. Das Geschäft heißt Zachini und befindet sich drüben in der Lexington Avenue."

„Aber Ruby..."

„Halt den Mund und hör mir zu. Die ganze Sache ist ein Kinderspiel. Den schweren Teil übernehme ich. Du brauchst nur die Ware abzuholen. Du hast doch gesehen, was ich mit dem Kaugummi gemacht habe?"

Ich nickte.

„Siehst du, und genau das werde ich im Juwelierladen auch tun. Ich werde hineinspazieren, mir einige verrückte Brillantringe anschauen und einen Klumpen Kaugummi unter den Ladentisch kleben."

„Und wozu soll das gut sein?"

„Stell dich nicht dümmer, als du bist. Nicht nur den Kaugummi werde ich unter den Ladentisch kleben. Wenn der Verkäufer nicht hersieht, werde ich einen der Ringe unter dem Tisch in den Kaugummi kleben. Blickst du jetzt durch?"

Ganz klar war es mir noch nicht, aber Ruby hatte seinen geduldigen Tag.

„Du hast nichts als Stroh im Kopf", sagte er und schlug mit der Faust auf meinen Arm. „Ich klebe einen der Ringe unter den Ladentisch und spaziere davon. Selbst wenn der Verkäufer merkt, daß einer der Ringe fehlt, so wird er ihn an mir nicht finden können. Dann brauchen wir dem Laden nur einen zweiten Besuch abzustatten und die Beute mitzunehmen. Kapiert?"

Jetzt verstand ich sein Vorhaben, besonders seine Personalpläne für Phase zwei wurden mir klar.

„Und du denkst dabei an mich?" sagte ich. „Aber was ist, wenn sie mich schnappen?"

„Schnappen? Aber warum denn? Du tust doch nichts. Du schaust dir nicht einmal Ringe an, du Dummkopf. Du gehst nur hinein und erkundigst dich nach dem Weg oder so. Dabei schiebst du deine Hand unter den Ladentisch... Volltreffer!"

„Nein", sagte ich und benutzte mein Lieblingswort. „Nein, Ruby, das kann ich nicht tun. Zu riskant."

Er sah mich an. „Okay. Vielleicht willst du Teil eins übernehmen? Vielleicht solltest *du* damit beginnen, Kaugummi zu kauen?" Er schob mir das Kaugummipäckchen über den Tisch zu, und ich wich zurück, als wäre es ein Revolver.

„Nein, Ruby", flehte ich. „Nein!"

„Nun, Freundchen, entweder das eine oder das andere. Entscheide dich."

Ich weigerte und verteidigte mich und wollte mich davor drücken, aber es war natürlich vergebens. Ruby war mir überlegen, und obwohl ich bereits einige schreckliche Erlebnisse als sein Komplize gehabt hatte, war mir klar, daß ich ihm nicht widerstehen konnte.

„In Ordnung", sagte ich schließlich. „Ich übernehme den zweiten Teil."

„Prima!" Ruby klopfte mir auf die Schulter. „Dann treffen wir uns morgen hier und besprechen alles."

„Mann, Ruby, morgen muß ich mich nach einem Job umsehen..."

„Kannst du doch! Aber sei pünktlich um halb sechs hier in der Cafeteria."

Ich nickte traurig. Als Ruby mir einen Streifen Kaugummi anbot, steckte ich ihn in den Mund und kaute schnell – nervös und unnormal schnell.

Am nächsten Tag bei der Jobsuche war ich nur halbherzig bei der Sache. Stets mußte ich an Ruby denken, der an einem feinen Schreibtisch in einem netten, friedlichen Büro saß. Ich fragte mich, wieso er sich damit nicht zufriedengab. Er hatte doch alles, was man sich wünschen konnte. Seit seiner Schulentlassung vor zwei Jahren war er Buchhalter, nach Aussagen seiner Mutter, meiner Tante, war er der beste Buchhalter unter der Sonne. Rubys Mutter war genau wie meine Mutter. Ich meine, ich hatte damals keinen Job, aber meine Mutter hielt mich für den größten Arbeitslosen der ganzen Welt. Viel hätte ich um einen Job wie Rubys Job gegeben, aber da ich mich an jenem Tag recht mies fühlte, waren meine Chancen ziemlich mager.

Aber das Leben ist seltsam, nicht wahr? In der ersten Stellenanzeige, auf die ich mich meldete, wurde ein Packer für eine Schal-Fabrik gesucht. Der dicke Personalchef nahm mich lang unter die Lupe und sagte dann: „In Ordnung, Freund, die Stelle gehört dir." Für den Job wurden keine Vorkenntnisse verlangt, und er war ebenso langweilig wie einfach. Ich stand mit vier Mädchen und einem alten Mann an einem langen Tisch und verpackte den ganzen lieben langen Tag lang bunte Schals in weiße Pappschachteln. Der alte Mann störte mich nicht, obwohl er ständig eine Alkoholfahne hatte, aber die Mädchen kicherten die ganze Zeit über nichts und wieder nichts.

Nun ja, jedenfalls traf ich mich nach Feierabend mit

Ruby in der Cafeteria. Als ich ihm etwas über meinen neuen Job erzählen wollte, kam er mir zuvor.

„Alles geritzt, Freundchen."

„Was ist geritzt?"

Er grinste frech. „Das Ding mit dem Ring. Ich war heute nachmittag bei Zachini und schaute mir die besten Diamantringe an. Tolle Steine haben die. Der Verkäufer war ein richtiger Armleuchter, er hat gar nichts gemerkt."

Mir fielen fast die Augen aus dem Kopf.

„Du hast es schon getan?" Ich schluckte. „So voreilig?"

„Klar, warum noch mehr Zeit verschwenden? Zuerst hab ich den Kaugummi unter den Ladentisch geklebt, dann ließ ich mir die Ringe zeigen. Beim zweiten Ring sah er weg, und ich drückte den Ring in den Gummi."

Mein Herz rutschte in die Hose.

„Und nun?" stotterte ich.

„Willst du mich auf den Arm nehmen? Du weißt genau, was jetzt kommt. Du gehst sofort in den Juwelierladen, bevor sie zumachen."

„Ich?" piepste ich voller Entsetzen.

„Ja, du! Die Zeit drängt. Ich mach dir einen Plan von dem Laden, damit du die richtige Stelle gleich findest."

Er nahm eine Papierserviette vom Tisch und skizzierte mit geschickter Hand den Grundriß. Er zeichnete so übersichtlich und deutlich, daß ich die richtige Stelle blind gefunden hätte.

Ich brachte noch einige andere Einwände vor, aber Ruby war nicht in der Stimmung, sich länger hinhalten zu lassen. Meine Bemühungen waren natürlich völlig sinnlos. Ich bezahlte Kaffee und Kuchen und ging auf die Straße hinaus. Der Plan war simpel. Ich mußte einfach in das Geschäft hineingehen, vor den Ladentisch treten, mit der Hand daruntergreifen, nach dem Ring tasten ... ihn wegreißen und einstecken, während ich den Verkäufer nach dem Weg fragte. Und schon konnte ich das Geschäft wieder genauso lässig verlassen, wie ich es betreten hatte. Um halb sieben dann sollte ich Ruby in der Wohnung seiner Freundin treffen.

Fünf Minuten vor sechs war ich vor dem Juweliergeschäft angelangt, aber erst nach fünf bangen Minuten fand ich den Mut, die Tür aufzumachen und zum Angriff überzugehen.

Der Verkäufer war ein gestriegelter Typ, dessen Haar wie Schuhcreme glänzte. Er lächelte höflich, als die Türglocke ertönte, aber als er mich in T-Shirt und Turnschuhen sah, änderte sich seine Miene schlagartig.

„Können Sie mir sagen, wo das nächste Postamt ist?" fragte ich harmlos.

Er runzelte die Stirn. „Was meinen Sie, was das hier ist? Eine Tankstelle?"

Ich legte meine Hand auf den Ladentisch und fuhr an der Unterkante entlang, bis ich an etwas Klebriges kam.

„Entschuldigen Sie, daß ich Sie belästige, aber ich muß unbedingt zur Post."

„Zwei Häuserblocks nach Norden", sagte er ungeniert gähnend und betrachtete seine Fingernägel. „Dann links in die Seitenstraße."

Ich hatte jetzt den Ring zwischen meinen Fingern und zog daran. Aber ich bekam ihn nicht los und begann zu schwitzen.

„Mann", sagte ich und betrachtete die Ringe unter der gläsernen Tischplatte. „Haben Sie nette Ringe!" Meine Finger waren ganz klebrig, und mir wurde allmählich flau im Magen, weil der Ring immer noch festpappte.

„Ein bißchen zu teuer für Sie", sagte der Verkäufer hochnäsig.

Endlich hatte ich das gute Stück losbekommen. Ich steckte beide Hände in die Hosentaschen und schaute, daß ich weiterkam.

„Vielen Dank!"

„Keine Ursache", sagte der Verkäufer aalglatt. „Nächstes Mal wenden Sie sich besser an einen Polizisten."

Jetzt machte es mir direkt Spaß, mit dem Ring in der Hosentasche davonzuspazieren.

Erst nach zehn Minuten wagte ich einen ersten Blick auf die Beute. Er war schön, der Ring, wunderschön – über und über mit glitzernden Brillanten besetzt und unglaublich schwer. So etwas hatte ich in meinem ganzen Leben noch nicht gesehen, er mußte mindestens eine Million wert sein.

Es war zu früh, Ruby in Dorothys Wohnung zu treffen, aber ich wollte auch nicht mit dem Diebesgut in der Tasche durch die Straßen laufen. Also beschloß ich, zu Dorothy zu gehen und dort zu warten. Sie würde bestimmt nichts dagegen haben. Dorothy war nämlich ein wirklich nettes Mädchen und auf ihre unscheinbare Art sehr schön. Niemand hätte in ihr als Lehrerin die Freundin des größten Gangsters der Welt vermutet.

Wie erwartet, bat sie mich freundlich herein. Wir setzten uns ins Wohnzimmer und plauderten ein paar Minuten. Dann ging ich ins Badezimmer, um mir den Ring genauer anzusehen. Da mich interessierte, wie er an der Hand wirkte, streifte ich ihn über den Mittelfinger meiner Linken und hielt ihn ins Licht. Er blitzte und funkelte wie ein Lüster in einem Ballsaal. Was für ein prächtiger Stein! Ich betrachtete ihn so lange, bis ich die Türklingel hörte. Ruby war gekommen. Ich zog den Ring ab.

Das heißt, ich versuchte es zumindest. Aber der blöde Ring saß fest. Ich habe seltsame Hände, mit langen dürren Fingern und dicken Knöcheln. Der Ring ließ sich nicht abziehen, aber ich bewahrte Ruhe und erinnerte mich daran, was meine Mutter zu tun pflegte, wenn sie den Ehering abnehmen wollte. Ich nahm Wasser und Seife, und das nicht zu sparsam, aber der Ring rührte sich nicht von der Stelle. Ich zerrte und zog daran, bis mein Finger ganz rot und wund war.

Aber der Ring ging nicht ab.

Ich drehte fast durch. Wie ein aufgezogenes Spielzeug fegte ich in dem kleinen Bad hin und her und versuchte, diesen idiotischen Brillantring abzubekommen. Aber ich konnte tun, was ich wollte, ich brachte ihn nicht über meinen Knöchel. Vor lauter Panik hätte ich fast einen Schreikrampf gekriegt. Der Ring saß fest, wie angeschraubt!

Da mir nichts mehr anderes einfiel, steckte ich die linke Hand in die Hosentasche und ging ins Wohnzimmer. Ruby saß auf dem Sofa und lauschte einer Schallplatte, die Dorothy für ihn aufgelegt hatte. Als ich das Zimmer betrat, zog er die Augenbrauen nach oben und machte ein fragendes Gesicht. Auch Dorothy sah mich erstaunt an.

„Was ist denn los mit dir? Du siehst krank aus!" sagte sie.

„Mir fehlt nichts", versicherte ich schwach.

„Also", sagte Ruby mit eisiger Stimme, „was ist los mit dir? Ging alles in Ordnung?"

„Nicht ganz." Ich schluckte. „Könnte ich dich kurz im Schlafzimmer sprechen, Ruby?"

Wir entschuldigten uns bei Dorothy und verschwanden in ihrem Schlafgemach. Ruby machte hinter uns die Tür zu, und ich berichtete ihm hastig, was vorgefallen war. Er freute sich natürlich, daß der Plan hingehauen hatte, und das mit dem festsitzenden Ring sei nicht weiter schlimm, meinte er. Aber als er anfing, daran zu ziehen, verzog ich das Gesicht vor Schmerzen.

„Reiß dich zusammen!" tadelte er mich. „Wir machen es mit Seife..."

„Das habe ich bereits probiert", erwiderte ich verzweifelt. „Nichts hilft, Ruby, nichts."

„Dummes Zeug!"

Wir gingen ins Bad, und ich überzeugte ihn vom Gegenteil. Inzwischen war Dorothy neugierig geworden, wollte wissen, was hier gespielt wurde und fing an, Fragen zu stellen. Um kein Mißtrauen zu erwecken, setzten wir uns wieder ins Wohnzimmer, und ich verbarg meine linke Hand für die Dauer des Besuchs in der Hosentasche.

Nun, was dann folgte, möchte ich nicht mehr erleben. Nachdem wir Dorothys Wohnung verlassen hatten, zog und zerrte, drückte und drehte Ruby zwei geschlagene Stunden lang an meinem linken Mittelfinger herum, bis ich um Erbarmen flehte. Noch nie hatte ich Ruby so sauer erlebt, sein kühler Verstand schien beim Anblick des glitzernden Ringes, der an meinem Finger haftete, auszusetzen. Ich hatte gehofft, daß er sich irgend etwas Geniales einfallen lassen würde, aber er wußte sich keinen Rat. Es war der größte Reinfall seiner kriminellen Laufbahn und erschütterte seine schurkische Intelligenz aufs äußerste.

Schließlich gab er sich geschlagen.

„Keine Sorge", sagte er drohend. „Wir bekommen diesen Ring ab. Aber zeige ihn um Gottes willen nicht herum!"

Er wußte nicht, was er da von mir verlangte. Es war leichter, einen Scheinwerfer in der Hosentasche zu verstecken, als dieses leuchtende Schmuckstück zu verbergen.

Niedergeschlagen verzog ich mich in mein Bett. Bevor ich einschlief, drehte und zerrte ich noch einmal an dem Ring, aber es half natürlich nichts. Sogar im Schlaf fummelte ich daran herum, daß meine Mutter glaubte, ich hätte eine Art Anfall. Ich habe nämlich einen Onkel, der einmal während der Nacht einen Anfall bekam und schwor, er würde das nächstbeste Polizeipferd erschießen. Er mußte in irgendein Heim eingeliefert werden, und meine Mutter ist nie über diesen Verlust hinweggekommen.

Als ich am Morgen erwachte, war mein erster Gedanke, die Schal-Fabrik anzurufen und zu sagen, ich hätte einen Herzanfall oder so etwas Ähnliches erlitten. Denn es war ja wohl ein Witz, mit einem millionenschweren Ring am Finger seinem Hilfsarbeiterjob nachzugehen. Aber ich konnte nicht schon an meinem zweiten Arbeitstag blaumachen, das würde mich hundertprozentig den Job kosten. Ich zog also ein Paar Handschuhe mit Pelzfutter an und ging zur Arbeit. Natürlich ist es ein Quatsch, mitten im Hochsommer Pelzhandschuhe zu tragen, aber andere Handschuhe hatte ich nicht. Als ich dann an dem langen Packtisch stand, stellte ich mit Entsetzen fest, daß sich die glatten Schals mit den dicken Handschuhen unmöglich verpakken ließen. Also mußte ich sie schließlich ausziehen.

Die ersten zehn Minuten merkte niemand etwas.

Dann ließ Maria neben mir einen Schrei los.

„Guckt euch den an! Ist der schön?" Sie hielt die Luft an und kicherte gleichzeitig.

„Mund halten", knurrte ich.

„Ist er nicht toll", meinte ein anderes Mädchen. „Er muß sich verlobt haben."

„Mann, wie süß", sagte Maria. „Wir müssen ihm gratulieren, was, Mädchen?"

Gott sei Dank kam der dicke Lagermeister an den Packtisch und wollte wissen, warum hier so gekichert wurde. Er sah mich komisch an, als man ihn aufklärte, und verzog sich schnell wieder, als hätte ich eine ansteckende Krankheit. Der Rest des Tages war fürchterlich, die Mädchen hörten nicht auf zu kichern. Ich kam mir vor wie in der Tanzstunde.

Nach der Arbeit traf ich Ruby in der Cafeteria.

„Du mußt etwas tun, Ruby! So kann es nicht weitergehen!"

„Halt den Mund!" erwiderte er ärgerlich. „Es ist deine Schuld, du Dummkopf. Wir müssen uns etwas einfallen lassen."

„Schau, können wir ihn nicht abfeilen?"

„Nein, wir würden ihn beschädigen. Das kann nur ein Fachmann, und der würde eine Menge Fragen stellen. Du wirst ihn also tragen müssen, bis mir etwas einfällt."

„Aber Ruby..."

„Du sollst den Mund halten!" sagte er, und damit war die Diskussion beendet.

Ich ging früh nach Hause und verzog mich auf mein Zimmer. Gegen halb neun kam ein Anruf für mich. Ruby wollte mit mir reden. Ich eilte zu dem ausgemachten Treffpunkt, in der Hoffnung, daß sein geniales Gehirn endlich einen Ausweg gefunden hätte. Aber ich wurde enttäuscht. Da war ein fremder Mann bei Ruby, ein heruntergekommener alter Kerl mit einem schmierigen Filzhut. Trotz des warmen Wetters hatte er eine gefütterte Windjacke mit Flicken an den Ellbogen an. Ehrlich gesagt, er sah aus wie ein Landstreicher.

„Das ist Mr. Feener. Er ist aus der Diamanten-Branche", stellte ihn mir Ruby vor.

Mr. Feener trat unruhig auf der Stelle und blickte sich ständig um. „Okay, kommen wir zur Sache. Ich habe nicht die ganze Nacht Zeit."

„Zeig her", sagte Ruby und zerrte meine linke Hand aus der Hosentasche.

Mr. Feener sah sich den Ring kurz an und zog mich dann unter die Straßenlampe. Alles ging sehr würdelos vonstatten. Er klemmte eine Juwelierlupe vors Auge und begann seine Untersuchung. Mann, kam ich mir dumm vor.

„Nicht übel, gar nicht übel", murmelte Feener. „Nette blauweiße Steine. Gar nicht übel."

„Wieviel?" fragte Ruby und leckte sich die Lippen.

„Nun, ich weiß nicht. Vielleicht fünfzehnhundert." Er verstand sein Geschäft. „Wer weiß, vielleicht sogar zwei Tausender, wenn ich mit den richtigen Leuten spreche.

Aber mehr kann ich nicht bieten!"

„Vergessen Sie es", sagte Ruby. „Etwas tiefer müssen Sie schon in die Tasche greifen."

Mr. Feener zog meine Hand wieder vor sein Gesicht, als wäre ich gar nicht da.

„Na, dann zwo-fünf, aber mehr geht nicht."

„Sagen wir drei", meinte Ruby.

„Zwo-sieben", sagte Mr. Feener.

„Zwo-acht."

„Abgemacht", seufzte der Alte. „Aber Sie müssen den Ring vom Finger herunterbringen. Ich kann den Burschen nicht mitverkaufen."

Ruby überschlug sich fast vor Freude, und auch ich machte große Augen. Zweitausendachthundert Dollar! Das war eine Menge Geld. Ein Vermögen. Praktisch war das Rubys Jahresgehalt.

Dann zog Ruby Mr. Feener zur Seite, und sie flüsterten miteinander. Da bekam ich es plötzlich mit der Angst zu tun. Bisher war ich bloß sauer gewesen, weil ich Mr. Feener meine Hand zur Untersuchung reichen mußte, aber jetzt hatte ich Angst. Und wenn es nun doch keine Möglichkeit gäbe, den Ring abzufeilen? Er war rundherum mit Diamanten besetzt, aber waren Diamanten nicht die härteste Substanz der Erde?

Sie beendeten ihre Konferenz.

„Okay, dann müssen wir ihn halt abschneiden", meinte Ruby.

Mehr wollte ich gar nicht hören. Ich fing an zu zittern

wie Espenlaub und rannte mit langen Sätzen die Straße hinunter, als wäre der Teufel hinter mir her. In diesem Moment wäre mir sogar der Teufel lieber gewesen, denn der Gedanke, daß Ruby Martinson mich verfolgte, der plötzlich nur noch an die zweitausendachthundert Dollar denken konnte, jagte mir eine Heidenangst ein. Ich glaube, ich brach alle Weltrekorde, so schnell machte ich mich aus dem Staub, und ich hörte erst zu laufen auf, als ich wirklich nicht mehr konnte.

Dann überlegte ich... Heim konnte ich nicht, dort würde Ruby mich sicherlich gleich finden. Es gab nur eine Möglichkeit, nämlich mich der Gnade von Rubys Freundin Dorothy anzuvertrauen. Nur sie würde in der Lage sein, Ruby zu bremsen.

Dorothy übte gerade auf dem Klavier, als ich klingelte, und war sehr überrascht, mich zu sehen. Ein Blick in mein Gesicht mußte ihr verraten haben, daß ich in Schwierigkeiten steckte, denn sie überschüttete mich sogleich mit Fragen.

„Du mußt mir helfen", sagte ich stotternd. „Ruby..."

„Ruby? Ist er in Schwierigkeiten?"

„Nein! Ich bin in Schwierigkeiten. Sieh doch..."

Ich zog meine linke Hand aus der Tasche und zeigte ihr den Ring. Wie geblendet wich sie zurück und kam dann langsam wieder näher. Zuerst war ihr Gesicht ausdruckslos, dann lächelte sie.

„Oh, ist der aber schön", sagte sie verzückt. „Aber

meinst du nicht, daß er ein wenig zu ... nun, ich weiß nicht, ein Junge in deinem Alter ..."

„Das ist nicht mein Ring", teilte ich ihr schnell mit. „Er gehört Ruby. Ich bekomme ihn nicht mehr von meinem Finger herunter. Ich habe schon alles versucht."

„Soso", wunderte sie sich und untersuchte den Ring näher. „Sehr schön ist der. Und du sagst ... Ruby hat ihn gekauft?" Sie spielte mit den Locken ihres Haares.

„Ja", erwiderte ich kleinlaut. „Ruby hat ihn gekauft. Aber nun will er mir den Finger abschneiden."

„Was?"

„Ich weiß, daß er das tun wird. Ich hab's mit eigenen Ohren gehört, ehrlich!"

„Ach, Unsinn. So etwas würde Ruby nie tun."

„Da kennst du Ruby aber schlecht", antwortete ich verbissen und war einen Augenblick lang versucht, den Schleier zu lüften und sie über Rubys kriminelles Zweitleben aufzuklären. „Ruby wird vor nichts haltmachen, um den Ring wiederzubekommen. Er bedeutet ihm sehr viel."

„Wirklich?" meinte Dorothy gelassen und drehte meine Hand herum, um den Ring besser sehen zu können. „Warum sollte Ruby ein Verlobungsring so viel bedeuten?"

„Ein was?" fragte ich schwach.

„Er ist wirklich sehr schön", schwärmte Dorothy, und ihre Augen leuchteten. „Der schönste Verlobungsring, den ich in meinem ganzen Leben gesehen habe."

„Aber Dorothy..."

„Kein Wunder, daß Ruby sauer ist", sprach sie weiter. „Schließlich geschieht es nicht jeden Tag, daß er einen Verlobungsring kauft. Aber zerbrich dir nicht den Kopf, weil er feststeckt. Das werden wir gleich haben."

Sie führte mich an der Hand in die Küche. Dort machte sie den Kühlschrank auf und steckte meine linke Hand in das Gefrierfach.

„Und da läßt du deine Hand eine Weile", befahl sie mir. „Ich bin gleich zurück. Rühr dich nicht von der Stelle."

Ich gehorchte ihr, aber ich kam mir vor wie ein Idiot. Nach einer Weile brachte Dorothy eine Dose Vaseline.

„Es ist heiß draußen", erklärte sie mir. „Das läßt deinen Finger anschwellen. Wir kühlen ihn also zuerst, und dann tun wir ein wenig von dem drauf."

Sie nahm meine Hand aus dem Gefrierfach, der Finger hatte inzwischen eine herrliche Blaufärbung angenommen. Dann tauchte sie ihn in das schmierige Zeug und ... Schwups! war der Ring herunter.

Ich atmete erleichtert auf, aber dann sah ich, wie Dorothy sich den Ring über den Finger streifte. „Nicht, Dorothy!" rief ich.

„Das geht schon okay", erwiderte sie. „Ich wollte nur sehen, wie er mir steht..."

„Könnte... könnte ich den Ring jetzt wiederhaben?"

„Ich gebe ihn Ruby zurück. Mach dir keine Sorgen."

„Aber Dorothy..."

„Sei unbesorgt", wiederholte Dorothy mit einer Stimme, die kälter als das Gefrierfach war. Dann kehrte sie mir den Rücken zu.

Ich hatte hier nichts mehr zu suchen, also ging ich. Nicht einmal meinen Abschiedsgruß beantwortete sie. Ruby sah ich erst am nächsten Tag wieder. Er saß an seinem Stammplatz in *Hector's Cafeteria* und blickte völlig belämmert aus der Wäsche.

„Tag, Ruby", sagte ich schüchtern.

Er antwortete nicht. Er stierte vor sich hin und trank Kaffee.

„Du, Ruby, das von gestern abend tut mir leid."

„Vergiß es", sagte er forsch.

„Warst du bei Dorothy? Hast du den Ring wiederbekommen?"

„Ja, ich bekam ihn wieder."

„Mann, bin ich erleichtert", seufzte ich. „Hast du das Geld von Feener erhalten?"

„Nein. Ich hab den verdammten Ring zurückgegeben."

„Was?"

„Ich hab den Ring in ein Päckchen getan und es an Zachini geschickt."

„Du hast ihn zurückgegeben?" wiederholte ich verwirrt. „Ja, aber wieso denn, Ruby?"

Er sah mich wütend an.

„Weil ich Dorothy nicht einen ‚heißen' Ring geben

konnte, deshalb, du Dummkopf. Ich kann mein Mädchen doch nicht in solche Gefahr bringen, oder?"

„Richtig, das geht nicht."

Eine Minute lang sagte er nichts, dann legte er eine Samtschachtel auf den Tisch.

„Was ist das, Ruby?"

Er machte die Schachtel auf. Sie enthielt einen anderen Ring mit nur einem Brillanten, der auch nicht sehr groß war. Der Ring schaute irgendwie nett aus, aber war mit dem ersten kaum zu vergleichen.

„Hast du einen anderen genommen?" sagte ich.

„Nein", knurrte Ruby. „Ich habe ihn gekauft."

„Gekauft?"

„Für Dorothy. Wir ... wir haben uns verlobt ... gestern abend."

„Verlobt?"

„Ja. Frag nicht, wie es dazu kam. Als ich zu ihr in die Wohnung ging, umarmte sie mich und ... ach, ist ja egal." Er blickte traurig auf den kleinen Ring. „Es war Dorothys Idee, den anderen Ring zurückzugeben. Sie sagte, wir könnten uns das nicht leisten, und daß ich das Geld lieber aufs Sparbuch tun sollte oder so ..." Er machte die Schachtel wieder zu. „Nun ja, so ist es nun einmal."

„Mann, Ruby", rief ich, von dem Ausmaß der Tragödie überwältigt. „Das tut mir aber leid ... ich meine, gratuliere ..."

Er murmelte etwas, was ich aber nicht verstehen

konnte. Natürlich war mir bewußt, daß alles meine Schuld war. Ich konnte nur hoffen, daß Ruby sich nicht gegen mich wenden würde. Immerhin war es nicht gerade die rosigste Aussicht, das größte Verbrechergehirn des Jahrhunderts zum Feind zu haben.

Der Nachtzug

Von weit vorne hörte Ulman das schrille, langgezogene Pfeifsignal der Lokomotive, das wie der Dauerton einer entfernten Sirene durch die Nacht gellte. Ulman stemmte sich gegen die rauhe Wand des schwankenden Güterwagens und stand langsam auf. Der Zug verlor bereits an Fahrt, da er vor einem unbeschrankten und selten befahrenen Bahnübergang kurz vor Erebville abbremste. Ulman mußte abspringen, bevor der Zug in den kleinen Bahnhof von Erebville einfuhr, denn er hatte sich sagen lassen, daß die Bahnarbeiter dort sehr raffinierte und pflichtbewußte Burschen waren, besonders in dieser Jahreszeit, wenn die Landstreicher und Gelegenheitsarbeiter zur Ernte nach Westen zogen. Ein einäugiger, mit allen Wassern gewaschener Landstreicher hatte Ulman verraten, daß der Zug um Mitternacht vor jenem Bahnübergang abbremsen würde, und daß dies der rechte Zeitpunkt zum Abspringen sei.

Er stolperte durch den schwankenden Güterwagen auf die breite Stahltür zu, holte tief Luft und zog sie mit aller Kraft auf. Kühle Landluft rauschte an ihm vorüber, während er in die mondlose Dunkelheit spähte. Er rieb sich die grauen Bartstoppeln und wartete den richtigen Augenblick ab. Als der Zug am langsamsten fuhr und schon wieder zu beschleunigen begann, sprang er.

Umständlich kam Ulman wieder auf die Beine und klopfte sich den Staub von den Kleidern. Seine Knie waren weich wie Gummi nach dem langen Stehen in dem Waggon, und seine Ohren vermißten die beständigen Fahrgeräusche. Er grinste, als das Dröhnen des Zuges in der Ferne verklang und die Schlußlichter in der Nacht verschwanden. Morgen wollte er auf die andere Seite von Erebville marschieren und auf den nächsten Nachtzug nach Westen springen.

Aber wo die Nacht verbringen? Das war das Problem, allerdings hatte Ulman ein solches Problem schon hundertmal gelöst. Er blickte sich in der Dunkelheit um und sah in der Ferne einen schwachen Lichtschein, wahrscheinlich von einem Haus. Es kam Ulman komisch vor, daß jemand von der Landbevölkerung noch so spät auf war. Auf der anderen Seite kam ihm das gerade recht, denn womöglich konnte er sich so eine Schlafgelegenheit in einer Scheune erbetteln. Und vielleicht würde auch ein gutes Frühstück dabei herausspringen, als Lohn fürs Holzhacken oder so... Er vergewisserte sich, daß bei dem Sprung nichts aus seinen Taschen gefallen war, und machte sich dann auf den Weg.

Es stellte sich heraus, daß das Licht von einem kleinen Bauernhof mit einem baufälligen Schweinestall stammte, der aber Ulman als Unterkunft gar nicht gefiel. Vorsichtig schlich er auf das kleine Fachwerkhaus zu und stellte erstaunt fest, daß kein Hund anschlug.

Ulman wagte einen Blick durch ein Fenster, denn Vorhänge gab es nicht. Das Zimmer dahinter war schmutzig und die Einrichtung billig. Eine nackte Glühbirne an der Decke warf ihr grelles Licht auf einen durchgescheuerten Teppich, alte, wacklige Stühle und ein durchgesessenes Sofa. Ulman beschloß, lieber im Freien zu übernachten und am Morgen wegen des Frühstücks an der Haustür zu klopfen. Er wollte sich gerade wieder abwenden, als eine Frau ins Zimmer kam.

Ihr billiges Kleid mit dem Blumenmuster entsprach dem Innern des Hauses, nicht aber die Frau selbst. Sie war etwa dreißig, schätzte Ulman, langbeinig und graziös, mit edlen Gesichtszügen, glattem braunem Haar und sehr großen blauen Augen. Sie hielt eine kleine weiße Katze auf dem linken Arm, die sie hin und wieder zärtlich mit der rechten Hand streichelte. Ihrem ganzen Verhalten nach, vermutete Ulman, war sie allein.

Während er sie durchs Fenster beobachtete, setzte sie die Katze auf die Erde und strich sich mit ihren schlanken Händen das Kleid glatt. Eine tolle Frau, dachte Ulman, da kann unsereiner nicht mithalten. Gewaltsam riß er sich von dem Anblick der schönen Unbekannten los und verschwand leise in der Nacht.

Kurz nach Sonnenaufgang erhob sich Ulman aus

seinem Bett aus Laub und Moos unter einem Baum, streckte sich, klopfte den Schmutz von seiner Windjacke aus Segeltuch und trat den Weg zum Gehöft an.

Im Tageslicht erschien das Haus noch erbärmlicher als in der Nacht zuvor. Ulman stellte fest, daß die Felder rings um das Gehöft brachlagen. Er sah auch außer ein paar Schweinen und Hühnern kein Vieh. Aber das war ihm letztlich egal. Sein Hauptaugenmerk galt der jungen Frau, die gerade Wäsche aufhängte. Wie gestern trug sie das geblümte Kleid.

Sie hatte ihn offensichtlich bemerkt, auch wenn sie so tat, als würde sie ihn nicht sehen. Sie fuhr in ihrer Arbeit fort, stellte sich auf die Zehenspitzen und befestigte ein Wäschestück nach dem anderen mit Klammern an der Leine. Endlich drehte sie sich um, aber sie schien weder ängstlich noch überrascht.

„Ist Ihr Mann zu Hause?" fragte er höflich, obwohl er die Antwort bereits wußte.

„Es gibt keinen Mann hier", antwortete sie, stützte sich gegen den Pfosten der Wäscheleine und blickte ihm direkt in die Augen.

„Ich... hm, ich wollte fragen, ob Sie ein kleines Frühstück für mich hätten. Ich würde es auch abarbeiten."

Sie überging seine Frage. „Sie sprangen gestern vom Nachtzug ab, nicht wahr?"

Ulmans Herz schlug schneller. Hatte sie ihn am Fenster gesehen? „Klar, Miss", sagte er ganz beiläufig,

„will nach Kalifornien zur Ernte. Geld verdienen."

„Nach Kalifornien ist es weit."

„Klar." Ulman rieb sich das Kinn. „Woher wissen Sie, daß ich mit diesem Zug kam?"

„Sie sind nicht der einzige", sagte sie. „Viele tun das, aber alle wollen sie nicht nach Erebville hineinfahren..."

„Die Bahnarbeiter", entgegnete Ulman verbittert. „Wehe, wenn sie einen erwischen."

Die Frau lächelte plötzlich. „Ich heiße Cyrila. Was Sie hier sehen, gehört mir."

Ulman erwiderte das Lächeln und schämte sich plötzlich wegen seiner schmutzigen Kleidung und seinem ungepflegten Äußeren. „Lou Ulman."

„Okay, Mr. Ulman, Sie können sich dort am Brunnen waschen, während ich uns ein paar Eier mache."

Wieder lächelte Ulman und musterte die Frau vom Scheitel bis zur Sohle. „Ich danke vielmals."

Das Frühstück, bestehend aus Rühreiern, Brot, frischem Kaffee und einem großen Glas Orangensaft, sah köstlich aus. Ulman setzte sich gegenüber der Frau an den Tisch und langte tüchtig zu. Nach den ersten Bissen stellte er fest, daß sie ihn beobachtete.

„Sie sagen, Sie wohnen hier allein?" fragte er.

Cyrila nickte, ohne ihre großen blauen Augen von ihm abzuwenden. „Mein Mann ist vor fünf Jahren gestorben."

Ulman biß ein großes Stück von seinem Brot ab.

„Ganz schön schwer für eine Frau, mit all dem fertig zu werden, nicht wahr? Was züchten Sie denn?"

„Nur Schweine und Hühner."

Ulman nickte. „Die Schweine sehen gut aus. Wie viele haben Sie denn?"

Die Frau trank einen Schluck aus ihrer Kaffeetasse. „Etwa ein Dutzend. Für mehr kann ich das Futter nicht aufbringen. Ich verkaufe sie im Herbst, wenn sie schön fett sind, und mit einem Teil des Geldes lege ich mir neue Ferkel zu."

„Dann beginnen Sie jedesmal ganz von vorne?"

Die Frau nickte lächelnd. „Feldarbeit ist nichts für Frauen", bemerkte sie etwas verschmitzt. „Hier läßt sich nur mit Schweinen etwas anfangen. Sie bringen einen guten Profit, wenn es gelingt, sie den ganzen Sommer über tüchtig zu mästen."

Ulman schob die letzte Gabel Rührei in den Mund und leckte sich genüßlich die Lippen.

„Mehr, Mr. Ulman?" Sie klimperte übertrieben mit den Wimpern und wollte offenbar ihren weiblichen Charme einsetzen, um ihn bei Laune zu halten. Schließlich bot sich nicht alle Tage eine so billige Arbeitskraft.

„Nein", sagte er. „Danke, ich bin satt."

„Sie können mich Cyrila nennen", flötete sie und spielte mit ihrem Kaffeelöffel.

Ulman zögerte. „In Ordnung, Cyrila", sagte er dann.

„Hinter der Scheune ist Brennholz, und es muß ... ich meine, weil Sie doch vorhin ..."

„Ist klar, Cyrila", unterbrach Ulman sie. „Ich sagte, ich würde das Frühstück abarbeiten, und dabei bleibt es natürlich. Zeigen Sie mir nur, wo die Axt ist."

Nachdem er eine Stunde Holz gehackt hatte, mähte Ulman das hohe Gras hinter dem Haus und reparierte dann den Zaun. Dabei pfiff er leise vor sich hin und schielte nach Cyrila, die im Haus zu tun hatte. Ab und zu lächelte sie ihm zu oder winkte aus einem der Fenster oder sah ihn liebevoll an, wenn sie Wasser aus dem Brunnen im Hof pumpte.

Ohne einen Mann muß es hier sehr einsam werden, überlegte Ulman, während er den schweren Hammer schwang. Es muß, ganz logisch.

Die Sonne ging schon fast unter, als er mit allem fertig war. Er wusch sich an der Wasserpumpe, schlüpfte in sein Hemd, ordnete mit nassen Fingern das Haar und ging dann zu ihr ins Haus. Drin war es kühl und düster.

„Sie haben gute Arbeit geleistet", sagte sie. Ihr Lächeln wirkte diesmal etwas gezwungen, und sie hielt sich an der Sofalehne fest, als wollte sie sich stützen.

Er grinste und zuckte die Achseln. „Ich glaube, Ihnen fehlt hier ein Mann. Sie sollten nicht allein sein."

„Ich weiß." Sie entfernte sich einige Schritte vom Sofa. „Ich wette, Sie haben Durst nach der Hitze draußen."

„Durst? Nun, ja. Ich muß zwar bald los, um rechtzeitig auf der anderen Seite von Erebville zu sein, aber wenn Sie gerade etwas dahaben..."

„Ich denke, es ist noch was im Küchenschrank",

erwiderte sie, immer noch lächelnd. „Schon ziemlich alt. Ich trinke nicht, sondern brauche das nur für Gäste oder als Medizin."

Ulman folgte ihr in die Küche. „Je älter, desto besser."

Sie stellte sich auf die Zehenspitzen und angelte aus dem obersten Fach des Küchenschrankes eine halbvolle Flasche Whisky. Ulman nahm einen tiefen Schluck von dem alten Bourbon, während ihm die Frau zusah. Dann schnalzte er genüßlich mit der Zunge und gab ihr die Flasche zurück. Aber sie ergriff seine Hand und drückte seine Finger um den Flaschenhals, als wollte sie ihm sagen, daß er die Flasche behalten sollte. Mit Verblüffung stellte er fest, daß sie den Tränen nahe war.

„Sie haben recht, Mr. Ulman", seufzte sie und sah ihn dabei an. „Ich sollte nicht allein sein." Sie vergrub ihr Gesicht an seiner Schulter, schluchzte und drückte sich an ihn. Mit seiner rechten Hand hielt Ulman die Flasche, mit der linken streichelte er verlegen und unbeholfen Cyrilas Rücken.

Es war stockdunkel im Haus, als Cyrila aufstand. Sie stellte sich neben das Bett, räkelte und streckte sich ausgiebig und ging dann barfuß in die Küche. Dort stellte sie die Whiskyflasche an ihren Platz zurück, zog dann einen alten Arbeitsanzug über und krempelte die Ärmel hoch.

Dann war ein dumpfer Aufschlag im Schlafzimmer

und kurz darauf das quietschende Rad des rostigen Schubkarrens zu hören. Wenig später setzte in der Scheune das unregelmäßige Knirschen der Futtermühle ein, die an etwas Hartem zu beißen hatte. Aber bald schon wurde das Geräusch der Mühle von dem vergnügten Grunzen der Schweine übertönt...

Eine Stunde später stand Cyrila auf der Veranda des Gehöfts. Sie trug wieder das niedliche Kleid mit dem Blumenmuster. Sämtliche Lichter im Haus brannten. Aus einiger Entfernung drang ein langgezogenes Pfeifsignal an ihre Ohren, wie das Heulen einer entfernten Sirene. Sie lauschte dem herannahenden Rumoren des Nachtzuges, hörte, wie er kurz abbremste und dann mit einem lauten Brummen wieder an Fahrt gewann. Allmählich verschwand der donnernde Zug irgendwo in der Nacht, und es war wieder ganz still. Ganz automatisch strich sie das Kleid glatt, seufzte, drehte sich um und ging ins Haus zurück. Mit unverminderter Geschwindigkeit brauste der Nachtzug nach Westen – ohne Ulman.

Interessenkonflikte

Es war nicht schwer, Matheny sogar unter den vielen Passanten auf dem Bürgersteig des Queen's Boulevard im Auge zu behalten, denn er war fast zwei Meter groß und hinkte mit seinem linken Bein wie ein lahmendes Pferd. Ich war etwa einen halben Häuserblock hinter ihm und mußte mich beeilen, als er zur 108. Straße kam und vom Boulevard abbog. Als ich um die Straßenecke bog, sah ich gerade noch, wie er in ein kleines Lokal ging.

Ich folgte ihm, nachdem ich mich durch einen Blick durch das große Fenster davon überzeugt hatte, daß er allein an einem Tisch saß, den Rücken zur Tür.

Ich kletterte auf einen Hocker an der Bar, von wo aus ich ihn durch einen Spiegel hinter der Bar beobachten konnte, er allerdings konnte mich nicht sehen. Ich hatte den Verdacht, daß er jemanden erwartete, und ich wollte wissen, wen. Ich bestellte einfaches Mineralwasser, obwohl es mir natürlich zusammen mit Gin besser geschmeckt hätte, aber in letzter Zeit vertrug ich das nicht mehr. Außerdem muß man in Topform sein, wenn man es mit Leuten wie Matheny zu tun hat.

Nach fünfzehn Minuten glaubte ich nicht mehr daran, daß er sich mit jemandem treffen wollte. Niemand kam an seinen Tisch, und als die Bedienung zu ihm ging und fragte, ob er ein zweites Bier wollte, nickte er. „Ja, zusammen mit meinem Dinner. Ein Steak mit Pommes frites und Ketchup. Kein Salat."

Das reichte mir. Ich winkte dem Barkeeper, zahlte mein Mineralwasser und ging. Da er essen wollte, hatte ich mindestens eine halbe Stunde Zeit. Ich ging zurück zum Queen's Boulevard. In der Nähe des Blumenladens teilte ein Bursche unsere Handzettel aus, aber nur die wenigsten Leute nahmen sie.

Matheny wohnte über der Bäckerei in Untermiete. Ich stieg über das schmale Treppenhaus ganz nach oben, wo sein Zimmer mit separatem Eingang war. Das Türschloß war lächerlich – ein Säugling hätte es mit seinem Schnuller öffnen können. Nach wenigen Sekunden hatte ich das Ding geknackt, aber als ich die Tür aufmachte, hatte ich ein komisches Gefühl. Eigentlich war es unnütz, was ich hier tat, denn Matheny, dieser listige Fuchs, würde seine Beute nie an einem so unsicheren Ort aufbewahren – und hinter der Beute war ich her. Ich wußte, daß er das Zeug hatte, aber nicht, wo. Das war mein Problem.

Da ich aber schon da war, tat ich mein Bestes, und es dauerte nicht lange, bis ich das Zimmer gründlich durchsucht hatte.

In Mathenys Bude befand sich nur eine ausgezogene Schlafcouch mit dem Bettzeug darauf und eine kleine Kommode, deren Schubladen offen waren. In einer

Ecke standen ein alter geflickter Sessel und eine rote Stehlampe aus Großmutters Zeiten. Auf dem wackligen Tisch neben dem Sessel lag die heutige Zeitung ausgebreitet. Irgendwo stand auch ein Telefon auf dem Fußboden.

Es gab in dem Zimmer keinen geeigneten Ort, um eine große Geldsumme zu verstecken. Da Matheny das Geld in bar hatte, würde sein Versteck einen ziemlich großen Platz einnehmen. Ich untersuchte die Möbel, die Wände, Decke und Fußboden, aber ohne Erfolg.

Fast zwanzig Minuten war ich jetzt weg, aber Matheny würde sicher länger als zwanzig Minuten für sein Steak brauchen. Also hatte ich nicht zu befürchten, daß er mich hier ertappte. Ich ging noch einmal zum Telefon, um mich davon zu überzeugen, daß ich mir die Nummer auch gemerkt hatte. Vielleicht konnte sie mir später noch nützlich sein.

Gerade als ich mich über das Telefon beugte, läutete es.

Ich erschrak natürlich. Dann klingelte es ein zweites Mal. Am Ende hatte dieser Anruf etwas mit der Beute zu tun? Also hob ich ab, hielt die Sprechmuschel tief unter mein Kinn und sagte: „Hallo?" Pause. Ich zählte bis drei, aber noch immer keine Antwort aus dem Hörer. Falsche Nummer, dachte ich.

Dann ertönte eine Männerstimme. „Boulevard 3–2459?"

Das war Mathenys Nummer. „Ja," knurrte ich.

Wieder schwieg das Telefon.

Schließlich sagte die Männerstimme: „Drei-null-sechs, vier-zwo." Am anderen Ende der Leitung machte es „Klick!" Aufgelegt.

Großartig. Ich wiederholte diese Zahlenfolge mehrmals, um sie mir fest einzuprägen. Warum, wußte ich selbst nicht. Dann ärgerte ich mich, weil ich mich nicht nach dem Namen des Anrufers erkundigt hatte. Das hätte mir wahrscheinlich mehr gebracht.

Ich wischte den Hörer ab, um keine Spuren zu hinterlassen und machte mich aus dem Staub.

In der 108. Straße begegnete ich wieder dem Burschen mit unseren Flugblättern. Er trat vor mich hin. „Nehmen Sie das, Sir, zur Rettung Ihrer Seele." Ich nahm den Handzettel und steckte ihn ein, ohne stehenzubleiben. Auf den Flugblättern stand etwas über eine religiöse Vereinigung namens „Vereinigte Theosophisten", was immer das sein mochte...

Ich überquerte die Straße und blickte durchs Fenster in das Lokal. Matheny saß immer noch an seinem Platz. Also ging ich weiter und steuerte das *Inn* an, denn ich mußte etwas trinken und hatte obendrein Hunger. Das *Inn* ist nicht billig, aber ich leiste mir gern etwas Gutes, wenn ich gerade flüssig bin. Doch als ich Platz genommen hatte, fiel mir meine momentane Alkoholempfindlichkeit wieder ein. Also blieb es doch nur bei einem Mineralwasser, in das ich statt Gin eine Zitronenscheibe geben ließ. Mit dem ersten Schluck würgte ich eine Magentablette hinunter und setzte mich bequemer hin, weil die Pistole unter dem Mantel gegen meine Rippen gedrückt hatte.

Während ich aß und trank, dachte ich über die Nummer nach, die ich am Telefon gehört hatte. 30642. Matheny würde etwas damit anfangen können, aber ich nicht. Eine Telefonnummer war es nicht, die hatte mehr Ziffern. Für ein Schließfach im Bahnhof oder Flughafen war die Nummer zu lang. Und bei den Banken gab es sicherlich auch keine so hohen Depotnummern.

Ich überlegte also hin und her. Die Nummer mußte etwas mit Mathenys Beute zu tun haben. Vielleicht war es ein Hinweis darauf, wo er sie versteckte, oder wer sie in Empfang genommen hatte, oder wo er die anderen treffen sollte, die mit ihm das Ding gedreht hatten.

Am Ende waren mein Kopf wirr und mein Bauch voll, also zahlte ich und stand auf. Auf dem Weg nach draußen begegneten mir ein paar Stewardessen und Piloten einer ausländischen Linie. Beim Anblick der hübschen uniformierten Damen ging mir ein Licht auf.

Natürlich konnte ich mich irren. In Gedanken wiederholte ich die Nummer. Dabei fiel mir auf, daß der Kerl am Telefon nach den ersten drei Zahlen eine Pause gemacht hatte, als ob es 306 – 42 heißen sollte. Oder anders ausgedrückt: Flug 306, Platz 42.

Ich trat in die nächste Telefonzelle, suchte die Nummer der Flughafenauskunft vom Kennedy Airport heraus und wählte.

Eine zarte Frauenstimme meldete sich. „Flugauskunft, guten Tag."

„Haben Sie irgendwo eine Flugnummer 306?"

„Welche Gesellschaft?" wollte sie wissen.

„Ich weiß nicht. Deshalb rufe ich an."

„Wissen Sie Ankunfts- und Abflugzeit, Sir?"

„Nein, weiß ich auch nicht."

Sie lachte. „Wissen Sie vielleicht zufällig, wohin der Flug geht?"

„Nein."

„Oder woher die Maschine kommt?"

„Nein, ich kenne nur die Flugnummer."

„Wenn Sie sich einen Augenblick gedulden, Sir . . . Ich werde schauen, was sich machen läßt."

Ich wartete. Nach etwa einer Minute kam sie wieder ans Telefon. „Hören Sie?" sagte sie. „TGA Jetstar, Flug 306, Pittsburgh, Indianapolis, Kansas City, startet morgen vom Kennedy-Airport um 10 Uhr 30. Könnte das stimmen?"

„Tausend Dank", sagte ich und hängte ein.

Dann suchte ich die Nummer des Reservierungsbüros von TGA heraus, steckte eine neue Münze in den Schlitz und wählte mit zitternden Fingern.

„Ihr Flug 306 morgen früh", sagte ich zu der Dame am Telefon. „Haben Sie da noch Plätze frei?"

„Ja, Sir. Nach Kansas City?"

„Nein, nach Pittsburgh", entschied ich auf gut Glück. Dort hatte Matheny nämlich die Bank überfallen.

„Erste Klasse oder Touristenklasse?"

„Touristen." Ich lebe zwar gern auf großem Fuß, aber man muß ja nicht gleich übertreiben. Außerdem vermutete ich, daß Platz 42 zur Touristenklasse gehörte.

„In Ordnung, Sir. Und Ihr Name, bitte?"

„Arthur Matheny." Ich buchstabierte.

„Sie können morgen Ihr Ticket am TGA-Schalter abholen, Mr. Matheny. Danke für den Auftrag."

Auch ich bedankte mich und hängte ein. Mein Herz fing plötzlich an zu stechen, als ob mir Dampf in die Kehle geraten wäre. Ich zerkaute schnell eine Tablette, bevor ich wieder ins Freie trat. Ob Herzstechen oder nicht, ich fühlte mich großartig, endlich kamen die Dinge ins Laufen. Ich war ziemlich zuversichtlich, daß ich Mathenys Beute, oder wenigstens einem Teil davon, ein ganzes Stück näher gekommen war.

Platz 42 war ein Fensterplatz auf der linken Seite etwa auf Höhe der Tragflächen. Ich hatte mich zwei Reihen weiter hinten neben den Gang gesetzt und konnte alles gut übersehen.

Nur jeder vierte Platz im Flugzeug war besetzt, als wir abhoben, aber das konnte mir egal sein.

Platz 42 blieb leer. Bei so wenig Passagieren war das nicht anders zu erwarten. Ob Matheny sich erkundigt hatte, ob der Platz frei sei? Wohl kaum, er wäre dann mit Sicherheit aufgefallen.

Als wir etwa eine halbe Stunde in der Luft waren,

teilten die Stewardessen Verpflegung und Getränke aus. Wegen meines Herzstechens lehnte ich dankend ab, wechselte aber ein paar Worte mit einer süßen Stewardess, als sie sich mit dem Tablett über mich beugte. „Wie lange dauert es noch bis Pittsburgh?" fragte ich sie. Sie roch nach Nelken.

Sie lachte. „Wir sind schon fast da, in weniger als dreißig Minuten. Wollen Sie wirklich nichts?"

Wieder lehnte ich ab. Ich hätte vor dem Flug gründlich gefrühstückt, sagte ich. Da sie nicht in Eile zu sein schien, begann ich zu plaudern. „Wenig Passagiere heute, nicht wahr?"

„Ja, montags ist nie viel los." Sie beugte sich weiter herunter. Wieder roch ich den Nelkenduft. „Und offen gestanden, ich bin froh darüber. So können wir uns ein wenig vom Wochenende ausruhen." Wieder lächelte sie, wenn auch nicht so süß wie zuvor.

„Ich bin diese Strecke noch nie geflogen", plapperte ich weiter. „Kann ich mich an einen Fensterplatz setzen, um etwas zu sehen?"

„Selbstverständlich, Sie können jeden freien Platz einnehmen, den Sie wollen." „Danke." Ich stand auf, nahm meine Reisetasche aus dem Gepäckträger über dem Sitz, ging nach vorne und drängte mich an den Knien eines grauhaarigen Mannes vorbei zu Platz 42. Der grauhaarige Mann schlief.

Meine Reisetasche behielt ich auf dem Schoß und blickte zum Fenster hinaus. Unter uns sah ich eine

Bergkette, die wie eine grüne Haut mit Falten und Runzeln aussah.

Nach drei Minuten war mein Nacken steif, und ich schaute wieder geradeaus. Der Ausblick interessierte mich sowieso nicht. Die Stewardess war weiter vorne beschäftigt, und der grauhaarige Nachbar schlief nach wie vor. Ich nahm das Werbemagazin der TGA aus der Stofftasche in der Lehne vor mir und tat so, als würde ich es lesen.

Da die Reisetasche und das Magazin die Bewegungen meiner Hände verdeckten, konnte ich es jetzt wagen, mit der Linken Platz 42 zu untersuchen.

Ich wußte nicht, was ich suchte. Das Versteck durfte nicht zu kompliziert sein, damit Matheny nicht so lange nach dem suchen mußte, was er finden sollte. Eine Mitteilung vielleicht, oder ein Plan oder Geld. Geld war es in der Regel, worauf Matheny stand.

Wenn ich nicht gewußt hätte, daß hier etwas versteckt war, dann hätte ich es niemals gefunden. Die untere Naht der abnehmbaren Sitzbezüge war mit einem Reißverschluß versehen. Als meine Finger darüber hinwegglitten, ertasteten sie eine kleine Unebenheit im Polstermaterial kurz über dem Reißverschluß. Ich wußte sofort, daß ich es hatte.

Ich sah nach dem Mann neben mir. Er schlief, oder hatte wenigstens die Augen geschlossen. Also öffnete ich den Reißverschluß, griff kurz hinein – und hatte ein kleines Päckchen in der Hand, das ich in das Seitenfach meiner Reisetasche steckte, wobei ich die Bewegung mit dem Magazin tarnte. Dann zog ich den Reißverschluß zu, lehnte mich zurück und sah mich unauffällig um. Keiner der Passagiere schien etwas bemerkt zu haben. Es war ihnen ja egal, ob ich lebte oder tot war oder Mathenys Geld stahl.

Ich hatte schnell gehandelt. Und das war gut so, denn schon wurde über die Bordlautsprecher die bevorstehende Landung in Pittsburgh verkündet. Alle Passagiere legten sich die Sicherheitsgurte um, außer dem Schläfer neben mir, der sich nicht stören ließ. Schließlich kam die nach Nelken duftende Stewardess herbei und schnallte ihn an. Dabei wurde er wach. Ich verstaute inzwischen das Päckchen in meiner Reisetasche zwischen dem Rasierzeug und einem sauberen Oberhemd.

Ich war aufgeregt. Das Päckchen war fast zwei Zentimeter dick und hatte in etwa die richtige Größe für einen Packen Geldscheine. Wenn es lauter Hunderter oder so waren, würde das ein schönes Sümmchen ergeben.

Die Maschine hatte aufgesetzt und war in ihre Position gerollt. Ich löste den Gurt, ergriff die Reisetasche, stolperte wieder an den Knien meines Nachbarn vorbei und verließ als erster das Flugzeug. Nur sechs andere Passagiere stiegen in Pittsburgh aus, aber vielleicht kamen noch einige Millionäre aus der ersten Klasse hinzu. Ich verabschiedete mich von der hübschen Stewardess und eilte die Gangway hinunter. Am Ausgang standen ein paar Leute herum, die auf Freunde oder Verwandte warteten, aber ich beachtete sie nicht.

Das war mein Fehler.

Außer meiner Reisetasche hatte ich kein Gepäck. Ohne mich umzusehen, ging ich in die erste Tür mit der Aufschrift „Männer" hinein. Das Päckchen brannte fast ein Loch in meine Reisetasche, so gespannt war ich.

Ich schloß mich in eine Kabine ein und holte das Päckchen heraus. Es war in braunes Packpapier eingewickelt. Vorsichtig löste ich das Papier an einer Seite ab und machte mich schon auf den Anblick vieler Scheinchen gefaßt. Aber da war kein Geld, sondern unter dem Papier lugte eine flache blaue Schachtel hervor. Ich zerrte die Schachtel aus der Papierumhüllung, fummelte am Deckel herum und kriegte das Etui schließlich auf. Ein Stück Leder kam zum Vorschein, wie Fensterleder, nur weicher. Ungeduldig hob ich das Leder hoch und starrte verblüfft auf den Inhalt der Schachtel.

Kein Bargeld, sondern Diamanten.

Das blaue Etui war voller kostbarer Steinchen, die wie das Gebiß in einer Zahnpastawerbung funkelten.

Eine nette Überraschung von Matheny. Ich verstand nicht viel von Diamanten, aber diese kleine Steinsammlung war bei weitem mehr wert als das Geldbündel, das ich in dem Paket vermutet hatte. Keiner der Diamanten hatte weniger als zwei Karat, und manche waren richtige Riesen.

Ich schloß das Etui, verklebte wieder die Papierumhüllung, verstaute das Päckchen in meiner Tasche und verließ die Toilette.

Auf dem Weg zur Schalterhalle, wo ich mir ein Ticket nach New York kaufen wollte, hörte ich plötzlich eine Männerstimme hinter mir. „Matheny?"

Ich blickte mich um. Ein kleiner dicker Mann mit einer großen Hakennase stand hinter mir auf der Rolltreppe. Er lächelte zwar nicht wie ein alter Freund, machte aber auch kein feindseliges Gesicht. Einen Weg zurück für mich gab es nicht, das stand fest.

„Ach, hier sind Sie", sagte ich. „Ich wunderte mich schon, weil keiner da war. Ich habe auf Sie gewartet."

Eine weitere Stimme, nicht so tief und rauh, riß meinen Kopf in die andere Richtung. „In der Toilette?" fragte sie.

Dieser Mann war schlank und blond und trug ein blaues Jackett und rötlich schimmernde Hosen. Im Gegensatz zu seiner Kleidung waren seine Augen völlig farblos und schielten.

„Ich mußte dringend mal."

Der Dicke stellte sich neben mich, sein Kamerad stand vor mir auf der Rolltreppe. „Sie sind nicht Matheny", sagte er.

„Wer behauptet, daß ich es sein soll?"

„Die Stewardess meinte das." Der Dicke drückte mich gegen das Geländer der Rolltreppe. „Wir erkundigten uns bei ihr, als Matheny nicht auftauchte. Der erste, der ausstieg, sagte sie, sei Matheny gewesen. Das waren Sie. Und Sie sind nicht Matheny."

„Ich weiß", antwortete ich grinsend. „Matheny konnte nicht kommen.

„Wieso nicht?"

„Er ist krank."

„Was soll das heißen? Krank? Matheny wird nicht krank. Er ist gesund wie ein Hengst."

„Zur Zeit nicht", erwiderte ich. „Er kam gestern ins Krankenhaus."

Zwei Augenpaare starrten mich an, als wäre das meine Schuld. Der blonde Knabe stolperte, als die Rolltreppe zu Ende war, und wäre fast gefallen. Ich machte einen großen Schritt und fing ihn auf. Er bedankte sich nicht, sondern hielt sich rechts von mir, als wir durch die Halle des Flughafens marschierten.

Der bunt Gekleidete stellte sich vor. „Ich bin Brad, und das ist Leo. Wer bist also du?" fragte er nach einigen weiteren Schritten.

„Matheny, für diesen Job", antwortete ich.

„Hast du das Päckchen?" wollte Brad wissen.

„Was denkst du denn?"

„Ich denke, es wäre besser, wenn du es hättest. Sonst würde es dir schlecht ergehen. Dir und Matheny." Das war Leo.

„Also, keine Aufregung, ich habe es, okay?" Ich nickte in Richtung Reisetasche. „Wohin gehen wir?"

Der Schlanke zuckte die Achseln. „Zu Mitch", sagte

er, „wohin denn sonst?"

„Matheny sagte mir nichts von Mitch."

„Was hat er dir gesagt?"

„Nur, daß mir jemand fünf Mille zahlt, wenn ich das Päckchen bei ihm abliefere. Dieser Jemand würde mich im Flughafen von Pittsburgh treffen. Falls es nicht klappen würde, könnte ich das Päckchen behalten."

Leo lachte. „Dieser Matheny", röchelte er. „Zum Totlachen." Plötzlich wurde er wieder ernst. „Bist du ein Freund von Matheny?"

„Ja, so könnte man es nennen."

„Woher kennst du ihn?" Die schielenden Augen zu meiner Rechten versuchten, sich gleichzeitig auf mich einzustellen.

„Das werde ich Mitch sagen", erwiderte ich.

Wir verließen den Flughafen durch den Haupteingang und gingen auf den großen Parkplatz zu.

„Ich trage deine Tasche", erbot sich Brad.

Ich schüttelte den Kopf. „Ich trage sie selber. Wenigstens bis zu Mitch. Sie ist nicht schwer."

„Okay", sagte Brad in seiner hohen Tenorstimme. „Ganz schön empfindlich, der Knabe, nicht wahr?"

„Eher nervös", lachte Leo. „Da hinüber."

Sie führten mich auf den Parkplatz und an einer langen Reihe von Autos vorbei zu einem schwarzen Wagen. Leo setzte sich ans Steuer. „Setz dich nach vorne", sagte Brad und nahm hinter mir Platz. So stieg auch ich ein.

Leo steuerte den Wagen auf die vierspurige Autobahn nach Osten. Nachdem er sich geschickt in den Verkehr eingefädelt hatte, fing Brad wieder an. „Ich nehme jetzt die Tasche."

Er hatte eine Knarre in der Hand, die in etwa in meine Richtung zeigte. „Wenn du darauf bestehst", sagte ich.

Leo nahm meine Reisetasche und warf sie auf den Rücksitz. „Das ist vernünftig", stellte er fest. „Mitch ist in diesen Dingen sehr genau."

Brad grinste, denn er hatte bewiesen, wer hier das Sagen hatte. „Du meine Güte", meinte er dann, „ich glaube, Leo, dieser Freund von Matheny ist bewaffnet. Mitch würde das bestimmt nicht gefallen."

„Linke Seite", antwortete Leo. „Ich spürte das Ding auf der Rolltreppe."

Brad griff in meinen Mantel und entledigte mich meiner Pistole. Dann steckte er seine eigene weg und starrte mich unentwegt an. Um ehrlich zu sein, ich war froh, seine Pistole nicht mehr auf mich gerichtet zu wissen. Brad gab sich wie ein Gentleman, doch seine Augen verrieten mir, daß er das Schießeisen gern benutzte.

Nach einer Weile fuhren wir von der Autobahn herunter und folgten der Landstraße zu einem Fluß, den wir über eine breite Brücke überquerten. Bald wurde die Straße steil, wir krochen einen Berg hinauf.

Brad wollte noch einmal beweisen, daß er das Sagen hatte. „Er hat uns immer noch nicht seinen Namen verraten", klagte er mit wohlklingender Stimme.

„Das kann warten", meinte Leo.

Auf dem Gipfel des Berges bogen wir in eine betonierte Einfahrt ein. Leo drückte auf ein kleines Gerät an der Sonnenblende, und das Tor hinter der Einfahrt öffnete sich lautlos.

„Wohnt hier Mitch?" fragte ich und kletterte nach Brad aus dem Wagen.

„Ja", knurrte Leo. „Ein richtiger Palast, was?"

Brad nahm die Reisetasche aus dem Wagen und warf mir dabei einen finsteren Blick zu. Über ein paar Stufen gingen wir von der Garage zu einem Aufzug, der uns ein Stockwerk höher in ein geräumiges Wohnzimmer brachte.

Ein gewichtiger Mann mit einer dicken Hornbrille saß auf einem der Terrassenstühle unter einem runden Sonnenschirm. Er winkte, als wir durch das Wohnzimmer zur Terrasse gingen. Das war zweifellos Mitch. Er hatte rotbraunes Haar und trug seine Sandalen ohne Strümpfe. Auf seinem Schoß lag ein französisches Taschenbuch, und er erinnerte mich irgendwie unheimlich an einen Professor.

Leo wollte etwas sagen, aber Mitch ließ ihn nicht zu Wort kommen. „Wer ist das?" fragte er und blickte mich scharf an.

„Matheny ist krank", erklärte Brad. „Er schickte uns seinen Freund. Zumindest behauptet das dieser Kerl von sich." Er zeigte auf meine Reisetasche und brachte seine Rechte in die entsprechende Stellung, um bei Bedarf schnell sein Schießeisen ziehen zu können.

Mitch nahm die Reisetasche, machte sie auf, kramte darin herum und zog das braun umwickelte Päckchen hervor. Dabei trat Erleichterung in sein schulmeisterliches Gesicht.

„Wenn es das nicht ist, Mitch", sagte Leo sachte, „dann hat er es in der Herrentoilette im Flughafen versteckt. Dort haben wir ihn gefunden."

Mitch antwortete nicht gleich. Er war damit beschäftigt, die Verpackung herunterzureißen. Als er den Deckel des Etuis offen und das Leder weggenommen hatte, betrachtete er lange die glitzernden Diamanten. Brad und Leo sperrten ebenfalls den Mund auf und ich auch. In der grellen Sonne sahen sie noch viel besser aus als im Kunstlicht der Herrentoilette.

Mitch war seine Erregung deutlich anzumerken. „Das sind sie, Leo", sagte er. „Ja, das sind sie." Leo setzte sich hin. Mitch schloß das Etui und sah mir zum erstenmal direkt ins Gesicht. „Ich stehe in Ihrer Schuld", sagte er mit entwaffnender Liebenswürdigkeit. „Mr. . . . .?" Er brach ab und wartete auf eine Ergänzung.

„Smith", erklärte ich. „Ich bin froh, Matheny diesen Gefallen getan zu haben. Er stellte mir fünf Mille in Aussicht."

Mitch runzelte die Stirn, nickte aber. „Ist recht, Mr. Smith. Sie werden das Geld erhalten."

Ich reizte ihn ein bißchen. „So wie diese Steine aussehen, könnten Sie sich ruhig leisten, mir mehr als fünftausend zu bezahlen."

Mitch ging überhaupt nicht darauf ein. „Was passierte mit Matheny?" fragte er.

„Blinddarmentzündung, glaube ich. Wir spielten gestern nachmittag Karten, als er es bekam. Er krümmte sich wie ein Wurm vor Schmerz."

Mitch unterbrach mich. „Wo?"

„Wo?"

„Ja, wo spielten Sie Karten?"

„Bei ihm in seiner Bude", antwortete ich locker, „in Forest Hills."

Er runzelte wieder die Stirn. „Erzählen Sie weiter."

„Die Schmerzen wurden schlimmer. Das Telefon klingelte, aber er konnte den Anruf kaum entgegennehmen. Dann tat er es doch und bat mich anschließend, noch etwas zu bleiben, falls es schlimmer werden sollte. Ich blieb also. Etwa um sieben ging es ihm so dreckig, daß wir auf was Ernstes tippten: Blinddarmentzündung. Ich kannte das, weil ich schon am Blinddarm operiert werden mußte: Hohes Fieber und unvorstellbare Schmerzen, so daß man am liebsten den Notarzt verständigen möchte. Matheny war bereit, sofort ins Krankenhaus zu gehen, wenn ich ihm einen Gefallen täte und für ihn das Zeug abliefern würde. Er meinte, ich bekäme fünf Tausender dafür. Dann rief ich ein Taxi und ließ ihn ins Krankenhaus fahren."

„In welches Krankenhaus?"

„Wenn ich das wüßte. Ich sagte dem Taxifahrer, er solle ihn ins nächste Krankenhaus bringen." Diese Aussage hielt ich für ungefährlich. Matheny hätte sich sowieso unter einem falschen Namen angemeldet, wenn er tatsächlich in ein Krankenhaus gegangen wäre.

„Wieso haben Sie ihn nicht begleitet?"

„Ich hatte keine Zeit. Er meinte, ich solle mir sofort einen Platz im Flugzeug reservieren lassen." Ich zuckte die Achseln. Ohne meine schwere Pistole in der Brusttasche kam ich mir übrigens ziemlich nackt vor.

Mitch zeigte auf einen Stuhl. „Setzen Sie sich, Mr. Smith. Brad, hol einen Drink für Mr. Smith. Was wollen Sie, Mr. Smith?"

„Einfaches Mineralwasser, wenn Sie das haben", erwiderte ich. „Von Alkohol bekomme ich Herzstechen."

Brad ging zur Bar im Wohnzimmer. Mitch warf Leo einen stummen Blick zu. Leo erhob sich und ging ins Haus.

„Boulevard 3–2459, Vorwahl 412!" rief ich ihm nach. „Aber er wird nicht daheim sein, Leo, dafür lege ich meine Hand ins Feuer."

Mitch lachte. „Wir werden das trotzdem nachprüfen. Okay? Sind Sie schon lange Mathenys Freund, Smith?" Kein „Mister" mehr, fiel mir auf. Aus dem Munde dieses Intellektuellen sollte es sich wohl freundschaftlich anhören, tat es aber nicht. Es klang nur freundlich. Mitch hatte seine eigene Art. Ich war überzeugt, daß er mir allmählich glaubte. Mit den Diamanten auf seinem Schoß und den Informationen über Mathenys Versteck und seine Telefonnummer aus meinem Mund hatte er keinen Anlaß, mir nicht zu vertrauen. Das hoffte ich jedenfalls.

Brad brachte mir mit süffisantem Lächeln ein Glas Mineralwasser. Er dachte wohl, ich wäre meschugge, weil ich so ein Zeug trinke. Nachdem er mir das Getränk überreicht hatte, setzte er sich nicht hin, sondern lehnte sich links von mir ans Terrassengeländer. Daraus schloß ich, daß man mir immer noch nicht ganz über den Weg traute.

Meine Schlußfolgerung war richtig. Mitch fragte noch einmal, seit wann ich Matheny kannte. „Schon einige Zeit", sagte ich ausweichend.

„Seit wann genau?"

„Seit Raiford", antwortete ich auf gut Glück.

„Sie waren mit ihm im Knast?" Mitch war erstaunt.

„Ja. Er saß wegen bewaffnetem Raubüberfall in Jacksonville." Das stimmte auf jeden Fall.

Mitch spielte mit dem Diamantenpäckchen auf seinem Schoß. „Komisch, daß Mitch Sie nie erwähnt hat."

„Ja, komisch", flötete Brad hinter mir.

„Gar nicht komisch", sagte ich. „Ich habe nie gemeinsam mit ihm ein Ding gedreht. Seit Raiford habe ich ihn nicht mehr gesehen. Erst gestern, als ich in Forest Hills etwas zu erledigen hatte, bin ich ihm wieder begegnet. Rein zufällig." Ich kicherte. „Man kann Arthur

Matheny gar nicht übersehen. Er ist einen Kopf größer als alle anderen und hinkt mit dem linken Fuß beim Gehen. Es war eine Freude, ihn wiederzusehen."

„Warum?" Mitch ließ seine Augen nicht von mir. „Nach all den Jahren?"

Ich stellte mich verlegen. „Insgeheim rechnete ich damit, durch ihn an Geld ranzukommen. Ich hatte in letzter Zeit kein Glück. Und Matheny sah sehr wohlhabend aus."

Leo kam auf die Terrasse zurück, blickte Mitch an und schüttelte den Kopf. Ich hatte nicht erwartet, daß Matheny ans Telefon ginge. Alles sprach dagegen. Trotzdem atmete ich erleichtert auf.

„Erwähnte er dir gegenüber je einen Freund namens Smith?" sagte Mitch zu Leo.

„Wie ist der Vorname?" wollte Leo wissen. „Jeder hat einen Freund, der Smith heißt. Bei so einem Allerweltsnamen." Ein Witzbold.

„Feuerleiter", antwortete ich. „Feuerleiter-Smith."

Leo lachte. „Nee, von einem Feuerleiter-Smith hat Matheny nie etwas gesagt. Wie kommst du zu diesem Namen?"

„Ich habe mich auf Wohnungen und Hotels spezialisiert und steige über die Feuerleitern ein. Deshalb."

Jetzt lächelte sogar Mitch. „Dann war die Überbringung der Diamanten ja genau nach Ihrem Geschmack."

„Genau", sagte ich.

Mitch kratzte sich an seinem roten Bart. Ich wußte,

was ihn beschäftigte. Matheny hatte wahrscheinlich den Befehl gehabt, sich völlig abzusondern, bis die Sache gelaufen wäre. Keine Kontakte mit alten Freunden. Wieso war ich also ausgerechnet dann bei Matheny, als er krank wurde?

Mitchs nächste Bemerkung bestätigte meine Vermutung. „Da haben wir ja Glück gehabt, daß Sie in der Nähe waren, als er krank wurde."

„Nun, ich begegnete ihm vor der Bäckerei, als er gerade ins Haus gehen wollte. Wie sich herausstellte, wohnte er dort." Ich verzog das Gesicht. „Ein altes Loch. Wahrscheinlich nur vorübergehender Unterschlupf, bis sich der Wirbel um sein letztes Ding gelegt hat."

„Was war sein letztes Ding?"

„Das sagte er mir nicht, und ich fragte ihn auch nicht danach. Wer Matheny kennt, weiß, daß er schweigt wie ein Grab." Da Mitch nichts sagte, fuhr ich fort: „Für mich war es natürlich ein glücklicher Zufall, daß Mathenys Blinddarm verrückt spielte. Fünf Mille sind keine Kleinigkeit. Ja, ob Sie es glauben oder nicht, ich habe in den letzten drei Jahren nicht soviel Kies auf einmal gesehen. Mann, ich *brauchte* die Kröten! Deshalb blieb ich ihm auf den Fersen, und deshalb konnte Matheny sich auch sicher sein, daß ich ihn bei diesem Job nicht übers Ohr hauen würde. Nicht mit so viel Geld in Aussicht – ich war ja pleite."

„Gab er dir den Kies fürs Ticket?" fragte Brad.

„Nein, ich nahm das Geld her, das ich beim Kartenspielen von ihm gewonnen hatte. Er ist ein miserabler Spieler."

„Laß es sein, Brad", sagte Mitch. Dann wandte er sich wieder an mich. „Was glaubten Sie, wäre in diesem Päckchen?" Er klopfte mit dem Zeigefinger auf die Diamanten.

Ich sah ihm direkt in die Augen. „Stoff."

Er blinzelte. „Sie haben das Päckchen nicht geöffnet, als Sie auf der Toilette waren, oder?"

Ich verneinte.

„Ein Stück des Packpapiers war locker."

„Das passierte, als ich das Päckchen aus dem Sitz im Flugzeug zog."

Er lehnte sich zurück. „Wollen Sie mich für dumm verkaufen, Feuerleiter-Smith? Keiner könnte der Versuchung widerstehen, bei passender Gelegenheit in ein Päckchen zu gucken, für dessen Ablieferung er fünftausend bekommt. Und Sie hatten dazu Gelegenheit. Sie haben doch nachgesehen?"

„Nun..."

„Und als Sie sahen, daß es Diamanten waren, beschlossen Sie, selbst in das Geschäft einzusteigen, oder?"

Ich muß ein betroffenes Gesicht gemacht haben, denn er lachte laut.

„Ich weiß, was bei solchen Gelegenheiten in einem vorgeht, Feuerleiter-Smith. Das können Sie mir glauben. Nicht umsonst bin ich Professor der Psychologie."

„Was?" Ich war erstaunt.

„Im Augenblick arbeitslos", fuhr er fort und lachte wieder. „Fragen Sie Brad und Leo, warum sie für mich arbeiten. Ich weiß nämlich, was in den Gehirnen der Menschen vorgeht und wie man das in bare Münze umwandeln kann. Und weil ich, wie gesagt, weiß, was in den Gehirnen der Menschen vorgeht, sind meine Leute sicherer und erfolgreicher, wenn sie für mich anstatt alleine arbeiten."

Dieser Kerl muß nicht alle Tassen im Schrank haben, dachte ich. Leo brachte nickend seine Zustimmung zum Ausdruck.

„Alle Ihre Leute?" fragte ich und legte Bewunderung in meine Stimme. „Haben Sie mehr als Matheny und diese beiden hier?"

„Wer glauben Sie, hat denn diese Diamanten für mich aufgekauft?" fragte Mitch gelassen. „Sie stammen aus Amsterdam. Und wer hat sie wohl im Flugzeug versteckt, damit Matheny sie abholen kann? Und wer, glauben Sie, informierte Matheny, welchen Flug er zu buchen hätte und an welchem Platz das Zeug versteckt wäre?"

Amsterdam! Das erklärte einiges. Einer von Mitchs Leuten in Europa kaufte ein Ticket nach New York in einer TGA-Maschine, versteckte die Diamanten während des Flugs und ließ sie nach der Landung zurück, so daß er unbehelligt durch den Zoll kam. Dann erhielt

Matheny die Information, welche Flug- und Platznummer er zu belegen hätte, wenn das Flugzeug seinen ersten inländischen Flug antrat. Dann sollte er die Diamanten an sich nehmen und sie in Pittsburgh abliefern, denn für inländische Flüge gab es keinen Zoll. Ein verflixt schlauer Plan.

Mitchs Frage beantwortete ich mit einer Gegenfrage. „Wer?" Er schien darauf gewartet zu haben.

„Meine Leute. Und das ist nur ein Teil davon. Ich habe ausgezeichnete Verbindungen in ganz Europa und Amerika und ausgezeichnete Leute, die mir helfen, diese Verbindungen auszunützen. Und wir können alle prima davon leben, nicht wahr, Jungens?" Er sah Brad und Leo auffordernd an.

Ich war beeindruckt. „In diesem Fall sind die fünftausend Dollar für Sie nur eine Kleinigkeit."

Mitch lachte. „Was haben Sie denn gedacht? Wir beschränken uns nicht nur auf Schmuggeln. Wir betreiben beinahe einen Konzern, und alle meine Tochtergesellschaften bringen im Moment einen fetten Profit."

„Mitch!" protestierte Brad mit seiner hohen Stimme.

Mitch winkte ab. „Keine Sorge, Brad. Ich weiß, was ich tue." Er wandte sich wieder an mich. „Ein wenig Schmuggel, einige Banküberfälle, ein paar Autodiebstähle... Wir befassen uns mit allem, was sich lohnt, Feuerleiter-Smith."

„Puh!" seufzte ich voller Bewunderung.

Mitch streichelte über das Diamantenpäckchen. „Es

gefällt mir, wie Sie diese Sache für Matheny so kurzfristig erledigt haben. Es war bestimmt nicht leicht, doch Sie haben sich hervorragend verhalten. Solche Leute kann ich gebrauchen. Möchten Sie nicht für mich arbeiten?"

Brad wollte schon etwas sagen, doch Mitch warf ihm einen strengen Blick zu, und er hielt den Mund. Leos Gesicht mit der krummen Nase war ausdruckslos wie immer. „Aber Mr. Mitchell, das kann nicht Ihr Ernst sein!" sagte ich und hoffte, daß Mitch das Gegenteil annahm.

Brad murmelte etwas.

„Es ist mein voller Ernst. Vielleicht eröffne ich einen weiteren Geschäftszweig, und mache Sie zum leitenden Direktor, Feuerleiter-Smith." Er lachte. „Ich habe einige gute Ideen in Richtung Immobilien, die sich schnell in gutes Geld verwandeln lassen, wenn man sie nur auf die richtigen Objekte anwendet."

Das Telefon klingelte im Wohnzimmer, Leo kümmerte sich darum.

„Das ändert aber nichts an den fünf Riesen, die ich bereits erhalte?" fragte ich.

„Selbstverständlich nicht."

„Gut, dann nehme ich den Job an, Mr. Mitchell. Frohen Herzens."

Leo kam auf die Terrasse zurück.

„Wer war das?" fragte Mitch ihn.

„Ruby."

„Und?"

Leos Gesicht wurde lebhaft, was nur bei besonderen Gelegenheiten vorkam. Er warf mir einen richtig haßerfüllten Blick zu. „Sie sagt, kein Krankenhaus in der Gegend nahm gestern abend einen Patienten mit akuter Blinddarmentzündung oder ähnlich gelagerten Beschwerden auf. Kein Matheny. Auch in den Privatkliniken nicht."

Mir lief es plötzlich heiß und kalt über den Rücken. Leo war nicht so einfältig, wie er aussah.

Mitch schnalzte mit der Zunge. Brad hinter mir wurde hellwach. Ich glaubte zu hören, wie er seine Pistole entsicherte, konnte mir das aber in meiner Nervosität auch eingebildet haben. Ich blickte mich nicht um.

„Nun, Mr. Smith, ich fürchte, Sie waren nicht fair zu uns", sagte Mitch traurig. „Wenigstens sieht es so aus. Sicher können wir erst sein, wenn wir von Matheny hören."

„Falls wir je wieder etwas von Matheny hören", antwortete Brad. „Für mich ist der Fall klar, Mitch. Ich kümmere mich um ihn."

„Gleich, Brad." Mitch sprach mit ihm wie eine Mutter, die ihr quengeliges Kind besänftigt. „Wir dürfen nicht voreilig sein. Das ist einer meiner obersten Grundsätze. Ich schlage also vor, daß wir ihn zwischenzeitlich in unser kleines Versteck im Obergeschoß bringen." Er lachte belustigt. „Und sperrt die Tür zur

Feuerleiter ab."

„Das ist eine Zeitverschwendung, Mitch", meinte Brad. „Überlaßt ihn mir gleich."

„Halt den Mund", knurrte Leo. „Los, Blödmann." Er packte mit seiner großen Pfote meinen Arm, so daß ich mein Mineralwasser verschüttete. Zackig wie ein Militärpolizist ergriff Brad meinen anderen Arm, um mich abzuführen. Jetzt stellte ich fest, daß er tatsächlich seine Pistole gezogen und entsichert hatte.

Sie zerrten mich unsanft aus dem Stuhl, da läutete es. Aber es war nicht das Telefon, sondern die Klingel der Wechselsprechanlage. Leo ließ auf ein Zeichen von Mitch meinen Arm los, ging zum Aufzug und sprach in ein kleines Mikrofon neben dem Lift.

„Was ist los?" rief Mitch.

„Jemand ist an der Tür und will Matheny sprechen", klärte Leo ihn auf.

„Matheny?" Mitch war verblüfft. „Die Polizei?"

„John sagt, nein." John mußte ein weiterer von Mitchs Leuten sein, den ich noch nicht kannte. „Eine Frau, sie ist allein."

„Soso", murmelte Mitch und sah mich an. „Sie haben sich wohl mit einer Frau zusammengetan? . . . Sagen Sie John, er soll sie hochschicken!" rief er Leo zu.

Ich stellte mein Mineralwasser auf den Tisch, da ich das Zeug sowieso nicht austrinken wollte und überlegte, wie ich Brad am besten entwaffnen könnte. Aber als ich das kalte Eisen in meinem Nacken spürte, ließ ich es bleiben. Ich hatte im Moment ohnehin andere Sorgen, denn die flotte Stewardess vom Flug Nummer 306 war aus dem Aufzug getreten und kam auf die Terrasse. Leo ging ihr voran und zog genießerisch den zarten Duft von Nelken ein.

Ich hoffte, daß so ein nettes Mädchen wie sie mit diesen zwielichtigen Gestalten nicht unter einer Decke steckte. „Ich glaube, Sie wären inzwischen längst in Kansas City...", rief ich betont fröhlich.

Ohne zu lächeln nickte sie mir zu. „Guten Tag, Mr. Matheny. Wer sind Ihre Freunde?"

Mitch stand auf. Ich ebenfalls. „Sagen Sie ihr, wer wir sind", forderte er mich auf. Also kannte er sie nicht. Das machte ihre Lage hier ziemlich aussichtslos.

„Der mit dem Bart ist Mr. Mitchell", stellte ich meine neuen Bekannten vor. „Der schöne Mann, der Sie hereinbrachte, heißt Leo. Und der Bursche hinter mir, der gerade seine Knarre wegsteckt, um die Damen nicht zu schockieren, ist Brad."

Während ich sie aufzählte, nickte sie jedem zu. „Ich bin Sheila Glasgow", sagte sie selbstsicher. „Darf ich mich zu Ihnen setzen, Gentlemen?"

Sie hatte uns alle aus der Fassung gebracht, und das war kein Wunder. Mitch wies Leo an, noch einen Terrassenstuhl für sie zu bringen. „Natürlich, Miss Glasgow, unbedingt." Er war sehr höflich. Aber dann wurde seine Stimme eisig. „Und sagen Sie uns bitte, was Sie von Mr. Matheny wollen."

Wir setzten uns alle um den Tisch mit dem Sonnenschirm.

„Das ist die Stewardess von seinem Flugzeug, Mitch", stellte Leo trocken fest.

„In der Tat?" fragte Mitch. „Dann interessiert mich die Antwort auf meine Frage noch brennender."

Sheila Glasgow richtete ihren Blick auf das blaue Etui in Mitchs Hand. „Ich will nicht nur etwas von Mr. Matheny", sagte sie. „Ich bin auch an diesen Diamanten interessiert."

Wir waren alle wie vom Donner gerührt. Diese Puppe wußte nicht nur, daß ich ein Päckchen aus ihrem Flugzeug geholt hatte, sondern auch, was sich darin befand. Mitch sperrte ungläubig den Mund auf, Brads Atem wurde schneller, und Leos Züge versteinerten sich.

„Diamanten?" fragte Mitch ohne Regung. „Was ist damit?"

„Sie sind unecht", antwortete Miss Glasgow.

Das ging uns jetzt verdammt an die Nieren. „Mit dieser Dame stimmt etwas nicht, Mitch", piepste Brad. „Soll ich sie zum Doktor bringen?"

Mitch beachtete ihn nicht, er war zu sehr an dem Mädchen interessiert. „Ich fürchte, ich verstehe Sie nicht. Wie kommen Sie zu der Schlußfolgerung, daß dieses Etui Diamanten enthält?" Er räusperte sich. „Und angenommen, es stimmt, wie kommen Sie auf die merkwürdige Idee, daß sie falsch sein könnten?"

„Ich sagte nicht, daß es falsche Steine, sondern unechte Steine sind."

„Wo liegt da der Unterschied?" fragte ich und zog mir von Mitch einen bösen Blick zu.

Sie sah mich von der Seite an. „Unechte Diamanten sind richtige Diamanten, aber synthetisch, künstlich hergestellt."

„Warum also die Aufregung?" fragte Leo erleichtert. Der praktische Leo.

Irgendwie hatte ich den Eindruck, daß Miss Glasgow sich in ihrer Rolle sehr wohl fühlte. Vielleicht weil Mitch, so wie wir alle, ganz Ohr war. „Synthetische Diamanten", sagte sie und zeigte wieder auf das Etui in Mitchs Hand, „sind in jedem Fall viel weniger wert als natürliche, die in der Erde entstanden sind. Zum Beispiel ist ihr Lichtbrechungsindex viel niedriger, je nachdem, um welche Qualität es sich handelt."

Mitch tat sehr geringschätzig. „Darf ich, nur um meine Neugier zu befriedigen, fragen, welchen Unterschied dieser Index ausmacht?"

Miss Glasgow gestattete sich ein kleines Lächeln. „Etwa zwölfhundert Dollar pro Karat."

Mitch verzog keine Miene. Schlechte Nachricht, dachte ich. Es sah ganz danach aus, als ob eine von Mitchs Tochtergesellschaften mit einem Verlust zu rechnen hätte. Miss Glasgow bluffte nicht.

„Ich weiß, daß Diamanten in diesem Etui sind, Mr. Mitchell", fuhr sie fort. „Und ich weiß, daß sie unecht sind. Wieso können wir uns also nicht offen und ehrlich wie zwei vernünftige Menschen unterhalten?"

„Weil ich Ihnen einfach nicht glaube, Miss Glasgow. Ich verabscheue Lügner." Seine Stimme klang jetzt etwas erregt. Er mochte wohl nicht in Anwesenheit seiner Leute belehrt werden, vor allem nicht von einer jungen hübschen Dame, die ihn darüber aufklärte, daß seine Diamanten sechs Nullen weniger wert waren als erhofft.

„Ich bin keine Lügnerin", sagte sie. „Ich weiß, daß in jenem Päckchen Diamanten sind, weil ich sie selbst hineingetan habe. Und ich habe das Päckchen im Flugzeugsitz versteckt. Als ich die Diamanten in das Etui tat, waren es unechte Steine. Also sind sie immer noch unecht."

Mitch verstellte sich nicht mehr, sondern zeigte offen seine Enttäuschung. Langes Schweigen trat ein. Dann machte er einen letzten Versuch. „Als sie Europa verließen, waren sie echt. Wollen Sie damit andeuten, daß Sie sie in New York gegen unechte vertauscht haben?"

„Gut gedacht, Mr. Mitchell", sagte sie in ihrer süßen Art. Ich hoffte, sie würde mit Mitch nicht zu weit gehen. Nur ein kleines Nicken von ihm genügte, und es würde aus Brads Revolver „Peng" machen ... Also etwas mehr Vorsicht, Miss Glasgow ...

Mitch murmelte vor sich hin, als spräche er mit sich selbst. „Dann kamen Sie also an José oder Matheny heran."

„Richtig. An beide."

„Stimmt nicht", protestierte ich. „An mich nicht."

„Doch, Mr. Matheny, natürlich. Durch einen Beauftragten übers Telefon, und bei Flug 306 heute morgen."

„Halten Sie den Mund", sagte Mitch zu mir. Jetzt war er wirklich verärgert. „Matheny mögen Sie herumgekriegt haben, nicht aber José. Er ist siebzig Jahre alt und haßt Frauen."

„Er ist nicht mehr siebzig", erwiderte Miss Glasgow, „sondern tot."

Ich hatte keine Ahnung, was es mit all diesem Gerede über José und Matheny auf sich hatte. Doch Mitch und seine Jungens wußten Bescheid. Sie tauschten untereinander Blicke aus. „José ist also tot. Schade", sagte Mitch ohne Mitleid. Er sah die junge Dame fragend an. „Ach, *das* ist Ihre Masche? Sie haben Josés Job im Auge? Und Sie wollen uns mit den richtigen Diamanten anspornen, Ihnen den Job zu geben?" Ein Hauch von Bewunderung lag in seiner Stimme, ähnlich dem Kompliment, das er mir gemacht hatte, weil ich den Auftrag ebenso kurzfristig wie perfekt ausgeführt hatte.

Ein weiteres kleines Lächeln huschte über ihr Gesicht. „Nein, Mr. Mitchell, das ist nicht meine Masche. Raten Sie weiter." Sie beschwor die tödliche Kugel immer schneller herauf, merkte sie denn das nicht?

„Erpressung?" fragte Mitch und hielt die Hand hoch, um Brad zu beruhigen.

„Jetzt liegen Sie schon richtiger. Ich will es einmal so sagen: Sie sollen für das Schmuggeln der Diamanten zahlen – alle von Ihnen."

Ein kurzer Windstoß rauschte durch die Blätter der Bäume, die jenseits der Terrasse wuchsen. Wirklich bewundernswert, wie Mitch sich an seinen Grundsatz hielt, nicht voreilig zu sein. Mir war das Herz schon längst in die Hose gerutscht.

„Glauben Sie ihr kein Wort, Mr. Mitchell", sagte ich. „Sie blufft. Wahrscheinlich sah sie, wie ich das Päckchen an mich nahm, und will jetzt Kapital daraus schlagen. Ich lege meine Hand ins Feuer, daß diese Diamanten nicht unecht sind. Es sind die richtigen Steine. Werfen Sie die Dame hinaus."

Mitch sah mich eiskalt an. „Sie hat nach Ihnen gefragt. Also arbeitet sie mit Ihnen zusammen. Daß zwei Fremde an einem Tag auftauchen, die dasselbe im Schild führen, ohne miteinander etwas zu tun zu haben, das wäre ein zu großer Zufall, Mr. *Matheny*. Ich sage, daß Sie die Diamanten ausgetauscht haben. In der Herrentoilette. Sie wollten sich die echten unter den Nagel reißen und uns mit den falschen hinters Licht führen." Er lächelte höhnisch. „Ich weiß, was im Innern der Menschen vorgeht."

Miss Glasgow schob ihren Stuhl zurück. „Ich arbeite nicht mit Mr. Matheny zusammen", verkündete sie. „Ja, vielmehr bin ich gekommen, um ihn zu verhaften." Sie sagte das so ernst, daß Mitch und seine Jungens beinahe in lautes Gelächter ausbrachen. „Und den Rest von Ihnen ebenfalls", schloß sie.

Jetzt lachten alle. Und da sie überzeugt waren, sie arbeite mit *mir* zusammen, amüsierten sie sich köstlich.

Miss Glasgow stand auf und wurde etwas rot im Gesicht. „Lachen Sie nicht. Ich kann es tun. Ich bin nämlich keine Stewardess."

„Was denn?" Mitch kicherte.

„In diesem Augenblick", verkündete sie mit Triumph in der Stimme, „verfüge ich über ein paar Scharfschützen, die sich in den Bäumen links und rechts der Terrasse verschanzt haben und nur auf eine falsche Bewegung warten, Ihre Köpfe oder Kniescheiben zu zertrümmern." Entsetzte Gesichter ringsum. „Falls es Sie interessiert, ich bin Zollbeamtin mit einem Sonderauftrag."

Es war also kein Windstoß gewesen, der die Bäume neben der Terrasse bewegt hatte. Während sie sich also ganz ruhig mit uns unterhalten hatte, waren ihre Männer, nachdem sie John an der Tür überwältigt hatten, in Position gegangen. Toll. Sie konnte wirklich stolz auf sich sein.

Aber ihre Enthüllungen hatten nicht die gewünschte Wirkung. Während ich ihr jedes Wort glaubte, nahmen Mitch und seine Jungens sie nicht für voll. Mitch grinste, daß sich seine Barthaare aufstellten. „Was sollen wir jetzt tun? Aufstehen und salutieren?"

„Ich rate Ihnen, nicht aufzustehen, es sei denn, Sie

wollen eine Kugel in den Bauch", fauchte sie gereizt.
„Soll ich, Mitch?" fragte Brad. Er hatte nur eins im Kopf.
Miss Glasgow zog eine Pfeife aus der Brusttasche ihrer Bluse und blies hinein. „Ich beweise es Ihnen", sagte sie dann.
Ich versuchte, alle gleichzeitig im Auge zu behalten, was nicht ganz einfach war. Jetzt wurde mir klar, warum sie vorhin den Stuhl zurückgeschoben hatte – um nicht in der Schußlinie zu sein. Ich selbst kam mir ziemlich hilflos vor, da ich zwischen Mitch und Brad und somit direkt *in* der Schußlinie saß.
Aus einem der Bäume links von der Terrasse ertönte eine Männerstimme. „Keine Bewegung! Unsere Kugeln sind schneller als Ihre Muskeln."
Die Worte schlugen auf der Terrasse ein wie ein Felsbrocken in einem stillen Teich. Im Bruchteil einer Sekunde änderten Mitch, Brad und Leo ihre Einstellung zu Miss Glasgow. Das konnte ich deutlich von ihren Gesichtern ablesen. Das überhebliche Grinsen war der blanken Angst gewichen.
Mitch, Leo und ich blieben regungslos sitzen und forderten die verborgenen Gewehre nicht heraus. Brad hatte eine bessere Idee. Wie ein Aal glitt er unter den Tisch, zog seine Knarre und drehte sich auf den Bauch. Das war schnell gedacht und schnell gehandelt! Auf dem Boden wurde er durch die Tischplatte aus Metall vor den Schüssen aus den Bäumen geschützt.

Er verschwendete seine Zeit nicht mit dem Zielen auf unsichtbare Gegner oder dem Kugel-in-das-Knie-Zeug, sondern stützte seinen rechten Arm mit der Pistole in der Hand auf den Ellbogen und richtete das Schießeisen auf das Gesicht von Miss Sheila Glasgow. Zwischen meinen und Mitchs Beinen war unter dem Tisch eine ausreichend breite Lücke, durch die er sie gut anvisieren konnte. „Pfeifen Sie sie zurück, oder Sie bekommen zuerst was ab!" Sie hatte keinen Zweifel, wen er meinte.

Er begann vor Erregung zu sabbern, und ich war mir nicht sicher, ob er sich noch länger beherrschen konnte. Den ganzen Tag schon wollte er jemanden umlegen. Also stieß ich mit dem Fuß die Pistole aus seiner Hand.

Ein Schuß löste sich, als die Pistole aus seiner Hand fiel und über den Boden zu Miss Glasgow rutschte. Ich weiß nicht, wo die Kugel einschlug. Brad grunzte unter dem Tisch wie ein Schwein, und ich ließ meinen Absatz hart auf sein Handgelenk niedersausen. Brad schrie wie am Spieß.

Niemand auf der Terrasse außer Miss Glasgow sagte etwas. „Nicht schießen, Joe!" schrie sie mit bebender Stimme. Es wäre ihr um ein Haar an den Kragen gegangen, und das hatte sie sichtlich erschüttert. Sie bückte sich und hob Brads Waffe auf. Der Umgang damit war ihr nicht vertraut, das sah man auf den ersten Blick, aber wenn schon. Wozu mußte sie schießen, wenn wir für ihre Kollegen in den Bäumen sozusagen auf dem Präsentierteller saßen. Gewehrläufe, die auf einen gerichtet sind, und die man nicht sehen kann, lösen ein recht unangenehmes Gefühl aus.

„Kann ich mich bewegen?" fragte ich.

„Nein", antwortete sie. „Was Sie taten, war zwar okay, Mr. Matheny, aber bewegen Sie sich nicht. Noch nicht." Sie wandte sich dem Gebüsch und den Bäumen jenseits der Terrasse zu. „Joe", schrie sie aus vollem Hals, „drei von euch runterkommen! Stan soll bleiben und uns Deckung geben." Ganz generalstabsmäßig.

Ich sah nach Brad, der unter dem Tisch lag. Er hielt das rechte Handgelenk mit der linken Hand umklammert und stöhnte. „Er hat noch eine Pistole", sagte ich.

Sie wurde leicht rot, bückte sich und zog mein Schießeisen aus seiner Jackettasche. Er ließ sie gewähren. Jeglicher Widerstand war gewichen. Brad war fertig mit der Welt.

„Die gehört mir", bemerkte ich beiläufig und streckte meine offene Hand aus. Aber ich bekam sie nicht. Miss Glasgow trat zurück, stellte sich hinter das Glasfenster des Wohnzimmers und wartete auf Joe.

Ich glaubte ihr das mit Joe, aber daß sie gleich vier Leute hatte, das fand ich dann doch übertrieben. Nervös hielt sie uns mit Brads Pistole in Schach, bis ein kräftig gebauter Bursche mit einem Gewehr auf die Terrasse kletterte... halt, nein... noch zwei machten uns ihre Aufwartung. Man sah ihnen den Polizeijob an der Nasenspitze an.

Zwei von ihnen zerrten Brad unter dem Tisch hervor und fesselten sein verletztes Gelenk mit Handschellen an das gesunde, ohne dabei besonders behutsam zu sein. Ihr Kollege kettete Leo und Mitch aneinander. Das alles ging schweigend über die Bühne, abgesehen von dem Stöhnen Brads und den Flüchen des übertölpelten Mitch, die nicht für weibliche Ohren geeignet waren. Na so was, ich hatte Mitch bislang für einen Gentleman gehalten.

Miss Glasgow entwand seiner Hand das Diamantenpäckchen wie einem Kind die unerlaubten Süßigkeiten. Als Mitch nicht mehr so laut fluchte, und sie sich wieder verständlich machen konnte, gab sie neue Befehle. „Alles klar. Noch einen haben wir. Mr. Matheny muß auch mit."

Joes Kollegen schoben Mitch, Brad und Leo durchs Wohnzimmer zum Aufzug. Joe kam auf mich zu. „Halt", sagte ich, „mich nicht."

„Und ob", mischte Miss Glasgow sich ein. „Gerade Sie. Auch wenn Sie mir geholfen haben."

Joe griff nach meiner rechten Hand, um die Handschelle anzulegen. Ihr geholfen! Ich hatte ihr nach Nelken duftendes Leben gerettet, auch wenn sie das nicht zugab. Ich spürte schon das kalte Metall des Handeisens, doch inzwischen hatte ich etwas aus meiner geheimen Hosentasche gefischt und hielt es ihr unter die Nase.

Sie machte Augen wie ein kleines Kind bei der

Weihnachtsbescherung. „Das glaube ich nicht!" hauchte sie.

„Wer nennt wen einen Lügner? Es stimmt." Ich winkte mit der Kennmarke und Kennkarte vor ihrer Nase. „Lesen Sie!"

Sie las. „FBI?" murmelte sie, blieb aber hartnäckig. „Nein. Sie sind ein Schmuggler."

„Kann ich Sie unter vier Augen sprechen?"

Sie forderte Joe schließlich auf, mich loszulassen, die Kerle in die Wagen zu stecken und Stan zu sagen, er könne jetzt herunterkommen. Joe machte ein verständnisloses Gesicht, zog aber ab.

Wir setzten uns an den Terrassentisch. „Zuerst Sie, Miss Glasgow", eröffnete ich den Dialog. „Sind Sie wirklich vom Zoll?"

„Ja. Sie können mich übrigens Sheila nennen. Jeder Freund des FBIs ist auch mein Freund. Wir futtern aus demselben Trog." Jetzt lächelte sie mich an. „Soll ich Al zu Ihnen sagen?"

„Ja, so heiße ich. Aber jetzt erzählen Sie zuerst."

Sie zögerte. „Also, dieser Mitchell, zu dem Sie uns geführt haben, scheint der Kopf einer großen Schmugglerbande zu sein." Sie sah mich fragend an. „Ich verstehe bloß nicht..."

„Wie kamen Sie auf Mitch?" unterbrach ich sie.

„Durch Sie! Das ist so unglaublich daran."

„Kümmern Sie sich jetzt nicht um mich. Erzählen Sie weiter."

„Ich beginne besser ganz von vorne", sagte sie. „Wir wußten, daß uns im Kennedy Airport von New York eine ganze Menge Schmuggelware durch die Lappen ging, aber wir konnten nicht ermitteln, wer das Zeug hereinbrachte, und vor allem, wie. Dann ergab sich vorgestern etwas, wie es nur einmal im Leben geschieht – der Kurier, der diese Diamanten von Europa nach Amerika brachte, bekam einen Herzanfall, als er gerade den Zoll passierte. Unsere Beamten halfen ihm, bis die Ambulanz eintraf."

„Der Kurier war der besagte José, nicht wahr?"

„Ja, ein alter Mann, Leiter einer kleinen Import-Export-Firma, wie wir herausfanden." Sie lachte. „Hauptsächlich Import, wie es scheint. Nun ja, jedenfalls fürchtete er, er würde sterben, was er auch tat, und sorgte sich um eine bestimmte Botschaft, die er jemandem namens Matheny in New York überbringen sollte." Ihre Grübchen waren besonders süß, wenn sie lächelte.

„Das bin ich", sagte ich.

„Unser Zollbeamter versprach dem Kurier, die Botschaft zu übermitteln. Aber um welche Botschaft handelte es sich? Der alte Mann sagte, er wüßte das erst, wenn er von einer TGA-Angestellten namens Ruby Bescheid bekäme. Da alles so geheimnisvoll war, wurden unsere Beamten mißtrauisch. Doch bevor man José ins Krankenhaus schaffte, bekam unser Mann aus José die Telefonnummer von Matheny heraus."

Ich nickte. „Boulevard 3–2459."

„Auf gut Glück", fuhr Sheila fort, „untersuchten unsere Leute die TGA-Maschine, mit der José gekommen war, besonders gründlich, und fanden die Diamanten unter seinem Platz. So wußten wir also, daß wir einen sehr großen Fisch an der Leine hatten. Wir benutzten die Diamanten als Köder, um uns zu den Spitzenleuten des Schmugglerrings führen zu lassen. Natürlich wurden die echten Steine beschlagnahmt und gegen künstliche ausgetauscht."

„Wer war Ruby bei TGA?"

„Ruby Cassavetta ist der volle Name. Wir fanden sie eine Stunde nach der Sicherstellung der Diamanten und drohten ihr mit einer Anzeige wegen Schmuggelns, so daß sie plauderte. Das System funktionierte so: Jemand, offenbar José, gab ihr ab und zu eine Flugnummer durch. Ruby mußte nun klären, bei welchem inländischen Flug die Maschine nach der Landung in New York eingesetzt wurde. Das teilte sie José telefonisch mit. Das sei alles, was sie damit zu tun hätte, schwört sie. Sie rief nur einen bestimmten Fernsprechteilnehmer an und übermittelte ihm die bewußte Flugnummer. Persönlich kannte sie alle diese Leute nicht."

„Wie haben sie sie dann für sich gewonnen?"

„Übers Telefon", antwortete Sheila. „Jemand, vermutlich José, wie sie meint, machte ihr den Vorschlag und schickte gleichzeitig Geld per Postanweisung."

„Wann erschienen Sie auf der Bildfläche?"

„Jemand von uns mußte Platz Nummer 42 im Auge behalten, also spielte ich Stewardess."

„Sie waren eine gute Stewardess", sagte ich. „Jedenfalls dufteten Sie gut."

„Und Sie, Mr. Matheny, führten uns direkt zu Mitchell und seinen beiden Männern. Wieso? Jetzt sind Sie an der Reihe. Wieso waren *Sie* hinter Mitchell her?"

„Wir waren nicht hinter Mitchell her. Das war nur ein unverhoffter Glücksfall. Wir suchten Matheny, weil er vor ein paar Wochen in Pittsburgh eine Bank überfallen und dabei einen Angestellten getötet hatte. Bevor der Angestellte starb, konnte er uns den Täter beschreiben: überdurchschnittlich groß und auf dem linken Bein hinkend. So kamen wir bald auf Matheny, er ist uns seit fünfzehn Jahren bekannt. Vor ein paar Tagen spürten wir ihn in einer alten Bude in Forest Hills auf. Doch bevor wir ihn verhaften wollten, versuchten wir zuerst, das Geld oder einen Teil davon zu finden. Es waren immerhin neunzigtausend Dollar, und irgendwo mußten die Moneten ja sein. Das war meine Aufgabe, und ich hoffte, Matheny würde mich zu dem Geld führen."

Dann erzählte ich ihr, wie ich den Anruf in Mathenys Bude entgegengenommen hatte. „Ich vermute, das war einer eurer Männer, der Josés Rolle übernommen hatte, nicht wahr?"

„Ja, wir hofften, Matheny überzeugend täuschen zu können."

„Was ich nicht beurteilen kann", meinte ich. „Aber

sogar für mich war die Botschaft eine harte Nuß, an der ich lange zu beißen hatte." Ich konnte meine Blicke nicht von ihrem Gesicht abwenden. „Habt ihr in New York reinen Tisch gemacht?"

„Ja, José lebt nicht mehr, und Ruby arbeitet jetzt mit uns zusammen, sollte sich noch einmal jemand wegen der Diamanten melden."

„Sie wurde erst heute angerufen", sagte ich. „Und sie machte aus mir einen Lügner." Ich erzählte ihr von Leos Telefonat mit Ruby.

„Und was ist mit Matheny?" wollte Sheila wissen.

„Sitzt hinter schwedischen Gardinen", antwortete ich. „Ich ließ ihn verhaften, nachdem ich in seiner Bude nichts finden konnte. Einer unserer Männer teilte in der Nähe religiöse Flugblätter aus. Er holte Verstärkung, und so konnte Matheny mühelos überwältigt werden." Ich überlegte kurz. „Mich wundert nur, woher Sie diese unechten Diamanten hatten." Ich glaubte immer noch, daß sie echt waren.

„Wir beschlagnahmten sie letztes Jahr von einem Touristen, der sie einschmuggeln wollte", antwortete sie. „Und ich habe auch eine Frage."

„Heraus damit."

„Haben Sie denn eine Spur zu Ihrem Bankgeld gefunden?"

„Ich denke schon. Mitch hatte hier seine Zentrale, die Zentrale des Konzerns, wie er das Ganze nennt. Schmuggel, Banküberfälle, Autodiebstähle, Glücksspiele. Ich denke, Matheny überfiel die Bank für Mitch. Mitch hatte die Sache geplant und das Geld vermutlich aufbewahrt. Ich würde mich nicht wundern, wenn wir die Beute im Aufzug finden." Ich zeigte auf den Lift im Wohnzimmer.

„Im Aufzug?"

„Genau. Er hat eine falsche Rückwand mit getarnten Scharnieren an einer Seite. Mir fiel das auf, als man mich hier heraufbrachte. Und die Kabine ist viel zu klein für die Größe des Schachts, das heißt nicht genügend tief. Schlaues Bürschchen, dieser Mitch. Ein schwebender Safe, der immer dort ist, wo man ihn braucht. Kein Mensch ließe sich träumen, in einem Aufzug nach einem Safe zu suchen."

„Kein Mensch außer Ihnen", sagte Sheila beeindruckt.

„Nur keine Eifersucht", kicherte ich. „Sie hatten gar keine Zeit gehabt, sich den Aufzug anzusehen."

Sie blickte sich nachdenklich um. „Die müssen mehr als nur Diamanten geschmuggelt haben. Ich bin gespannt, was wir im Aufzugsafe neben Diamanten und Geld noch finden werden."

„Einiges!" sagte ich. „Ich machte gegenüber Mitch eine entsprechende Andeutung, und er reagierte prompt darauf."

„Na, dann", meinte Sheila, „haben wir uns heute wirklich die Butter aufs Brot verdient."

Ich nickte, nahm eine Tablette aus der Tasche und schluckte sie.

„Was ist das?" wollte Sheila wissen, neugierig, wie sie war.

„Nicht so wichtig. Ich denke, Mitch und seine Leute sitzen jetzt so dick in der Tinte, daß wir sie auf ewig einbuchten können."

„Ja, schätze ich auch. Der Zoll sucht ihn wegen Schmuggel, das FBI wegen Bankraub. Und die Drogenfahndung ist vermutlich auch hinter ihm her."

„Ganz zu schweigen von der Polizei in Pittsburgh, die ihm eine ganze Latte von Verbrechen anlastet."

„Wer bekommt ihn also?"

Ich überlegte kurz. „Nun, Sheila, wir haben hier einen massiven Interessenkonflikt, und ich möchte nicht, daß wir uns wegen eines lausigen Schmugglers in die Haare geraten. Ich habe einen Vorschlag."

Sie lächelte so süß wie immer. „Nämlich?"

„Ich glaube, wir sollten uns heute abend Zeit nehmen und gemütlich essen gehen. Dabei können wir die Angelegenheit in aller Ruhe ausdiskutieren. Was halten Sie davon?"

„Ihre oder meine Spesen?"

„Ich lade Sie ein. Ist das ein Wort?"

„Phantastisch, Al, liebend gern", rief sie aus und strich über meinen Handrücken.

Na, das lief ja heute wieder! Als wir zum Aufzug gingen, um ihn unter die Lupe zu nehmen, beschloß ich, heute abend beim Dinner mein Mineralwasser nicht pur zu trinken – ob Herzstechen oder nicht.

Der Mann am Haken

Es war kurz vor neun, als Don Thomas ohne Gepäck und nur mit einem Waschbeutel und einer gefalteten Zeitung unter dem Arm das Foyer des Ferienhotels betrat. Er war fix und fertig, und seine Hand zitterte, als er sich ins Gästebuch eintrug: *J. D. Jones, Chicago.*

Der Portier, der beim Anblick des Gastes auf einen gehörigen Kater tippte, war sehr verständnisvoll. „Das Restaurant ist offen, Mr. Jones, wenn Sie frühstücken wollen. Vielleicht ein paar Tassen heißen, starken Kaffees ..."

Don Thomas verzog das Gesicht. „Danke, den kann ich jetzt gebrauchen."

Er ließ seinen Waschbeutel am Empfang und ging quer durch das Foyer zum Frühstücksraum, wo er einen Tisch in einer Ecke wählte, so weit wie möglich von der Morgensonne entfernt, die durch das große Panoramafenster in der Ostwand hereinflutete. Jenseits des Fensters war eine grüne Wiese, die bis zum Ufer des himmelblauen Sees reichte. Einige Segelboote glitten bereits im Morgenwind über das Wasser.

Thomas schauderte beim Anblick der lebendigen Farben. Kleine Männer mit Hämmern pochten gegen die Innenwand seines Schädels, und beim Gedanken an den Friseur, der vor einer Stunde seine braune Haarpracht auf eine borstige Igelfrisur reduziert hatte, zog sich seine Kopfhaut immer noch zusammen.

Er bestellte Kaffee und Toast und schlug die Morgenausgabe des *Guardian* auf. Sofort sprang ihm die Schlagzeile entgegen: *Brutaler Mord – Reporter gesucht!* Und in der Unterzeile hieß es: *Zeitungsmann in Doppelmord verwickelt.*

Don Thomas sah sich unruhig im Speisesaal um. Eine beachtliche Anzahl von Gästen nahm bereits das Frühstück ein, umgeben von einem vielfältigen Stimmengewirr und dem Klappern des Geschirrs. Niemand schien ihn zu beachten. In großen Schlucken trank er den Kaffee und widmete sich wieder seiner Zeitung.

In dem Artikel ging es um eine junge Frau und ihren Vater, die in der vergangenen Nacht in Midwest City ermordet worden waren. Midwest City lag einige hundert Meilen von hier entfernt. Dem Zeitungsbericht nach schien der Fall gelöst, allerdings war der Täter noch flüchtig. Mit Trauer und Verbitterung nannte das Blatt den Namen des Täters: Donald Thomas, dreißig Jahre, seit einem Jahr Reporter beim *Guardian*, der sich jetzt als sadistischer, brutaler Mörder entpuppt hatte.

Die Beweislast gegen ihn war erdrückend. Man wußte, daß er seit einigen Monaten mit der ermordeten Ilene Levitt gegangen war. Gemeinsame Freunde erklärten, daß es in der Beziehung oft Schwierigkeiten gab. Thomas trank, war unbeherrscht und von Natur aus sehr eifersüchtig. Und Ilene Levitt hatte es hin und wieder nicht lassen können, sich zu Thomas' großem Entsetzen mit anderen Männern zu verabreden.

„Es war schlimm", hatten Freunde ausgesagt. „Ilene hätte mit diesem Burschen längst Schluß machen sollen!"

Am Abend zuvor hatte Thomas seine Freundin gegen halb elf im Taxi heimgebracht. Dafür gab es Zeugen, Mieter des Apartmenthauses, in dem das Mädchen und sein Vater lebten. Diese Zeugen saßen im Vorgarten des Hauses und hatten Thomas nicht nur zusammen mit Ilene gesehen, sondern teilweise auch gehört, daß das Pärchen einen heftigen Streit hatte.

„Mir reicht es jetzt endgültig!", soll Ilene gesagt haben, worauf Thomas erwidert hätte: „Wirklich? Wir werden ja sehen..."

Einer der Zeugen sagte aus, daß Thomas „ausgesprochen gemein" gewesen sei.

Das Pärchen war im Haus verschwunden, und man hörte und sah von ihnen nichts mehr. Aber es war den Nachbarn nicht entgangen, daß Thomas das Haus nicht durch dieselbe Tür verließ, durch die er es mit Ilene betreten hatte.

Kurz vor elf war der Vater des Mädchens heimgekommen, William Levitt, Mitinhaber der florierenden Firma Levitt & Newer, Inc. Einer der Zeugen sagte aus, daß Mr. Levitt erstaunt und verärgert war, als er erfuhr, daß seine Tochter und ihr junger Freund vor etwa einer halben Stunde gemeinsam ins Haus gegangen waren. Er sei sofort nach oben geeilt.

Kurze Zeit später fiel ein Schuß im dritten Stock. Die aufgeschreckten Nachbarn sahen nach und fanden Mr. Levitt tot auf der Türschwelle zu seiner Wohnung liegen, in der Hand seinen Schlüsselbund.

In der Wohnung selbst fanden sie Ilene Levitt. Sie war brutal niedergeschlagen und mit einem Küchenmesser erstochen worden, das neben ihr lag.

Es war also nicht schwer zu erraten, was sich abgespielt hatte, schrieb die Zeitung weiter. Donald Thomas war mit Ilene in die Wohnung gekommen, und zwischen halb elf und elf hatte der tobende junge Mann sie umgebracht. William Levitt hätte nichtsahnend die „blutverspritzte Wohnung", wie die Zeitung sich ausdrückte, betreten und den Mörder bei seinem blutigen Werk überrascht. Dieser erschoß dann kurzerhand auch den Vater und machte sich aus dem Staub. Wie er das anstellte, war nicht bekannt. Es gab mehrere Möglichkeiten, das Haus zu verlassen, und nur die Vordertür war ständig beobachtet worden.

Bei Redaktionsschluß gab es vom flüchtigen Donald Thomas noch keine Spur, und auch Fotos konnten von ihm nicht aufgetrieben werden. Er wurde als Mann mittlerer Größe beschrieben, mit langem braunem Haar und einer Hornbrille.

Der Polizei von Midwest City war er jedenfalls bekannt, denn er hatte ironischerweise im letzten halben Jahr als Polizeireporter für den *Guardian* gearbeitet. Seine Verhaftung war nur eine Frage der Zeit – einer kurzen Zeit.

Thomas bemerkte, daß seine Hände zitterten, als er die Zeitung zusammenfaltete und sie neben sich auf den Tisch legte. Natürlich hatte er den Bericht schon vorher gelesen und die wiederholten Durchsagen im Autoradio gehört, als er von Midwest City an diesen See gefahren war. Dennoch fiel es ihm schwer, sich damit abzufinden.

Ein Schatten fiel über den Tisch, Thomas blickte erschrocken auf. Ein untersetzter Mann mit einem Hörgerät am linken Ohr stand an dem Tisch, und ihre Blicke begegneten sich kurz. Dann wandte der Fremde seine Schritte zur Tür des Speisesaals. Thomas blickte ihm nach, bis er verschwunden war. Die Beschreibung seiner Person, dachte Thomas, traf auf jeden zweiten Mann zu, und mit dem extrem kurzen Haarschnitt und ohne die Hornbrille würden ihn hoffentlich nicht einmal die Leute wiedererkennen, die ihn eigentlich kannten. Dennoch hatte er plötzlich das Gefühl, als leuchtete über seinem Kopf eine Neonreklame mit aufblitzendem Pfeil: „Don Thomas, wegen Mordes gesucht!"

Die kleinen Männer in seinem Kopf hämmerten fleißig weiter, aber dagegen konnte man etwas unternehmen. Er ließ Kleingeld auf dem Tisch liegen, holte seinen Zimmerschlüssel und ging zum Aufzug.

Inzwischen war es im Hotel sehr lebhaft geworden.

Im Foyer standen Leute herum, die sich angeregt miteinander unterhielten. Einige trugen Wanderkleidung für Ausflüge in die Berge um den See, andere hatten es auf den See selbst abgesehen und waren zum Schwimmen, Segeln oder Fischen oder alles zusammen gerüstet. Alle schienen entschlossen, sich heute zu vergnügen. Die meisten waren junge Leute, aber auch einige ältere Herren und Damen befanden sich unter den Gästen. Thomas blickte sich um, während er auf den Aufzug wartete, aber den Mann, den er anzutreffen hoffte, sah er nicht.

Er ließ sich von dem Aufzug in den vierten Stock tragen und suchte eilig sein Zimmer auf. Sehnsüchtig blickte er auf das komfortable Doppelbett, aber das mußte noch warten.

Statt dessen öffnete er den Reißverschluß seines Waschbeutels und leerte den Inhalt auf das Bett – Rasierzeug, Seife, Zahnbürste und Zahnpasta, eine schwere silberne Armbanduhr, eine handliche Pistole und eine ungeöffnete Flasche Whisky. Und genau nach diesem letzten Gegenstand sehnte er sich jetzt. Er machte die Flasche auf, holte aus dem Bad ein Glas und goß großzügig vier Fingerbreit ein. Nach zwei Schlukken war das Glas leer. Er rang kurz nach Atem, goß dann ein zweitesmal nach, verkorkte die Flasche wieder und stellte sie in den Schrank.

Als er das Glas abspülte, blickte er zufällig in den Spiegel über dem Waschbecken. Er erschrak. Seine

Augen waren gerötet und geschwollen, die Wangen eingefallen und bleich. Hinzu kam, daß seine Kleidung völlig zerknittert war. Schade, daß er gestern keine Gelegenheit mehr hatte, seine Wohnung aufzusuchen, um einige Dinge mitzunehmen. Aber das war nicht in Frage gekommen – nicht für einen flüchtigen Mordverdächtigen.

Einen Augenblick lang dachte er an Ilene. Sein Gesicht verzog sich vor Schmerz. Dieser dumme Streit, den sie gestern abend hatten, und was dann passiert war... Ihn schauderte. Er wollte nicht länger daran denken. Es würde nur zu Selbstmitleid und Selbstvorwürfen führen, und damit wäre Ilene auch nicht geholfen – nicht mehr.

Gar nichts konnte Ilene oder ihrem Vater mehr helfen. Thomas hatte William Levitt eigentlich recht gern gemocht, obwohl das nicht auf Gegenseitigkeit beruhte. Der alte Mann liebte in seinem Leben nur zwei Dinge: das Börsengeschäft und seine Tochter. Für seine Tochter wollte er eine bessere Partie als einen durchschnittlichen Zeitungsmacher, und vielleicht hatte er recht gehabt.

Doch jetzt spielte das keine Rolle mehr.

Um sich abzulenken, duschte Thomas ausgiebig und rasierte sich. Dann schlüpfte er wieder in seine schmutzige Kleidung, zog die schwere Uhr über sein Handgelenk und steckte die Pistole in den Hosenbund. Das Hemd ließ er lose herunterhängen, damit die Waffe verdeckt war. Als er die Ärmel zuknöpfte, klopfte es an der Tür.

Thomas warf den Kopf herum. „Ja? Wer da?"

„Eine Mitteilung für Sie, Mr. Jones."

Vorsichtig öffnete er die Tür einen Spalt und linste hinaus. Dort stand ein Hotelpage mit einem Kuvert in der Hand. Thomas nahm es entgegen und drückte dem Jungen ein großzügiges Trinkgeld in die ausgestreckte Hand. Dann sperrte er wieder ab.

Die Mitteilung war kurz. „Er fischt auf der anderen Seite des Sees. Allein. Hat ein Boot mit Außenbordmotor."

Thomas zerriß den Zettel und das Kuvert und warf sie in den Papierkorb. Dann machte er sich auf den Weg. Jetzt hing es ganz allein von ihm ab – es ging um alles oder nichts.

Gleich neben dem Hotelstrand befand sich ein Bootsverleih, das war jetzt Thomas' nächstes Ziel. Er zuckte zusammen, als er in das helle Tageslicht hinaustrat und schützte mit der Hand seine Augen vor der Sonne.

Auf der Veranda erhob sich ein untersetzter Mann mit einem Hörgerät im Ohr von seinem Liegestuhl und blickte ihm nachdenklich nach.

Thomas ging das sandige Ufer entlang und mied die Gruppen von Sonnenanbetern und Badegästen, die sich am Strand tummelten. Eine Menge Boote befanden sich draußen auf dem See – Motorboote, Segelboote und sogar einige Kanus. Aber soweit Thomas das beurteilen konnte, waren es nur Sommerfrischler. Die Fischer hielten sich wahrscheinlich in den kleinen Buchten am gegenüberliegenden Ufer auf.

Er mietete ein altes Boot mit Außenbordmotor, der nach mehreren Versuchen ansprang. Ratternd glitt der Kahn übers Wasser, wobei Thomas in Ufernähe um den See herumfuhr.

Nach einer Weile begannen seine Augen vom ständigen Starren über die spiegelnde Wasseroberfläche zu schmerzen. Er war sehr kurzsichtig, wollte aber seine Hornbrille nicht aufsetzen – noch nicht.

Nach gut einer viertel Stunde hatte er das gegenüberliegende, dicht bewaldete Ufer erreicht. Hier gab es keine Badenden, sondern nur Sportfischer, die sich in den kleinen Buchten und Bachmündungen aufhielten. Ihre Boote trieben langsam auf dem tiefblauen Wasser oder waren verankert, und einzeln oder zu zweit gingen die Angler voller Ernst ihrem Sport nach.

Thomas drosselte das Tempo, bis er nur noch ganz langsam fuhr. Er nahm seine Brille aus der Brusttasche des Hemds und setzte sie auf. Nach etwa einer halben Meile entdeckte er den Mann, den er suchte – William Levitts Geschäftspartner Francis Newer –, in Ufernähe, halb hinter den tief herabhängenden Weidenruten versteckt. Er verstaute seine Brille wieder in der Brusttasche und fuhr zu Newers Angelplatz. Etwa zwanzig Meter vorher stellte er den Motor ab und ließ sich auf das andere Boot zutreiben.

Als er näher kam, stieß Newer erbost einen Schrei aus und holte hastig die Leine ein, bevor Thomas' Boot größeren Schaden anrichten konnte. „Können Sie nicht aufpassen, Sie Narr!"

Thomas sagte nichts, und die beiden Boote stießen sanft gegeneinander. Newer fluchte. Er war ein hochgewachsener Mann mittleren Alters mit einem kantigen Gesicht und trug einen Filzhut, an dem verschiedene Spinner und künstliche Köder hingen.

„Entschuldigen Sie", sagte Thomas, „aber ich muß mit Ihnen sprechen, Mr. Newer. Ich erfuhr im Hotel, daß ich Sie hier finden würde."

„Wer zum Teufel sind Sie denn, und was wollen Sie?"

„Ich bin Reporter. Ich möchte ein Interview mit Ihnen machen. Und zwar über den gestrigen Mord in Midwest City."

Newer kniff die tiefliegenden Augen zusammen. „Kenne ich Sie?"

„Nein, Sir, wir sind uns noch nicht begegnet, aber ich..."

„Dazu kann ich Ihnen gar nichts sagen. Ich weiß nur, daß dieser verrückte Thomas die Tochter meines Partners umbrachte und dann Bill erschoß, als dieser ihn überraschte. Schreckliche Sache. Schrecklich!"

Thomas nickte. „Ja, Sir, das wissen wir. Mein Herausgeber meinte, Sie könnten uns einige zusätzliche Informationen geben. Zum Beispiel, kennen Sie diesen Thomas?"

„Hab ihn nie gesehen", knurrte Newer. „Ich habe nur durch Bill... Mr. Levitt... einige Dinge über ihn erfahren. Er ist ein Trinker und ein Taugenichts."

„Wie erfuhren Sie von dem Verbrechen?"

Mr. Newer war unruhig geworden. „Die Polizei von Midwest City rief mich heute morgen an. Ich mache seit einer Woche Urlaub hier. Da ich sowieso nichts tun kann, werde ich, wie geplant, bis Samstag bleiben. Und jetzt entschuldigen Sie mich bitte!"

„Wie steht es mit dem Geschäft, Mr. Newer? Da Ihr Partner jetzt tot ist, wird es sicherlich..."

„Das Geschäft wird die nächsten zwei Tage auch ohne mich sehr gut weiterlaufen. Außerdem geht Sie das nichts an, klar!"

Thomas zuckte die Achseln. Er bemerkte, daß der ältere Herr ihn mit wachsender Aufmerksamkeit musterte. Newer hatte seine Angelrute ins Boot gelegt. Jetzt verbarg er seine rechte Hand hinter seinem Rücken.

Außer dem Zwitschern der Vögel in den Bäumen am nahen Ufer und dem sanften Plätschern des Wassers gegen die Boote war es still. Thomas ließ seinen Blick schweifen, aber keine Menschenseele war in der Nähe. Sie hätten sich ebensogut in einer unbesiedelten Wildnis befinden können. Jetzt setzte er die Brille auf.

Newers Hand zuckte vor. Ein Revolver war auf Thomas gerichtet. „Sie sind Donald Thomas", fauchte Newer. „Nein... keine Bewegung!" Er grinste. „Ich hätte gleich darauf kommen müssen."

„Ohne Brille", erklärte Thomas, „und mit den kurzen Haaren sehe ich ein wenig verändert aus."

„Na, ich wette, die Polizei wird Sie schnell genug wiedererkennen. Man sucht Sie überall."

„Stimmt", pflichtete Thomas ihm bei, „aber Sie und ich wissen, wer diese Leute wirklich umbrachte, nicht wahr, Mr. Newer?"

„Was soll das heißen?" Die Waffe in Newers Hand war direkt auf Thomas' schweißbedecktes Gesicht gerichtet.

„Als ich Ilene gestern abend heimbrachte, verabschiedete ich mich an ihrer Wohnungstür. Aber als sie hineingegangen war, hörte ich noch, wie sie erstaunt sagte: ‚Onkel Frank, was tust du denn hier?' Dann zog sie die Tür ins Schloß..."

Newer rührte sich nicht von der Stelle und hielt die Pistole ruhig auf Thomas gerichtet. „Dann hörten Sie das also...", sagte er geistesabwesend.

Thomas nickte. „Ja. Ilene und ich hatten miteinander gestritten – ein dummer Streit. Sie wollte, daß ich mit dem Trinken aufhöre und mich endlich etabliere. Das Übliche also. Aber wegen des Streites brachte ich sie früh nach Hause, viel früher als sonst."

Newer lachte plötzlich. „Sie glauben doch nicht, daß die Polizei Ihnen das glauben würde! Das ist ja verrückt. Als ob ich dem Mädchen etwas tun könnte..."

„Nicht auf das Mädchen hatten Sie es abgesehen,

sondern auf William Levitt. Ilene erwähnte, daß Sie und ihr Vater Schwierigkeiten hätten. Als sie nun in die Wohnung kam, erkannten Sie Ihre Chance, es ganz anders aussehen zu lassen, als es in Wirklichkeit war..."

Thomas schluckte einige Male und sprach nicht weiter. Er dachte, Newer würde abdrücken, aber der Finger am Abzugshahn lockerte sich wieder.

„Dann sind Sie mir also auf die Schliche gekommen", sagte Newer nach einer langen Pause. „Aber es wird Ihnen nichts nützen. Ich war nämlich hier, mindestens hundert Kilometer von Midwest City entfernt, auch gestern abend. Hören Sie sich im Hotel um. Kann sein, daß mich niemand zwischen neun und zwölf, halb eins gesehen hat, aber das ist nicht tragisch. Ich bin wie an jedem anderen Abend auch hier auf dem See beim Angeln gewesen. Fragen Sie, wen Sie wollen. Ich bin leidenschaftlicher Angler. Und jetzt habe ich Sie am Haken, Thomas."

„Ja, Sie haben mich am Haken. Und sogar wenn ich mich wieder losreißen könnte, wären Sie im Vorteil, solange man glaubt, daß Ilene das eigentliche Opfer gewesen ist."

„Das entspricht in etwa meinem Gedankengang." Newers Blick huschte unruhig über den See.

„Also hatte ich recht. Nur bis jetzt war ich mir nicht ganz sicher", sagte Thomas grimmig. „Sie schlichen sich in die Stadt, um Ihren Geschäftspartner zu erschießen, doch kam Ihnen Ilene in die Quere, ein unschuldiges Kind, das Ihnen nie etwas getan hatte."

Newer verzog das Gesicht. „Ja, das tut mir leid. Ich sagte ihr auch, bevor ich sie niederschlug, daß es nichts Persönliches sei. Ich bereue das wirklich. Aber sie hätte nicht so früh kommen sollen. Ich war für elf mit William verabredet..."

Thomas legte wie zufällig seine Hand auf die Bugspitze von Newers Boot. „Wieso wollten Sie ihn umbringen?"

„Er steckte seine Nase zu sehr in meine Geschäfte. Es bestand Gefahr, daß er einige illegale Vorgänge aufgedeckt hätte, die mir großen Profit gebracht hatten. Aber da William so war, wie er war, hätte er mich auffliegen lassen. Also hatte ich keine andere Wahl."

„Das war Ihr Fehler", sagte Thomas verbittert.

Mit einem plötzlichen Ruck brachte er Newers Boot zum Schwanken, so daß Newer die Hände herunternehmen mußte, um sich abzustützen. Thomas nützte diesen Augenblick der Überraschung aus und zog seine Pistole. Gleichzeitig rissen beide Männer ihre Schußwaffen hoch und starrten einander an.

„Wollen Sie die erste Kugel, Newer?"

„Seien Sie kein Narr!"

„Schießen Sie oder werfen Sie sie weg. Sofort!"

Newer senkte sein Schießeisen sofort und ließ es auf die Planken seines Bootes fallen. „Sie wagen es nicht, abzudrücken. Viele Leute würden den Schuß hören. Sie können nur davonlaufen, bis man Sie erwischt. Also los, Thomas, laufen Sie davon."

„Nach dem, was Sie mir gesagt haben?" Ärgerlich hob er Newers Pistole auf.

Newer kicherte. „Wer würde Ihnen glauben? Einen gesuchten Verbrecher, der um sein Leben läuft. Sehen Sie sich doch an!"

„Ja, so sehe ich aus. Aber das gehört zu unserem Plan", antwortete Thomas. „Die ganze Sache war für diesen Augenblick arrangiert worden, nur, um ein Geständnis aus Ihnen herauszukriegen. Zum Beispiel die Zeitungsberichte, von denen ich einige selbst schrieb, und alles andere auch."

„Sie . . . Sie lügen!"

„Die Polizei hat mich nie verdächtigt. Nie. Als ich Ilene heimgebracht hatte, tat ich, was jeder heißblütige junge Mann nach einem Streit mit seiner Freundin tun würde – ich ging direkt in das nächste Lokal und besoff mich. Eine viertel Stunde, bevor William erschossen wurde, saß ich dort noch an der Bar. Dafür gibt es eine Reihe von Zeugen, einschließlich zweier Polizisten, die Feierabend hatten und mich kannten."

Newer fuhr sich nervös mit der Hand über sein knöchernes Gesicht. „Dennoch steht mein Wort gegen Ihres."

„Nicht ganz. Die Polizei von Midwest City mischte natürlich auch mit. Sie beauftragten den hiesigen Sheriff, mir zur Hand zu gehen. Da ist er."

Newer riß entsetzt den Kopf herum, um Thomas' Handbewegung zu folgen. Etwa fünfzig Meter entfernt trat ein untersetzter Mann aus dem Gebüsch ans Ufer.

„Er kann uns unmöglich gehört haben", fauchte Newer.

„Winken Sie, Sheriff", sagte Thomas ruhig.

Der Mann am Ufer winkte tatsächlich mit beiden Armen.

„Erstaunlich, was man heute mit Funk alles anstellen kann", meinte Don Thomas. „Diese Armbanduhr, zum Beispiel, ist in Wirklichkeit ein Sender. Und das Hörgerät, das der Sheriff im Ohr hat, ist der Empfänger, mit einem Tonband unter seinem Jackett verbunden. Was ist denn los, Mr. Newer? Sie sehen krank aus, als ob Sie gerade einen Haken verschluckt hätten."

Francis Newer sah mehr als krank aus.

„Fahren wir ans Ufer", sagte Thomas. „Ich kenne den Sheriff dort noch nicht persönlich, aber ich möchte ihm gern die Hand drücken. Kommen Sie, Mr. Newer, nehmen Sie es nicht so schwer. Es ist nichts Persönliches, wirklich nichts Persönliches."

Ein Zimmer mit Ausblick

Sein zerbrechlicher Körper war in die feinsten Decken und Kissen gebettet, die man mit Geld kaufen konnte, dennoch war Jacob Baumann unzufrieden. Voller Abscheu sah er seinem Butler zu, der das Tablett auf dem Bett abstellte und die Vorhänge aufzog, so daß das Tageslicht in das Zimmer flutete.

„Möchten Sie, daß ich die Fenster öffne, Sir?" fragte Charles.

„Wollen Sie, daß ich mich erkälte?"

„Nein, Sir. Haben Sie sonst noch einen Wunsch, Sir?"

Jacob schüttelte den Kopf und stopfte die Serviette zwischen Pyjamakragen und den dürren Hals. Er griff nach dem Besteck, hielt dann aber inne und blickte zu Charles, der wie ein Wächter am Fenster stand.

„Warten Sie auf ein Trinkgeld?" wollte Jacob verbittert wissen.

„Nein, Sir. Ich warte auf Miss Nevins. Doktor Holmes sagte, Sie dürften keine Sekunde allein gelassen werden, Sir."

„Verschwinden Sie, verschwinden Sie", sagte Jacob. „Wenn ich beschließe, in den nächsten fünf Minuten zu sterben, werde ich nach Ihnen läuten. Nichts wird Ihnen entgehen."

Er wartete, bis der Butler die Tür hinter sich geschlossen hatte, und hob dann die silberne Warmhalteglocke ab. Darunter befand sich auf einer Scheibe Toast ein einziges Spiegelei, das ihn wie ein trübes Auge anlachte. Ein erbärmliches Häufchen Marmelade und eine Tasse blassen Tees waren die übrigen Bestandteile des Menüs.

Jacob betrachtete das Frühstück voller Abscheu und wandte seine Blicke zum Fenster. Draußen war ein herrliches Wetter. Eben und saftig grün wie ein Billardtuch lag der große Park vor der Baumann-Residenz, unterbrochen von dem schneeweißen Kies der Einfahrt, und hier und da mit kleinen Bronze-Statuen aufgelockert eine kokette Göttin, von Engelchen umspielt; ein geflügelter Götterbote; eine grimmige Löwin, die die Schar ihrer Jungen säugte. Die Kunstwerke waren scheußlich, aber sündhaft teuer. Am linken Ende der hufeisenförmigen Einfahrt, vor dem kleinen Ziegelhaus des Verwalters, begutachtete der Gärtner kniend ein Azaleenbeet. Rechts von der Einfahrt befand sich die zweigeschossige Garage. Vic, sein Chauffeur, war gerade dabei, die Chromteile der dunkelblauen Limousine von Mrs. Baumann zu polieren, und unterhielt sich dabei mit Miss Nevins, Jacobs junger Krankenschwester. Jenseits der Tore erstreckte sich der Park bis zur Straße, die so weit entfernt war, daß nicht einmal Jacobs scharfe Augen die vorbeifahrenden Autos hätte erkennen können.

Armer Jacob Baumann, dachte Jacob. All die guten Dinge des Lebens waren zu spät gekommen. Endlich besaß er ein prächtiges Anwesen, aber er war zu alt, um Freude daran zu haben. Endlich war er mit einer hübschen jungen Frau verheiratet, nach der sich alle Männer umdrehten, aber er war zu alt, um mit ihr das Leben zu genießen. Eine langwierige Krankheit hatte ihn ans Bett gefesselt, und sein Umgang war auf das Dienstpersonal beschränkt. Armer reicher Jacob Baumann, dachte er. Trotz seines Reichtums und seines Glücks war seine Welt begrenzt auf die Breite seiner Matratze, die Länge der Einfahrt, die er vom Fenster aus sehen konnte, und die Tiefe von Miss Nevins Geist.

Wo war sie denn? Er schaute auf die Uhr auf dem Nachtkästchen, die von Pillen, Tropfen und Tabletten umgeben war. Sechs Minuten nach neun. Als er wieder aus dem Fenster blickte, sah er das Mädchen in der weißen Schwesterntracht, das erschrocken auf die Armbanduhr schaute, dem Chauffeur einen Handkuß zuwarf und sich schnell dem Haus näherte. Sie war ein sportlicher, blonder Typ, und ihre energischen Bewegungen zeugten von Lebenslust, Frische und Tatkraft – Eigenschaften, die Jacob bedauerlicherweise bei sich vermißte. Als sie aus seinem Blickfeld verschwunden war, widmete er sich wieder seinem Frühstück. Sie würde zuerst in der Küche guten Morgen sagen, überlegte er, da hätte er genügend Zeit, sein Frühstück aufzuessen, bevor sie ihm ihre Aufwartung machte.

Er kaute gerade an dem letzten Bissen Toast herum, als es klopfte. „Verschwinden Sie!" rief er, und die Schwester trat lächelnd ein.

„Guten Morgen, Mr. Be", sagte sie fröhlich, legte ihr Taschenbuch auf die Kommode und betrachtete ohne besondere Neugier die Fieberkurve der vergangenen Nacht. „Wie geht es Ihnen heute?"

„Ich lebe", antwortete Jacob.

„Ist heute nicht ein schöner Tag?" meinte die Schwester und stellte sich vors Fenster. „Ich war gerade draußen und habe mit Vic gesprochen. Das ist der erste richtige Frühlingstag. Soll ich etwas frische Luft hereinlassen?"

„Lieber nicht. Ihr Freund, der Doktor, hat mich vor Erkältungen gewarnt."

„Richtig . . . das hätte ich fast vergessen. Ich denke, ich bin keine recht gute Kraft für Sie, nicht wahr?" Sie lächelte.

„Sie sind Schwester, und Sie sind mir lieber als diejenigen, die mich nie allein lassen, sondern dauernd um mich herumschwirren."

„Das sagen Sie nur. Ich weiß, daß ich nicht genügend Idealismus habe."

„Idealismus? Sie sind jung und hübsch und haben natürlich andere Dinge im Kopf. Wahrscheinlich wollen Sie bald heiraten und vorher noch etwas Geld verdienen, ohne sich überanstrengen zu müssen."

Sie machte ein erstauntes Gesicht. „Wissen Sie, genau

das sagte ich mir auch, als Doktor Holmes mir die Stelle anbot. Sie sind sehr klug, Mr. Be!"

„Danke für die Blumen", bemerkte Jacob trocken. „Alter und Klugheit, das geht Hand in Hand." Er trank einen Schluck Tee und verzog das Gesicht. „Ach, wie schrecklich. Schaffen Sie das fort." Er legte sich wieder zurück.

„Den Tee sollten Sie aber trinken", mahnte die Schwester.

„Schaffen Sie dieses Gesöff fort", wiederholte Jacob ungeduldig.

„Manchmal sind Sie wie ein kleiner Junge."

„Gut, dann bin ich eben ein kleiner Junge und Sie ein kleines Mädchen. Aber sprechen wir lieber von Ihnen." Er rückte seine Kissen zurecht, ließ es aber bleiben, als es die Schwester für ihn tat. „Sagen Sie mir, Frances", murmelte er, als sein Gesicht dem ihren sehr nahe war, „haben Sie schon eine Wahl getroffen, wen Sie heiraten wollen? Haben Sie den Richtigen schon gefunden?"

„Mr. Be, Sie dringen in die Privatsphäre einer jungen Dame ein!"

„Weiß ich. Aber wenn Sie es mir nicht sagen können, wer dann? Würde ich es weitersagen? Gibt es jemanden, dem ich es weitererzählen könnte? Ihr Onkel Doktor erlaubt nicht einmal ein Telefon neben meinem Bett, damit ich ab und zu meinen Börsenmakler anrufen kann. Die Belastung, ein paar tausend Dollar zu verlieren, wäre zu groß. Weiß er denn nicht, daß ich genau über alle Börsenschwankungen Bescheid weiß, weil sie im Wirtschaftsteil der Zeitung stehen...? Also, raus mit der Sprache!" Er lächelte verschmitzt. „Wer ist Ihr Geliebter?"

„Mr. Be! Nichts gegen einen Ehemann, aber einen Geliebten...?" Sie schüttelte das letzte der sechs Kissen aus. „Was denken Sie denn von mir!"

Jacob zuckte die Achseln. „Ich halte Sie für ein nettes junges Mädchen. Aber heutzutage sind die netten jungen Mädchen anders als zu meiner Zeit vor fünfzig Jahren. Nicht schlechter oder besser, nur anders. Und ich weiß, wovon ich rede. Schließlich sind Sie nur ein paar Jährchen jünger als meine Frau. Ich weiß, daß sie bei Männern gern gesehen ist, also sind auch Sie bei Männern gern gesehen."

„Oh, Ihre Frau ist aber sehr schön. Ehrlich, sie ist die schönste Frau, die ich je gesehen habe."

„Sagen Sie's ihr. Aber erzählen Sie mir erst von Ihrem Schatz."

„Nun", begann das Mädchen, offenbar erfreut über Jacobs Anteilnahme an ihrem Privatleben, „es ist wirklich noch nichts Ernstes. Ich meine, wir haben noch nicht über ein bestimmtes Datum gesprochen oder so."

„O doch", entgegnete Jacob. „Sie wollen es mir nur nicht sagen, weil Sie sich schämen oder fürchten, ich würde Sie entlassen, bevor es soweit ist."

„Nein, Mr. Baumann, wirklich nicht..."

„Dann haben Sie sich also noch nicht auf einen

bestimmten Tag geeinigt. Aber der Monat steht doch schon fest, oder?" Er wartete, ob sie etwas erwidern würde. „In welchem Monat also? Juni?"

„Juli", antwortete das Mädchen lächelnd.

„Ha! Um einen Monat verschätzt! Ich werde Sie nicht mit weiteren Fragen belästigen, zum Beispiel, ob er gut aussieht. Ich weiß, daß das der Fall ist. Und stark ist er auch?"

„Ja."

„Aber sanft und zärtlich."

Die Schwester nickte, und ihre Augen strahlten.

„Das ist gut", sagte Jacob. „Es ist sehr wichtig, einen sanften und zärtlichen Mann zu haben... Aber nicht zu sanft, sonst wird er nämlich überall herumgestoßen. Ich kenne mich da aus. Ich war selbst einmal sehr sanft, und wissen Sie, wohin mich das gebracht hat? Nirgendwohin! Also habe ich gelernt, mich durchzusetzen. Aber ab und zu begehe ich diesen Fehler immer noch... und jedesmal muß ich dafür bezahlen. Eine schlechte Ehe ist etwas sehr Schlimmes, vielleicht das Schlimmste auf Erden. Man muß wissen, was man zu erwarten hat. Aber das wissen Sie, nicht wahr?"

„Ja, er ist wunderbar, wirklich. Sie können das nicht beurteilen, Mr. Baumann, weil Sie ihn nicht richtig kennen, aber wenn Sie einmal genauer hinsehen..." Sie brach mitten im Satz ab und biß sich auf die Lippen.

„Ich kenne ihn also", stellte Jacob fest. „Ist das nicht eine Überraschung? Das hätte ich mir nie träumen lassen. Ein Freund von mir vielleicht?"

„Aber nicht doch. Ich habe mich mißverständlich ausgedrückt. Es ist niemand, den..."

„Doktor Holmes?" riet Jacob.

„O nein!" Sie mußte fast lachen.

„Womöglich einer meiner Angestellten?" bohrte Jacob weiter und beobachtete das Gesicht des Mädchens. „Charles...? Nein, unmöglich. Nicht Charles. Sie mögen Charles nicht besonders und halten ihn für hochnäsig, nicht wahr?"

„Ja", erwiderte das Mädchen plötzlich erbost. „Er will mir das Gefühl geben, daß ich irgendwie minder... ach, ich weiß nicht was bin. Jedenfalls hält er sich für so elegant. Aber in Wirklichkeit ist er ein Nichts."

Jacob kicherte. „Sie haben recht, Charles ist kalt, und seine Gefühle sind verkümmert... Aber wer könnte es denn sonst sein? Mr. Coveny ist viel zu alt für Sie, so daß nur mehr..." Er blickte an ihr vorbei zum Fenster hinaus und überlegte. „Ich weiß es wirklich nicht. Geben Sie mir einen kleinen Tip. In welcher Branche arbeitet er? Börse? Öl? Textilien?" Seine Stimme wurde lauter. „Transport?"

„Ach, Sie wollen mich nur zum Narren halten", sagte die Schwester. „Sie wissen, daß es Vic ist. Ich wette, das haben Sie schon immer gewußt. Und ich hätte es Ihnen schon eher gesagt, aber... Hoffentlich sind Sie jetzt nicht böse."

Es klopfte an der Tür.

„Verschwinden!" rief Jacob.

Die Tür ging auf, und herein trat Mrs. Baumann, eine wirklich tolle Frau, die man eher auf zwanzig als auf dreißig geschätzt hätte. Sie trug einen gelben Angorapulli und beige, besonders enge Hosen.

„Guten Morgen zusammen. Nein, bleiben Sie ruhig sitzen, Frances. Wie geht es heute unserem Patienten?"

„Fürchterlich", sagte Jacob.

Seine Frau gab ein falsches Lachen von sich und tätschelte ihm die Wange. „Hast du gut geschlafen?"

„Nein."

„Ist er nicht schlimm?" sagte Mrs. Baumann zu Frances. „Es ist mir ein Rätsel, wie Sie es den ganzen Tag lang bei ihm aushalten."

„Was tut man nicht alles für Geld", stellte Jacob fest. „Du brauchst nur dich anzusehen."

Mrs. Baumann zwang sich zu einem Lächeln. „Wie ein kleines Kind, nicht wahr. Hat er seine rote Tablette schon genommen?"

„Ja", sagte Jacob.

„Nein", sagte Frances. „Ist es schon Viertel nach neun?"

„Zwanzig nach, meine Liebe", sagte Mrs. Baumann kalt. „Ich gebe sie ihm." Sie öffnete ein Glasröhrchen auf dem Nachtkästchen und goß aus einer Karaffe Wasser in ein Glas. „Mund auf!"

Jacob drehte den Kopf auf die andere Seite. „Noch kann ich das allein tun", knurrte er. „Du hast auch nicht

die geringste Ähnlichkeit mit einer Krankenschwester."
Er steckte die Pille in den Mund und trank einen Schluck Wasser hinterher. „Wohin gehst du in diesen Teenagerklamotten?"
„Ein wenig zum Einkaufen in die Stadt."
„Das Auto steht bereit", bemerkte Frances. „Vic hat es schon poliert, und es sieht aus wie neu."
„Das bezweifle ich nicht, liebe Frances."
„Wenn es nicht genügend glänzt, kaufst du dir eben ein neues", sagte Jacob.
„Das habe ich im Sinn", versetzte seine Frau. „Aber ich werde damit warten, bis du wieder gesund und auf den Beinen bist. Dann besorgen wir uns einen dieser kleinen schnittigen Sportflitzer mit nur zwei Sitzplätzen und machen lange Spazierfahrten damit, nur wir beide."
„Ich kann es kaum erwarten."
„Es wird schon werden", tröstete Mrs. Baumann ihren Mann. „So ein herrlicher Tag heute. Warum läßt du Charles nicht die Fenster öffnen?"
„Weil ich mich nicht erkälten und sterben will", erklärte Jacob. „Aber danke für den Vorschlag."
Mit einem säuerlichen Lächeln führte sie einen Finger an die Lippen und drückte ihrem Mann diesen „Kuß" auf die Stirn. „Eigentlich verdienst du soviel Zärtlichkeit gar nicht. Wenn er so bissig ist", sagte sie zu Frances gewandt, „dann reden Sie einfach nicht mit ihm. Er hat es nicht anders verdient, unser Brummbär." Dann ging sie zur Tür. „Ich bin bald zurück."

„Ich werde auf dich warten", brummte er.

„Tschüs!" rief Mrs. Baumann elegant und verschwand.

„Schließen Sie die Tür", trug Jacob Frances auf.

„Sah sie nicht toll aus?" bemerkte Frances, als sie das Zimmer durchquerte. „Wie gern würde ich auch solche Hosen tragen."

„Tun Sie Ihrem Mann den Gefallen und machen Sie das vor der Ehe", sagte Jacob.

„Ach, Vic würde das nichts ausmachen. Er ist nicht eifersüchtig. Schon oft hat er mir versichert, daß er es gern hat, wenn andere Männer mir nachschauen."

„Und was halten Sie davon, wenn er anderen Frauen schöne Augen macht?"

„Ach, es stört mich nicht besonders. Ich meine, das ist doch nur natürlich. Und Vic hat..." Sie wurde ein wenig rot im Gesicht. „Jetzt sind wir schon wieder bei diesem Thema. Sie sind ein Schlimmer, Mr. Baumann."

„Gönnen Sie einem alten Mann ein wenig Spaß. Außer Reden habe ich ja nichts mehr vom Leben." Jacob grinste lausbübisch. „Vic hat also viel Erfahrung mit Frauen, nicht wahr?"

„Manchmal ist es richtig peinlich. Ich meine, es gibt Frauen, die sich einem Mann einfach an den Hals werfen. Wir waren vor zwei Wochen in einem Nachtclub..."

Jacob nickte und blickte wieder an dem Mädchen vorbei, das jetzt ins Erzählen kam. Seine Frau war gerade in sein Blickfeld geraten, sie spazierte über den Rasen zur Garage. Ganz anders als Frances bewegte sie sich, langsamer, fast gemächlich. Auch machte sie nicht so schwungvolle Armbewegungen wie Frances, sondern schien ihre Kraft und Energie für andere Dinge aufzusparen.

„...vor dieser Frau konnte man fast Angst bekommen", erzählte Frances. „Ich meine, ich war wirklich erschrocken, als sie zu uns an den Tisch kam. Ihre Haare waren pechschwarz und sahen aus, als hätte sie sie seit Wochen nicht mehr gekämmt, und sie war so stark geschminkt, daß sie nicht laut lachen durfte, sonst wäre ihr Putz abgebröckelt..."

Jacob lauschte geistesabwesend, die Augen immer noch auf seine Frau gerichtet. Sie hatte sich jetzt gegen die Wagentür gelehnt und unterhielt sich mit Vic. Ihr Lächeln wurde immer breiter, während sie ihm zuhörte, und schließlich beugte sie den Kopf zurück und schüttelte sich vor Lachen. Jacob konnte ihr Lachen nicht hören, aber er erinnerte sich gut an ihr mitreißendes, herzliches Lachen, das er vor einigen Jahren so oft noch zu hören bekommen hatte. Vic, der stolz einen Fuß auf die Stoßstange des Wagens gestellt hatte, verschränkte seine starken Arme und fiel in ihr Lachen ein.

„...sie muß betrunken gewesen sein", plapperte Frances, die ganz in ihrer Geschichte aufgegangen war, weiter. „Ich meine, sonst kann ich mir nicht vorstellen, daß sich eine Frau einfach auf den Schoß eines Mannes setzt und ihn küßt. Denn ich war ja bei ihm, hätte ja seine Frau sein können, das wußte die doch nicht."

„Und Vic? Was hat er getan?" fragte Jacob und wandte sich vom Fenster ab.

„Nichts. Was hätte er auch tun sollen! Wir befanden uns in der Öffentlichkeit, um uns herum saßen viele Leute. Er lachte und versuchte es als Scherz abzutun. Aber da konnte ich nicht mithalten. Ich versuchte es zwar, aber sie ließ einfach nicht locker. Alle sahen uns zu, und da wurde ich fuchsteufelswild. Nun, offengestanden, ich komme manchmal sehr in Rage, Mr. Baumann. Wenn es um so persönliche Sachen wie Vic geht, kann ich mich einfach nicht beherrschen."

„Wie bei Betty?" warf Jacob dazwischen.

Frances saugte an ihrer Unterlippe. „Ich wußte gar nicht, daß das bis zu Ihnen gedrungen ist", sagte sie. „Es tut mir furchtbar leid, Mr. Baumann, aber als ich in die Küche kam und Betty meinen Vic in die Arme nahm, da sah ich einfach rot."

„Ja, ich erfuhr davon." Jacob lächelte. „Ich sah Betty nicht mehr, bevor sie abfuhr, aber Charles berichtete mir, daß die Gute kein so hübsches Gesicht mehr wie früher hatte."

„Ich habe sie mit meinen Fingernägeln anscheinend fürchterlich zugerichtet." Francis blickte vor sich nieder auf den Boden. „Es tut mir wirklich leid. Ich wollte mich auch bei ihr entschuldigen, aber sie ließ mich einfach stehen. Als ob es meine Schuld gewesen wäre."

„Und was taten Sie dem Mädchen im Nachtclub an?"

„Ich zog sie an den Haaren von Vics Schoß herunter", gestand Frances kleinlaut. „Und wenn Vic nicht dazwischengegangen wäre, dann hätte ich ihr beide Augen ausgekratzt. Ich hatte einfach die Beherrschung verloren. Es war schlimmer als bei Betty, weil sie ihn küßte, richtig küßte. Wenn ich ein Messer oder so gehabt hätte, dann wäre sie jetzt wohl tot!"

„Tatsächlich?" sagte Jacob nur. Er sah jetzt wieder zum Fenster hinaus zur Garage. Auf der Motorhaube konnte er einen schwarzen Schatten ausmachen, wahrscheinlich das zurückgelassene Poliertuch, schätzte er. Weder seine Frau noch Vic waren zu sehen. Seine Blicke streiften über den Park zum Azaleenbeet, an dem Mr. Coveny sich immer noch zu schaffen machte, an den schimmernden Statuen vorbei zur Garage und zurück zu dem glänzenden Wagen.

„Und wie wirken sich diese Dinge auf Ihre Gefühle gegenüber Vic aus?" fragte er dann beiläufig.

„Gar nicht. Wieso auch? Es ist nicht seine Schuld, daß ihm die Frauen nachlaufen. Er machte ihnen natürlich keine Hoffnungen und ermuntert sie auch nicht."

„Natürlich nicht", meinte Jacob. Er kniff die Augen zusammen und nahm das dunkle Fenster über der Garage ins Visier. Hatte er nicht soeben dahinter etwas Gelbes gesehen? Oder war das nur die Sonne, die sich in der Scheibe spiegelte? Aber nein, das Fenster stand offen; es konnte nicht die Sonne gewesen sein. Jetzt sah er es wieder, zwischen sich bewegenden Schatten, ein deutliches, fast rechteckiges Gelb, ein Stück gelber Stoff vielleicht? Und dann war es verschwunden, und auch die Schatten waren weg. Jacob lächelte. „Ich bin sicher, Vic ist treu", sagte er. „Wenn jemand Schuld hat, dann selbstverständlich nur die Frauen. Ich verstehe Ihre Eifersucht gut. Es ist nur recht und billig, um das, was man hat, zu kämpfen, es zu verteidigen, selbst wenn es nicht immer ganz glimpflich ausgeht."

Frances sah ihn fragend an. „Meinen Sie, daß Vic mich wegen jener Vorfälle weniger liebt? Er sagte, er verstünde mich."

„Das tut er auch, seien Sie ganz beruhigt. Ja, bestimmt liebt er sie jetzt nur noch mehr, weil Sie ihm Ihre Liebe bewiesen haben. Männer mögen so etwas . . . Nein, das von vorhin war nur Gerede, nur das dumme Gerede eines alten Mannes. Etwas anderes kann ich ja nicht mehr tun. Nur reden . . ."

„Ach, Sie könnten viele Dinge tun", stellte Frances fest. „Sie könnten Kreuzworträtsel lösen, oder sich ein anderes Hobby suchen. Sie sind sehr intelligent, ich finde das wenigstens. Suchen Sie sich eine Beschäftigung. Im Kreuzworträtsellösen wären Sie bestimmt gut."

„Ja, vielleicht nehme ich mal eines in Angriff", sagte Jacob lustlos. „Aber jetzt will ich ein bißchen schlafen."

„Das ist eine gute Idee", pflichtete ihm Frances bei.

„Ich habe mir ein neues Buch zum Lesen mitgebracht und bei der Herfahrt mit dem Bus schon damit angefangen. Ein tolles Buch, es handelt von dieser französischen Dame, die alle Könige zum Narren hielt."

„Hört sich interessant an. Aber bevor Sie weiterlesen, möchte ich Sie um einen kleinen Gefallen bitten." Er drehte sich um und öffnete die einzige Schublade seines Nachtkästchens. „Haben Sie keine Angst", beruhigte er sie, als er einen kleinen grauen Revolver herauszog. „Den habe ich für den Fall eines Einbruchs. Aber es ist schon so lange her, seit das Ding das letzte Mal gereinigt wurde, und ich bin mir nicht sicher, ob er noch funktioniert. Würden Sie ihn zu Vic bringen und ihn bitten, er möge sich den Revolver einmal ansehen?"

„Klar", antwortete das Mädchen und nahm schneidig die Pistole in die Hand. „He, ist die leicht! Ich dachte immer, so ein Schießeisen würde mindestens zwanzig Pfund wiegen."

„Ich denke, das ist eine Frauenpistole", erklärte Jacob. „Für Frauen und alte Männer. Aber gehen Sie behutsam damit um, sie ist geladen. Ich würde Ihnen zwar gern die Patronen rausnehmen, aber ich verstehe zu wenig davon."

„Ich werde ganz vorsichtig sein", versprach Frances und hielt die Waffe prüfend im Anschlag. „Und Sie schlafen jetzt etwas. Soll ich Charles bitten, heraufzukommen, während ich weg bin?"

„Nein, nicht nötig. Ich brauche ihn nicht. Und Sie

lassen sich mit Ihrem Verlobten ruhig Zeit. Ich glaube, er ist vorhin gerade in sein Zimmer hochgegangen, soweit ich das vom Fenster aus gesehen habe."

„Er wird schlafen", sagte Frances.

„Wissen Sie was? Schleichen Sie sich doch hoch und überraschen Sie ihn", schlug Jacob vor. „Das wird er bestimmt lustig finden."

„Und wenn nicht, sage ich ihm, daß das Ihre Idee war."

„Ja", nickte Jakob, „sagen Sie ihm ruhig, daß das meine Idee war."

Er lächelte und wartete, bis das Mädchen die Tür hinter sich geschlossen hatte. Dann kuschelte er sich in seine Kissen und machte die Augen zu. Es war so still, und er war so müde, daß er schon fast eingedöst war, als der erste Schuß fiel, dem sofort ein zweiter und dritter folgte. Er überlegte, ob er sich aufsetzen und vom Fenster aus zusehen sollte, was sich draußen abspielte, aber das war ihm jetzt zu anstrengend. Außerdem, so sagte er sich, konnte er sowieso nichts tun, da er ja schließlich bettlägrig war.

Die unheilvolle letzte Nacht

Als ich wieder daheim in unserem Haus war, das etwa acht Meilen von den Hochschulanlagen entfernt draußen auf dem Land liegt, war ich nicht sonderlich überrascht darüber, daß der Sportwagen meiner Frau nicht in der Garage war.

Wenigstens hatte sie ihn, wer immer es auch sein mochte, nicht mit ins Haus gebracht, sagte ich mir, als ich wieder in meinen Wagen stieg und den Motor anließ. Aber Lucille, meine junge, hübsche Frau, war ein sehr besonnener Mensch. Zu jung und zu hübsch, um mit einem langweiligen Professor verheiratet zu sein, der dreiundzwanzig Jahre älter war als sie. Das meinten zumindest die meisten meiner Kollegen.

Nach meiner Rede vor dem Verein für Historie war ich sofort in die Bezirkshauptstadt aufgebrochen und hatte die Strecke von 296 Meilen trotz Schnee und Eisglätte in vier Stunden geschafft. Bevor ich aber in die Hauptstadt gefahren war, hatte ich unserer hiesigen Tageszeitung noch ein langes Interview zum Thema alte Sagen und Legenden des Landes gegeben.

Und offengestanden, nichts bereitet mir so viel Vergnügen, wie meine eigenen Worte in gedruckter Form in der Zeitung wiederzufinden.

Aber nicht nur, weil ich mich lesen wollte, war ich so schnell aus der Hauptstadt nach Hause gerast, wo die Zeitung bereits auf mich wartete. Ich hatte nämlich meiner Frau gesagt, daß ich in der Hauptstadt übernachten würde, weil ich nicht bei dem scheußlichen Wetter und den vereisten Straßen noch in derselben Nacht heimfahren wollte.

Jetzt, wenige Minuten nach Mitternacht, war die Chance ziemlich groß, daß Lucille, oder vielmehr sie beide, sich an einem ihrer Lieblingsplätze aufhielten – im alten Steinbruch oder auf dem städtischen Müllplatz. Beide Stellen waren als Treffpunkt für Verliebte nicht romantisch genug, lagen aber sehr abgeschieden und befanden sich obendrein über sechs Meilen von unserem Haus entfernt.

Als ich dahintergekommen war, daß Lucille sich während meiner Abwesenheit mit Männern trifft – im Aschenbecher lagen Zigarettenstummel ohne Lippenstiftrückstände –, hatte ich ein kleines Experiment durchgeführt. Ich führte über den Kilometerstand ihres Wagens genau Buch und konnte dadurch herausfinden, daß ihre Rendezvous in einem Umkreis von dreizehn Meilen stattfanden. Da der Steinbruch und der Schuttplatz die einzigen Stellen in einer Entfernung von sechs bis sieben Meilen von unserem Haus waren, wo man ungestört ein Auto längere Zeit parken konnte, kam nur einer dieser Plätze für die heimlichen Treffs in Frage.

Und der Zufall wollte, daß es heute der Schuttplatz

war. Ihr kleines weißes Coupé stand auf dem gefrorenen Weg zwischen einem noch schwelenden Müllberg auf der einen Seite und frisch abgeladenen Küchenabfällen auf der anderen. Das war bestimmt nicht der Ort, an dem man zärtliche Gefühle entwickeln kann, aber junge Liebe macht eben nicht nur blind, sondern stumpft auch den Geruchssinn ab. Jedenfalls war der Wagen gut versteckt, und wer nicht gezielt nach ihm suchte, hätte ihn auch nicht gesehen.

Ich schaltete Motor und Scheinwerfer aus und ließ den Wagen im Leerlauf bis auf wenige Meter an das Auto meiner Frau heranrollen. Sie hatte den Motor wegen der Heizung nicht abgestellt, und das hintere linke Fenster war einen Spalt offen, damit sie nicht erstickten.

Ich hatte keinen bestimmten Plan gefaßt, sondern wollte einfach abwarten, wie sich die Dinge entwickeln würden. Vorsichtshalber zog ich, falls körperliche Anstrengung erforderlich wäre, meinen Mantel aus. In der rechten Tasche steckte die Zeitung mit meinem Interview. Ich faltete sie zusammen und legte sie auf den Autositz. Dann schlich ich mich vorsichtig an das Coupé heran und öffnete leise die Fahrertür.

Sie saßen auf dem Rücksitz, wie es sich für zwei Liebende gehört – meine Frau und ein ziemlich dürrer, ziemlich häßlicher Student, der mir vom Sehen her bekannt war. Beide schliefen fest, und es roch in dem überheizten Wagen intensiv nach Whisky. Der Whisky stammte wohl aus der leeren Flasche, die auf dem Schoß meiner Frau lag und alle Augenblicke herunterzufallen drohte. Im fahlen Mondlicht hatten ihre Gesichter die sorglose Unschuld kleiner Kinder, und wie Kinder hielten sie sich im Schlaf die Hände.

Ich betrachtete sie eine Zeitlang, dann machte ich die Tür zu und lehnte mich mit dem Rücken gegen den Wagen. Zerfetzte Winterwolken zogen über den Nachthimmel und am Mond vorbei. Kein Mond für Liebende, dachte ich, während ich mir eine Zigarette anzündete. Der Mond in den Liebesliedern meiner eigenen Jugend sah anders aus. Dieser hier war nur ein kalter, ungerührter Zuschauer bei einem lächerlichen Rendezvous in einer kalten, schwelenden, stinkenden Umgebung.

Es überraschte mich, aber ich fühlte gar nichts. Es war kalt, aber ich fühlte nichts.

Später jedoch, als ich daheim in meinem Sessel saß und mein Interview lesen wollte, hätte ich mich ohrfeigen können. Am liebsten wäre ich auf der Stelle in die Stadt gefahren, um irgendwo ein zweites Exemplar der Zeitung aufzutreiben. Als um fünf Uhr früh Harry Benson anrief, Polizeiinspektor und ein alter Schulfreund von mir, war ich immer noch sauer.

Eine fürchterliche, eine tragische Sache sei passiert, sagte Benson. Meine Frau und ein junger Mann hätten sich auf dem Schuttplatz gemeinsam das Leben genommen. Mit einem alten Staubsaugerschlauch aus dem Müll hätten sie die Auspuffgase des laufenden Motors durch das ein Stück heruntergekurbelte Fenster ins Wageninnere geleitet. Der Spalt war sorgfältig mit einer zusammengeknüllten Zeitung abgedichtet worden. Zum Abschied tranken sie dann wohl eine Flasche Whisky und warteten, bis der Motor das kleine Auto mit Kohlenmonoxyd und Tod füllte.

Als ich den Hörer auf die Gabel legte, war ich immer noch verärgert. Ich hatte es so perfekt hingekriegt, aber dann alles dadurch verdorben, daß ich den falschen Teil der Zeitung hernahm – den Teil, in dem das Interview stand, auf dessen Lektüre ich so erpicht war. Und das, finde ich, kann einem schon die Laune gründlich verderben.

An alle Krimi-Fans!

Für dieses Mal ist leider wieder Schluß mit den schaurig-schönen Überraschungen à la Hitchcock.

Aber geduldet euch ein wenig, weitere Sammelbände mit den berühmten Kriminalgeschichten von Alfred Hitchcock sind in Vorbereitung. Das Warten lohnt sich ganz bestimmt.

Leseprobe aus dem neuen SchneiderBuch Nr. 8135
von Donald J. Sobol
„Ratekrimis mit Detektiv Superfritz"
DM 14.80

April! April!

Als Superfritz seinen Vater im Arbeitszimmer aufsuchte, saß er versunken über einem Kalender und murmelte: „Freitag, der dreizehnte... Freitag, der dreizehnte..."

„Du scheinst einen alten Kalender erwischt zu haben", bemerkte Fritz. „Heute ist Freitag, der zwölfte!"

Mr. Brown fuhr erschreckt hoch. „Unfug!" knurrte er. „Heute vor siebzehn Jahren war Freitag der dreizehnte."

„Hast du damals geheiratet?" witzelte Fritz. „Oder wieso schaust du so verbissen?"

Eine Büroklammer verfehlte den Jungen knapp. „Es geht um den Elefanten von Mr. Hunt. Eine Geschichte, die vor siebzehn Jahren ihren Anfang nahm."

„Jumbo?" Superfritz angelte sich einen Stuhl und ließ sich fallen. So lange er denken konnte, gehörte Jumbo in den Park von Mr. Hunt wie das Kriegerdenkmal vor das Rathaus. Ab und zu veranstaltete der alte Herr ein Kinderfest, und alle durften auf dem netten Dickhäuter eine Runde reiten.

Leseprobe

„Hat Jumbo etwa jemanden plattgetreten?"

„Nein, aber er gehört vielleicht gar nicht Mr. Hunt."

„Interessant!" Der Junior-Detektiv beugte sich gespannt vor. „Erzähl, Pa! Mit Elefanten hatten wir noch nie was zu tun!"

„Immer mit der Ruhe, Superfritz", sagte Mr. Brown. „Ich weiß nicht einmal, was ich in diesem Fall machen soll."

„Nun berichte schon", drängelte Fritz. „Seit Ewigkeiten durfte ich nichts mehr für dich aufspüren!"

„Also gut, in Kurzform", seufzte der Polizeichef und legte die Beine auf den Schreibtisch. „Heute erschien ein gewisser Mr. Murska in meinem Büro und behauptete, der Elefant gehöre ihm, denn Mr. Hunt habe ihn nie bezahlt."

„Und das fällt ihm erst jetzt ein? Die Sache ist doch längst verjährt!"

„Eigentlich schon. Ich bin aber seine letzte Chance. Mr. Murska gibt an, Mr. Hunt regelmäßig Mahnschreiben geschickt zu haben."

„Weißt du noch nähere Einzelheiten?" wollte Superfritz wissen.

„Kaum. Mr. Murska lebt seit siebzehn Jahren als Dompteur in Indien, ist jetzt bei uns auf Tournee und will die Gelegenheit benutzen, das Geld von Mr. Hunt zu kassieren."

„Und du sollst ihm dabei helfen?" Fritz konnte sich keinen rechten Reim darauf machen, denn sein Vater war schließlich kein Gerichtsvollzieher.

„Richtig", knurrte Mr. Brown. „Mr. Hunt weigert sich nämlich hartnäckig, zu zahlen. Er behauptet, er hätte das Geld vor siebzehn Jahren auf das Konto von Murskas Schwester überwiesen. Bei weiterer Belästigung durch Murska würde er die Polizei verständigen."

Superfritz amüsierte sich. Ein Elefant in Privatbesitz war schon außergewöhnlich. Und jetzt tauchte sein ehemaliges „Herrchen" auf und bedrohte den friedlichen Dickhäuteralltag. Fritz stellte sich Mr. Murska als kleinen, drahtigen, schwarzgelockten Mann mit hochgezwirbeltem Schnurrbart und wild rollenden Augen vor, der mit Händen und Füßen auf Mr. Hunt einredete, bis dieser ihm die Tür vor der Nase zuknallte!

Da holte ihn sein Vater unsanft aus seiner Phantasiewelt zurück, indem er die flache Hand auf den Schreibtisch klatschte. Superfritz zuckte zusammen.

„Urteile nicht vorschnell!" warnte er. „Bloß weil Dompteur vielleicht weniger seriös klingt als Jagdwaffenhändler!" Pa schien seine Gedanken lesen zu können. „Mr. Murska machte auf mich einen gepflegten, vornehmen Eindruck!"

„Bevor ich die Zusammenhänge nicht kenne, urteile ich nie!" bemerkte der Junior-Detektiv leicht verschnupft.

„Schon gut. Zunächst der Bericht von Mr. Hunt. Vor siebzehn Jahren, es war der erste April, wurden er und seine Frau von einem wüsten Rumpeln auf der Terrasse geweckt. Mr. Hunt rannte hinaus und sah, wie ein kleiner Elefant fröhlich Tische und Stühle umwarf und mit dem Rüssel prustend den Boden absuchte. Mr. Hunt glaubte an einen Aprilscherz und alarmierte wütend die Polizei. Es stellte sich aber heraus, daß das Elefantenkind einem Transportunternehmen für Zirkustiere entlaufen war.

Eine Stunde später erschien der Zirkusbesitzer und Dompteur, Mr. Murska. Inzwischen hatten die Hunts ihren ersten Schrecken überwunden und den Elefanten in ihr Herz geschlossen. Daher fragten sie den Mann, ob sie Jumbo nicht für ihre Kinder kaufen könnten.

Mr. Murska war sofort einverstanden, denn der Zirkus sollte aufgelöst werden, weil der Dompteur zu einem indischen Zirkus gehen wollte. Ein Tiertransport befand sich bereits auf dem Weg nach New York. Dort hatte sich ein großer Tierpark bereit erklärt, die Tiere bis zu ihrer Versteigerung aufzunehmen.

Wie Mr. Hunt mir berichtete, ging er gleich nachmittags zur Bank, um das Geld zu holen. Er legte es Murska vor, und man vereinbarte, es im Safe von Mr. Hunt zu deponieren bis zur Rückkehr von Mr. Murska aus New York, der den Hunts noch ein paar Tips für den Umgang mit dem Elefanten geben wollte.

Am Freitag, dem 13. April, rief dann plötzlich Mr. Murska bei Hunts mit der Bitte an, das Geld an die Anschrift seiner

―――――― Leseprobe ――――――

Schwester zu überweisen, denn er müsse sofort nach Indien fliegen.

Mr. Hunt behauptet, das Geld sofort zur Bank zurückgetragen und die Überweisung angeordnet zu haben."

„Was ich nicht verstehe, warum hat Murska das Geld nicht gleich am ersten Tag genommen?" dachte Superfritz laut.

―――― Leseprobe ――――

„Du sagst es! Genau hier beginnt der Widerspruch!" Mr. Brown durchmaß das Zimmer mit großen Schritten. „Mr. Murska ist der Überzeugung, Mr. Hunt sei nie zur Bank gegangen. Der Dompteur drohte am 13. April – vor seinem Abflug – rechtliche Schritte einzuleiten, wenn nicht am gleichen Tag das Geld an seine Schwester überwiesen werde. Zwei Tage später erhielt Mr. Murska in Neu Delhi die Nachricht vom plötzlichen Tod seiner Schwester. Er konnte nicht mehr prüfen, ob das Geld auf dem Konto eingegangen war. Der beauftragte Nachlaßverwalter stellte keine Zahlung fest. Murskas Mahnschreiben blieben unbeantwortet."

„Und nun steht er selbst vor der Tür – nach siebzehn Jahren! Es scheint, als habe er das Geld nie dringend gebraucht. Hast du mal bei Hunts Bank nachgefragt?"

„Sinnlos. Sie brannte vor zwölf Jahren aus, und alle Unterlagen wurden vernichtet."

Der Polizeichef ließ sich wieder in den Sessel fallen und massierte sich die Schläfen. „Weißt du was, mein Sohn? Ich werde den Fall morgen abgeben. Schluß! Punkt! Soll sich ein anderer damit rumschlagen."

Armer Pa! Superfritz spürte das vertraute Kribbeln auf seiner Zunge und sprang auf.

„Stopp!" rief er. „Was schenkst du mir, wenn ich dir sage, wer lügt?"

Wer?

382